★安徽红色历史记忆丛书

红色无为

王敏林 叶悟松 张从寿 编著

时代出版传媒股份有限公司
安徽教育出版社

丛书主编 陆发春

图书在版编目（CIP）数据

红色无为 / 王敏林，叶悟松，张从寿编著. —合肥：安徽教育出版社，2021.4(2024.1重印)

（安徽红色历史记忆丛书 / 陆发春主编）

ISBN 978-7-5336-9020-5

Ⅰ.①红… Ⅱ.①王…②叶…③张… Ⅲ.①革命史—无为县 Ⅳ.①K295.44

中国版本图书馆 CIP 数据核字（2019）第208091号

红色无为

HONGSE WUWEI

出 版 人：费世平
总 策 划：郑　可　费世平
项目统筹：姚　莉　王宗琦
策划编辑：王宗琦
责任编辑：杜伟伟　任玉琳
装帧设计：吴亢宗
责任印制：李松伦

出版发行：安徽教育出版社
地　　址：合肥市经开区繁华大道西路398号　邮编：230601
网　　址：http://www.ahep.com.cn
营销电话：(0551)63683012，63683013
排　　版：安徽时代华印出版服务有限责任公司
印　　刷：三河市同力彩印有限公司

开　　本：710毫米×1010毫米　1/16
印　　张：23.25
字　　数：230千字
版　　次：2021年4月第1版　2024年1月第2次印刷
定　　价：82.00元

总序

2016年7月1日，习近平总书记在庆祝中国共产党成立95周年大会上的讲话中指出："我们党已经走过了95年的历程，但我们要永远保持建党时中国共产党人的奋斗精神，永远保持对人民的赤子之心。一切向前走，都不能忘记走过的路；走得再远、走到再光辉的未来，也不能忘记走过的过去，不能忘记为什么出发。面向未来，面对挑战，全党同志一定要不忘初心、继续前进。"中国共产党一贯重视对党史国史的学习和研究，从这些历史中，可以看到中国共产党人的初心和使命，可以获得面对各种挑战所应具备的经验与勇气。

"安徽红色历史记忆丛书"在原有的安徽革命历史研究基础上，充分利用近现代历史文献、档案资料，真实全面地反映了安徽革命斗争历程。丛书试图构建一个红色文化研究平台，连点成线，系统地对安徽省内各地红色文化予以陈述。丛书选取安徽省最有红色革命历史传统的十个县市，即合肥、宿州、六安、黄山、寿县、定远、金寨、无为、泾县、岳西，对1912至1949年间这些地区的红色革命历史予以梳理叙述。为避免与以往出版的同类型书籍同质化，本丛书在体例上采取专题叙事方式，即每本书均以专题方式，突出该地区重大主题的红色革命历史。各专题之间，有一定逻辑关系，按照事件的先后关系，分章叙事论述。丛书强调权威性、学术性和社会大众性有机结合，希望能够打造既有学术含量，又有文宣效果，能够深入人心的系列图书。

一、安徽红色文化的富矿，有待深入挖掘。

安徽是新民主主义革命时期的重大事件发生地、重要历史人物出生地和革命家活动地，是闻名国内外的红色文化资源大省，因此，研究和保护、开发和利用好红色文化资源，打造和传播好具有安徽特色的红色文化，既有重要的文旅经济价值，也有深远的社会意义和历史意义。

安徽红色历史文化除具备中国革命共通特征之外，另有几个主要特点：

首先，安徽是马克思主义思想传播较早，地方党组织组建较早的省域。有先进思想武装的革命组织是革命事业发展的发动机。1921 年 10 月，当时的省城安庆即成立了安徽社会主义青年团组织，1923 年安庆成立中共安庆基层支部，寿县乡村小甸集成立中共特别支部。这样一个特点与皖籍出身的中共早期创建者有着紧密关联。我们从《红色岳西》《红色合肥》等卷帙对王步文、蔡晓舟等早期接受新文化思潮的安徽人物的叙述中，可以了解马克思主义思想在安徽传播的概况。

其次，安徽是贯彻八七会议精神，较早进行土地革命，用武装暴动方式发动农民群众，建立独立乡村红色政权的革命先进地区。大革命失败之后，安徽地区的革命者没有被白色恐怖所吓倒，发动了皖西大别山商南立夏节暴动、六霍暴动和请水寨暴动三大农民暴动，成立了红色苏维埃政权和建制的军事武装，如红三十二师、红三十三师。1928 年 4 月 9 日，皖北阜阳爆发著名的“四九”武装起义，成立了皖北苏维埃政府，建立了皖北工农红军。

第三，在 1930 年代初期，依托大别山区建设的鄂豫皖红色革命根据地，是仅次于中央苏区的红色苏维埃革命政权，覆盖了湖北、河南、安徽的广大地域，是土地革命战争时期中国共产党探索由农村包围城市革命新路径的另一个重要实验区；以红二十五军、红二十八军为主干建立的红四方面军，是发挥了红色种子作用的军队，是中国革命军队的一支源泉队伍。

第四，全国抗日战争爆发后，皖南泾县新四军军部成为大江南北新四军抗战的指挥中心，解放战争时期皖西、淮南、蚌埠、合肥瑶岗相继成为革命武装千里跃进大别山、挺进豫皖苏、淮海战役、渡江战役的指挥枢纽之地。横跨江淮的皖北、皖南是中国革命战争年代革命志士抛头颅洒热血，为建立新中国英勇奋战的热土，是追随中国共产党的革命群众贡献聪明才智的沃壤。

二、要认识到安徽红色文化的时代价值。

安徽是红色文化的富矿，值得研究者条分缕析，阐发隐微。红色文化作为一种独特文化标识，得到党中央的高度重视，其时代价值应该被清晰认知：

第一，安徽红色文化展示了20世纪革命年代以陈延年、陈乔年、王步文、曹渊、许继慎、胡底、陈原道、刘淠西、周维炯、漆德玮、舒传贤、王效亭等为代表的安徽革命志士，为了民族独立和人民解放，前赴后继、无畏牺牲的革命英雄主义气概和血战到底的对敌战斗意志；为了追寻国家光明前景和革命真理，宁肯舍弃一切献身革命事业的崇高革命信仰和历史情怀。这是新时期安徽人民仰之弥高的精神财富。

第二，安徽红色文化展示了革命年代安徽进步人士，始终以爱国主义为精神内涵，为了追求社会进步、国家富强，勇于走在反帝反封建斗争的时代前列，极大地丰富了20世纪安徽思想文化历史，为新时期安徽人民树立了力学笃行的精神丰碑。

第三，安徽红色文化展示了革命年代形成、新中国成立之后不断被阐释宣扬、历经百年风云已经内化为安徽历史传统的精神财富，是新时期安徽人民建功立业、创新进取、奋斗于民族复兴大业、建设美好家园的重要传家之宝。

重视红色文化，学习红色文化，实践红色文化，不仅是安徽文化强省的重大举措，更是中国人民增加文化自信的重要精神源泉。我们不能让富有特色的安徽红色文化，躺在历史的尘埃中。

陆发春

于安徽大学问津楼

目录

导语

无为县是全国著名的革命老区，物阜地灵，人文荟萃，具有悠久的革命历史。全县面积 3413 平方公里，革命老区面积为全县的 86.1%。[①]

1919 年的五四爱国运动是一次彻底的反帝反封建运动。它一开始就得到广大人民的热烈响应，在具有初步共产主义思想的知识分子卢光楼以及进步知识分子胡竺冰等人的组织下，无为县成立了“五四运动后援会”，声援北京的学生运动，发动群众在南门小十字街举行集会示威，在新民主主义革命的征途中，迈出了第一步。五四运动以后，马克思、列宁主义在中国广泛传播。1923 年前后，一些求学于上海等地的知识青年，由于受进步思想的熏陶，开始将进步刊物《新青年》等介绍给无为知识界，又利用暑期返乡宣传救国救民的道理，并在无城开办了一所义务小学(即今杏花泉小学)，为贫苦家庭的子弟服务，给民气闭塞的无为

① 中国老区建设促进会:《中国革命老区》，北京:中共党史出版社，1997 年，第 788 页。

注入了新的活力。

1925 年 5 月，上海发生举世震惊的五卅惨案。消息传来，无为各界民众于 6 月 11 日集会，成立“无为县支援沪案外交后援会”；12 日在无城举行罢课、罢市、罢工，同时成立“清查帝货小组”，将无城“帝货”付之一炬，展示了全县人民不屈服于帝国主义剥削的决心。随着国民革命军北伐战争的节节胜利，1927 年 3 月底，北伐军第三师第二营由桐东进入无为。在北伐军的帮助下，正式成立了以胡竺冰为首的国民党无为县党部以及工会、农会、学生会等群众团体，并组织各界群众，驱逐了反动县长高寿恒，成立了行使县政府职权的临时行政委员会。取得了“夺印斗争”的初步胜利。①

1927 年 4 月 12 日，国民党“右”派在上海发动了反革命政变。5 月，这股逆流波及无为，无为县国民党党部（左派）被捣毁，并相继建立了国民党无为县清党委员会、改组委员会和整理委员会。原在无城的胡竺冰等被通缉，被迫转移隐蔽起来，革命形势急转直下。

1927 年 8 月，中共安徽省临时委员会由武汉返回芜湖，着手建立、恢复安徽各地党组织，组织工农武装暴动工作。根据省临委指示，共产党员任惠群等 5 人于 8 月 15 日在无城米市街秘密召开了党的第一次会议，正式成立“中国共产党无为县特别支部”，

---

① 中共巢湖市委党史研究室：《中国共产党巢湖地方史》（第一卷），合肥：安徽人民出版社，2003 年，第 31 页。

从此无为人民的革命斗争就在中国共产党的直接领导下进入了一个新的发展阶段。

自1927年秋至1930年秋，党领导无为人民开展了一系列卓有成效的斗争。例如，1927年10月的“择师运动”、1929年的“借粮斗争”和“禁粮外运斗争”、1930年春的“赔当斗争”。这些大规模的群众运动，不仅使城乡贫苦群众获得一些经济利益，更重要的是扩大了革命影响。党的组织也因此不断发展壮大，由最初的5人特别支部发展到具有83人的中共无为县委，共青团组织也相继成立。

1930年秋，在中共芜湖中心县委的指导下，无为县委奉命将党、团、农会、工会的领导机关合并为准备武装起义的“特别行动委员会”，接着成立“苏维埃准备委员会”，同时以一部分党员和农协会员为基本力量，成立“中国工农红军皖南第三游击纵队”，于12月7日在无为东乡六洲举行农民暴动。虽然六洲暴动因为力量和经验不足没有取得成功，但它毕竟是党独立领导无为人民进行武装斗争的开始，是一次以革命武装反对反革命武装的军事演习。

六洲暴动失败以后，国民党反动政权借机扩大武装，加紧了对共产党员和革命群众的镇压活动。1931年7月29日，中共无为县委书记夏子旭等人在无为东乡军桥一带开展活动时，突然遭到国民党县警察中队的袭击。为掩护群众安全转移，县委书记夏子旭、县委委员周可章、朱子荣3人不幸被捕，翌日凌晨英勇就义于无城。这就是无为革命史上的"军桥事件"。[①] 不久,又发生了惨痛、悲壮的"真武殿事件"。[②] 8月下旬,代理县委书记邓逸渔率领武装宣传队在真武殿一带休整,原中队长刘大同裹众叛变,枪杀了党和军队的领导人邓逸渔和张昌忠,同时又杀害了来无为联系工作的巢县县委书记倪合台,致使革命力量严重受损,革命暂时处于低潮。

无为的这次革命斗争虽然失败了,但是播下的革命种子,却在无为大地上生根、发芽、开花、结果,为今后的革命斗争准备了干部条件并奠定了思想基础。

1937年7月7日,卢沟桥事变发生。日本全面侵华战争,使中华民族面临着亡国的危险。在这生死存亡关头,中国共产党于次日向全国发出通电,指出只有全民族的团结抗战,才是中国生存和发展的唯一出路。此时,曾经是无为党组织负责人的张恺帆、桂蓬等人从国民党苏州监狱获释,先后辗转至无为东乡。11月中旬,经中共中央长江沿岸工作委员会和八路军驻南京办事处批准,成立了以李世农为书记,张恺帆、桂蓬为委员的中共皖中工作委员会。至此,无为的革命斗争在中国共产党领导下逐步得到恢复和发展。

---

① 中共巢湖市委党史研究室:《中国共产党巢湖地方史》(第一卷),合肥:安徽人民出版社,2003年,第55页。

② 中共巢湖市委党史研究室:《中国共产党巢湖地方史》(第一卷),合肥:安徽人民出版社,2003年,第56页。

1937年底，南京、芜湖相继失守。位于芜湖对岸的无为直接处于日军势力威胁之下。1938年1月24日，日军派出飞机轰炸无城，并于3月4日侵占了无为东乡雍家镇（现属和县），5日侵占了三汊河；5月31日、6月2日，日机又连续两次对无为县城进行狂轰滥炸，有数百名群众死于非命，无为县城"日盛隆"等9家大商号毁于一旦，从草市到鹅市一条街100多家中小商店被炸成一片瓦砾。在此生灵涂炭的空前浩劫之际，国民党无为县县长韦廷杰却率部属望风而逃，撤至无为与庐江接壤的黄姑闸。日军乘虚入侵，对无为的黄雒、仓头、无城、虹桥、襄安等地进行骚扰。中共皖中工委及无为县委为保障社会秩序，坚持抗战，直接领导新四军无为第二中队开展抗日斗争，又通过安徽省抗日民众总动员委员会的推动，说服了国民党安徽省政府撤销临阵脱逃的县长韦廷杰的职务，推荐爱国进步人士胡竺冰接任县长。胡竺冰电请新四军手枪团、老七团护送，在一举攻克襄安、无城两地后就职。

以胡竺冰为代表的县政府，坚持执行共产党的抗日主张，改组了县抗日动委会，建立了以共产党员为骨干的无为县人民抗日自卫军，组织各种抗敌协会、工作团、服务团深入城乡进行抗日宣传，又根据党的《抗日救国十大纲领》，广泛进行反苛捐杂税斗争。这样，一场波澜壮阔的抗日民主运动在全县范围内迅速展开。

1938年10月，日军占领广州、武汉以后，抗日战争进入相持阶段。这时，日军停止正面进攻战略，对国民党政府实行政治诱降，转而把主力压向解放区。[1] 1939 年 1 月，国民党召开了五届五中全会，把政策重点由对外抗日逐渐转移到对内反共，消极抗日。无疑，正在高涨的无为人民的抗日运动受到遏制。1938 年 11 月，国民党安徽省政府以“擅起兵端”为借口，下令撤销胡竺冰无为县县长职务，派遣以反共著称的马炯继任县长，并积极执行反动《限制异党活动办法》，扼杀抗日群众运动。从 1939 年春至 1940 年春的一年内，被屠杀的爱国人士有 800 余人，尤其令人发指的是，前来与国民党军队协调统战关系的新四军江北游击纵队宣传科长田丰竟然也被杀害，共产党员朱庥也惨遭厄运。

针对上述反动逆流，中国共产党进行了毫不妥协的斗争。1938 年 11 月，新四军参谋长张云逸率军部特务连抵达无为，主动与国民党安徽省政府当局达成协议，将新四军江北部队统一改编为近千人的新四军江北游击纵队。[2] 1939 年冬，他成功地争取了巢无地区的封建武装——大刀会，稳定了无为地区的抗日局面。1940 年 4 月 21 日，国民党保安第二支队司令吴绍礼命令所属部队 4000 余人，突然进袭驻守在无为西乡照明山的江北纵队司令部，企图围歼江北纵队全军。此战江北纵队失利，纵队参谋长桂

---

① 徐元冬、马晴波：《中国共产党历史讲话》，北京：中国青年出版社，1981 年，第 226 页。

② 中共安徽省委党史研究室：《中国共产党安徽地方史》（第一卷），合肥：安徽人民出版社，2000 年，第 352 页。

逢洲壮烈牺牲，酿成了“仇者快、亲者痛”的惨烈的“照明山事件”。[1] 江北游击纵队为保存力量，撤至定远藕塘一带，并成立巢无桐庐中心县委，党组织在秘密状态下，继续坚持抗日斗争。

1940 年 7 月 17 日，日军占领无为县城，接着又相继侵入无为县主要集镇，并在交通要道建立据点，实行残酷的“三光”政策。日军纵火焚烧了无城南门小十字街，整条街顿成一片焦土，全城财物被掳掠一空。1941 年 11 月，日军在仓头一天就杀害无辜群众 300 余人。同年冬，日军“扫荡”东乡、楼梯村等 17 个村庄，100 余人死于非命。在日军统治汤沟的两年内，遭到杀戮的无辜群众达万人。与此同时，日军又在无为各地建立日伪政权，成立“维持会”“谍报会”等组织，开设“洋行”，实行政治压迫与经济掠夺。

为打击日军的疯狂进攻，独立自主地开展抗日游击战争，1940 年 7 月底，中共无为县委书记胡德荣率部重返无为，接着新四军第三支队挺进团由皖南开赴土桥、牛埠、三公山、桐东一带活动；8 月底，孙仲德、张学文、顾士多等人又率江北游击纵队第二团、新七团、独立团转战至无为；9 月上旬，痛击日军进犯襄安之敌，又在湖陇、泉塘等地成功地进行了反“扫荡”、反摩擦斗争，扩大了抗日游击区，为敌后抗日根据地的建立奠定了基础。

1941 年 1 月，国民党顽固派发动了震惊中外的皖南事变。突

---

① 中共安徽省委党史研究室：《中国共产党安徽地方史》（第一卷），合肥：安徽人民出版社，2000 年，第 353 页。

出重围的新四军指战员700余人先后北渡长江进入无为。[①] 根据党中央"坚持皖南、发展皖中"的指示，1月20日，中共中央军委发布重建新四军军部的命令。2月，由无为游击纵队、第三支队挺进团以及皖南事变中突围抵达无为的部队组成新四军第七师，张鼎丞任师长(未到职)，曾希圣任政治委员。

5月1日，新四军第七师正式宣告成立。7月，师部即由无为东乡移至西北乡红庙三水涧一带，同时成立了无为县抗日民主政府，吕惠生任县长。随后，为进一步加强区、乡政权建设，无为县抗日民主政府颁布了各项抗日救国的政策、法令和条例，调动了广大人民群众抗日和生产的积极性，使无为地区成为坚强的抗日阵地和皖中抗日根据地的中心区。

1943年是皖中抗日根据地的中心区——无为县最艰苦的一年。由于抗日根据地的巩固和发展严重地威胁了日伪占领的重要城镇和运输线，日伪为保障其交通运输安全，于1943年2月，组织"皖中清乡司令部"频繁地对无为各地进行"清乡""扫荡"。[②]

3月17日至30日，日军抽调南京、芜湖等地兵力8000余人，向根据地中心区无为奔袭"扫荡"。无为军民同仇敌忾，主力部队跳出合围圈，与无为地方武装密切配合，展开游击战，到处袭击敌

① 中共安徽省委党史研究室:《中国共产党安徽地方史》(第一卷)，合肥:安徽人民出版社，2000年，第374页。

② 《新四军战史》编辑室:《新四军战史》，北京:解放军出版社，2000年，第287—288页。

人，使敌首尾不能兼顾，被迫于月底退回原驻地。

4 月 30 日，日军再次抽调芜湖、铜陵等处 2000 余兵力，在伪军刘子清部配合下，再次进犯中心区无为。日军沿途不断遭到打击，被迫于 5 月 6 日退回。5 月 11 日、12 日，日军调驻芜湖、无为三官殿、汤沟等据点之敌 1000 余人，向驻扎在无为白茆洲的新四军发起突然合击，被痛击后溃逃。

1943 年，既是无为县战事频繁、经济困难、环境艰苦的一年，又是无为各地进一步巩固、发展革命政权，各项建设日益完善的一年。

按照“三三制”原则，无为普遍开展了民主建政工作。1943 年和 1944 年，无为地区（无南、临江、湖东、无为）4 县均按照“三三制”原则，选出了 4 个县参议会代表。各县参议会充分发扬民主，行使法定权力，审议和通过各类议案，从法律上对所在地的政治、军事、经济、文化等工作做出了明确规定。由于贯彻了“三三制”原则，进一步发展了中国共产党领导下的抗日民族统一战线，团结了一大批爱国进步人士，保证了各项建设的顺利进行。

重视财经工作是根据地无为中心区的一个重要特点。全县各级行政机构中都建立了财经、粮食、货物管理、货检、合作事业等经济部门，加强了对财经和生产、贸易工作的具体领导。无为 4 个县均制定了合理的税收政策，加强商业税、农业税和货物过境税的征收，经济收入不断增加。同时还从上海、芜湖等敌占区引进技术人员、设备和资金，陆续在无为中心区开办兵工厂、纺织厂、卷烟厂、被服厂等，解决了战时的军需和民用，上海的一些民族资本家也来无为县投资开办肥皂厂、兴建小煤窑。

根据地无为中心区推进减租减息政策，大力发展生产，藏富于民，以支持敌后抗战。经过减租减息，无为4个县广大农民的生产积极性大为高涨，建立了互助组、换工队，兴办供销合作社，开荒种地、植树造林，生产力迅速发展，农民负担大为减轻。

无为县地处长江下游北岸，河湖港汊纵横交错，加之堤坝连年失修，因而洪涝灾害频繁。为了发展生产，坚持敌后抗战，无为县抗日民主政府带领群众大力兴修水利。无为东乡黄丝滩江堤的退建工程堪称敌后水利建设的惊人奇迹，该堤自1943年12月1日动工，次年5月3日竣工，共投入民工21万余人次，用工100余万个，完成土方404000方，修筑江堤全长15里。此外还重修了季家闸、黄树闸、陈家闸的“三闸”工程。在湖东修筑大、小圩堤30段，临江修塘1002处、堤埂90多道。在战争环境下，修建如此众多的水利工程不能不令人叹服。①

此外，无为县政府还遵照中共中央关于新民主主义文化教育的方针，改良私塾，先后建立了敌后无为中学（后改为皖江联立中学）、恍城小学，开展了以宣传抗日为主要内容的冬学运动。思想文化建设的加强，培养和输送了各类人才，也促进了各项事业的发展。

---

① 中共安徽省委党史研究室：《中国共产党安徽地方史》（第一卷），合肥：安徽人民出版社，2000年，第420页。

1944年和1945年是皖江抗日根据地发展较快的两年。日军为援救入侵南洋的孤军，在皖江地区实行战略收缩。新四军第七师不失时机地对日军实行局部战略反攻，解放国土4500平方千米、人口60万。1945年8月，苏联对日宣战，抗日战争处在最后阶段。遵照党中央关于"收复失地、扩大解放区"的指示，无为党组织领导全县人民，积极配合新四军第七师主力部队，开始全面大反攻。8月10日，收复了刘家渡、凤凰颈等镇，11日围攻无城、襄安，15日攻克了无城。16日，日军从土桥、凤凰山、石罗山、神塘河等最后几个据点撤走。

9月3日，日本帝国主义正式签字宣布无条件投降。胜利的消息传至无为后，各界群众无不欢欣鼓舞，无为县党政军民为此在无城体育场联合召开了千人祝捷大会，皖江行署主任吕惠生亲临大会讲话，号召无为军民继续团结一致，为建设统一、富强的新中国而奋斗。在第七师司、政、后机关所在地的恍城山麓李村，也召开了万人庆祝大会，热烈庆祝经过艰苦卓绝的斗争，终于取得了抗日战争的最后胜利。

1945年9月，新四军第七师奉命北撤，从9月28日至10月3日，无为县乡以上党政组织以及地方部队随第七师向苏北撤退。旋即，国民党军政机关、特务机关开始对无为人民实行疯狂的"清剿"，并网罗大批伪军、土匪及地方反动分子组建特务机构，强迫共产党员、进步人士及广大群众登记自首，进而加以残酷迫害和屠杀。行署主任吕惠生在由水路北撤时被敌逮捕后牺牲。10月

20日,无巢人民自卫队15人在陈家闸被敌围捕枪杀。

1947年1月,中共华东局国统区工作部先后派遣一部分曾经在无为工作过的干部由山东、苏北重返无为。他们来到无为后,即与当地坚持地下斗争的党组织取得了联系,酝酿恢复无为人民革命斗争的大计。7月,在银屏山白云庵召开会议,会议根据华东局决定,宣布成立以杨杰为书记的中共无巢工作委员会,并决定将无为、临江两支游击部队合并为统一武装——无巢游击大队。9月,巢无工委先后5次派遣联络员通过封锁线,与在大别山坚持斗争的中共皖西区党委和挺进大别山的刘邓大军取得了联系。10月,皖西军区直属教导队采取“大踏步前进”战术,向无为地区进发,11月6日抵达无为西北乡重镇——严桥,全歼了国民党严桥自卫中队。

严桥战斗的胜利,鼓舞了无为人民取得武装斗争胜利的信心。1948年1月11日,军区教导队又一部抵达无为。在皖西区党委副书记桂林栖主持下,2月6日至8日,在上庄院子召开了区(营)级以上干部会议,宣布成立皖西四地委,同时比照抗日战争建制,宣布在无为境内成立无为、临江、湖东、无南4个县一级党政机构。①

为大力开辟解放区、壮大革命力量,上庄会议以后,各地武装力量全面出击,捷报频传。

---

① 中共巢湖市委党史研究室:《中国共产党巢湖地方史》(第一卷),合肥:安徽人民出版社,2003年,第336页。

1948年4月，人民解放军华东野战军南下先遣支队进入无为，加速了无为革命斗争的发展。5月，解放军在龙骨山集中优势兵力，重创了国民党杨创奇部500余人，摧毁了无为县反动势力的支柱，革命形势随之发生了决定性的好转。至1948年7月，除无城、襄安、汤沟、开城等较大集镇尚有国民党反动势力盘踞以外，无为广大农村大都获得解放，解放区人口有741600余人，占全县总人口的90%。1949年1月20日夜，国民党残余力量从占据的最后几个据点溃退，除沿江少数据点外，无为全境宣告解放。

1949年1月，中国人民解放军第三野战军第七、九兵团共20余万人，先后抵达无为，准备渡江奋进，解放全中国。

无为县是渡江作战的前哨阵地，全县一解放，全党工作就立即转为以“迎接大军南下，支援大军渡江”为中心，县、区成立了“支前指挥部”。据统计，全县共集中5000余艘船只，筹集了2000余万斤粮食，数百万担柴草，修筑了长达680里的公路，修复40余座浮桥和码头。

1949年4月20日，国民党政府拒绝签订和约的消息传来，进驻无为严阵以待的人民解放军迅即向南岸推进，渡江部队首先通过泥汊江面突破敌在江南荻港的长江防线。渡江战斗中，无为4个县共有2087人立功受奖。

渡江战役以后，无为党组织又领导无为人民开展了生产自救斗争。

为了统一领导政权工作和各项工作，根据中共皖北区委和巢湖地委指示,原为适应战争环境而设置的无为4个县级党政领导机关先后迁至无城合署办公,并于7月1日正式成立统一的中共无为县委员会和县政府(县委书记张石平、县长王子轩),下辖9个区、1个直属镇、109个乡。党的核心领导作用的加强和行政区划的调整,为完成更加繁杂艰巨的任务提供了强有力的保证。

10月1日,无为人民和全国人民一道,热烈庆祝中华人民共和国成立。从此,无为进入一个新的历史发展时期。

第一章

★★★★★

无为人民的反帝反封建斗争

无为县地处长江下游的皖中地区，襟长江带巢湖，土地肥沃，物产丰富，素称“鱼米之乡”。但在20世纪的二三十年代，广大的劳苦人民却深受封建主义、帝国主义势力的沉重压迫与剥削，过着饥寒交迫的生活。县内政治腐败，交通闭塞，文化滞后。

自鸦片战争后，素有“长江巨埠、皖中之坚”之称的芜湖被辟为通商口岸，英、日、德、法等帝国主义侵略势力随之而入，与芜湖仅一江之隔的无为县不久亦被卷入帝国主义势力的侵略范围。因此，无为人民除了受到封建主义大山的压迫之外，还受到帝国主义势力大山的压迫。

封建统治者和帝国主义势力对无为人民的残酷剥削和压榨，使无为县的贫富差距愈来愈大，社会状况越来越糟，因而不断激起人们的不满和反抗，无为地区的现代革命斗争的烈火也就在这样的政治基础上发生和发展起来。

一、先进思想的传入和群众运动的兴起

自辛亥革命后，无为县的一些有志知识青年即负笈到外地求学，开始接受新思想、新文化的启蒙。这些青年受到新思想、新文化的熏陶后，不少人回到家乡把在外地接收到的新思想、新文化在无为社会各界广泛传播。闭塞的无为县从此打开了一扇天窗，清新浓郁的空气开始在城乡激荡。

1919年5月4日，北京爆发了反帝反封建的五四运动，立即得到全国各地的热烈响应。时任北京大学庶务主任的无为人李辛白，组织赶印了2万份《五四运动宣言》，这是5月4日当天发出的唯一传单。[①] 6月3日，当这个震撼全国的消息传到无为后，无为县城教育界进步人士、知识青年及学生纷纷响应，集合于南门小十字街，尔后举行游行示威。他们群情激愤，高呼“外争国权”“内惩国贼”“誓死争回青岛”“打倒日本帝国主义”“抵制日货”等口号，表示坚决声援北京学生的爱国运动。这是无为县第一次举行游行示威活动，也是新文化、新思想在无为县传播、影响的结果，它显示进步势力开始登上无为县的政治舞台。

① 中共巢湖市委党史研究室:《中国共产党巢湖地方史》(第一卷)，合肥:安徽人民出版社，2003年，第11页。

1923年前后，一些求学于北京、上海等地的知识青年由于受到进步思想的影响，开始将《新青年》等进步刊物介绍给无为知识界。他们还利用寒暑假返乡的机会在贫民、手工业者及其他劳动群众中，通过演讲、说故事、演戏等形式，介绍外地反帝反封建斗争的情况，宣传救国救民的道理。他们还举办假期读书会、贫民夜校，吸收知识青年和贫民子弟参加，探寻和讲解反帝反封建斗争的策略和道理。无为县杏花泉小学的季庶仁、吕莲三、高莫适，无为中学的陈洪泽、钱光晓、倪合春、方后鲁、王前寿等青年教师，自办了《鬼火报》《狂飙》《女娲》等宣扬进步思想的刊物，反对旧礼教，在知识界产生一定影响。[①] 同时，为开启民智，宣传进步文化，在进步士绅的帮助下，无为县图书馆于1923年建成，书籍、报刊对外开放借阅，为处在社会闭塞、文化落后中的无为知识青年开启了寻求革命信息的渠道。

1925年5月，英国巡捕在上海公共租界制造五卅惨案，上海人民掀起了声势浩大的抗议示威活动。消息传到无为后，无城学生、手工业工人、商界代表于6月11日在县商会门前集会，经过讨论决定成立"无为县支援沪案外交后援会"。12日，无城学生罢课、工人停工、商店闭市一日。各街道、商店悬挂着书有"共伸聚

① 中共巢湖市委党史研究室:《中国共产党巢湖地方史》(第一卷)，合肥:安徽人民出版社，2003年，第11—12页。

愤、援助沪案”“休业一日，以志哀忱”等字样的白旗。[①] 这天上午，无城的工、农、商、学、绅各界数千人在老衙口(原无城菜市场)集会，高呼“收回英、日租界”“取消不平等条约”“对英、日经济绝交”等口号，表示支持上海人民的斗争，愿“誓死不懈，永为后盾”，会后，举行了游行示威，郊区农民闻讯亦进城参加游行。下午，驻城中小学生组织宣传队走上街头演说、散传单、贴标语，并联合工人、店员组成“清查帝货小组”，分赴各商店清查，要求凡有帝国主义国家货物的商店，限期出售，不准再购销帝货。鹅市街一商店因拒绝清查，被数十名愤怒的学生捣毁了橱窗、货柜。次日，无为县支援沪案外交后援会还向全国发出通电，坚决抗议帝国主义残害我国同胞，要求赔偿损失，严惩凶手，表示“全县人民决不屏息于淫暴和帝国主义统治之下，一定要斗争到底，誓不松懈”。对五卅惨案的支援活动，充分显示了无为人民高昂的爱国热情，扩大了反帝反封建的影响，进一步促进了广大群众的觉醒。

二、无为人民反对军阀贿选斗争

中国早期先进思想的传入，提高了无为人民的思想境界，人

---

① 中共巢湖市委党史研究室:《中国共产党巢湖地方史》(第一卷)，合肥:安徽人民出版社，2003 年，第 20 页。

们以更加敏锐的洞察力，针砭时弊、抨击黑暗、审视现实社会滋生出的各种腐败现象，终于在五四新文化运动之后，无为人民掀起了一个席卷安徽全省的廉政风暴。

1921年，北洋军阀倪嗣冲统治安徽。为了巩固他的军政大权，多年来他一直控制着省议会。从第一届省议员选举开始，他就唆使胞侄倪道烺组织了一个包办选举的“公益维持会”。[①]“公益维持会”先从伪造选举册入手，不分年龄大小，只要经过审查认为某人可靠，就把他的姓名列上，甚至死了多年的人，还把他的姓名摆在选举册上，以便多占一个选票；认为某人不可靠，就把他的姓名除去。倪嗣冲还拿出300万元，在全省60个县，以每张选票300—500元的高价进行贿选，对为贿选帮忙拉票的人，每人补贴活动费30000—40000元，作为公开买票的费用。到了投票的时候，倪系走狗公开收买选票，不让有选举权的人去投票，而由买票的人雇人代写，整批投柜。所以，选票的笔迹多是同出一辙。

安徽省第一届议员选举的选民计90余万，第二届议员的选举人数增至240万，而第三届议员选举的人数高涨至328万。这种选民人数激增的情况是由“买卖贿选”造成的。省第三届议员选举一开始，省选举总监督令各县呈报选民总数，结果各县争相虚报，不足者又另行补报，以此来争取议员席位。包办选举的“公益维持会”明知不问，因为他们的腰包塞满了各地送来的贿赂款。根据统计，第

① 中共安徽省委党史研究室：《中国共产党安徽地方史》（第一卷），合肥：安徽人民出版社，2000年，第49页。

二届议员身份均在万元上下，第三届议员身份少则10000—20000元，多者则30000—40000元乃至50000—60000元。及至贿选的议员私行集会，公推唐理淮（即唐伯平，合肥大地主）为议会议长的时候，唐理淮竟慷慨答应给拥护他的30人各赠狐裘一领。当时，安徽省第一师范学校校长李光炯目睹省第三届议员以贿得选的情况，慨然说："督军（指倪嗣冲）拥重兵，上干国纪，下为民害，议会天职在代表民意，而非助督戕民！今日国家大患即在于此。此而不除，皖政无澄清之日，而先烈艰苦缔造之民主亦危乎殆矣！"充分表达了全省人民对贿选的第三届议会深恶痛绝的感情。

安徽省第三届议会议员共100名。全省按县分成13个选区，无为、合肥、舒城、庐江等为第二选区，分配选举省议员13名，初选260名，其中无为县可当选省议员2名，初选省议员48名。[①]

无为县议员选举开始于1920年。在各县初选中，由省统一派人，组织进行。无为县选举监督则由当时的县知事李懋延兼任。李懋延利用这个机会，贪赃枉法，与无为县大绅士卢幼能、丁小侯勾结起来，营私舞弊。卢幼能、丁小侯两人均是无为县有名的大地主，卢幼能又是在城乡地区绅士中占有土地最多的人，每年仅收地租就有6000多担（每担150斤）。丁小侯是无为西乡最有权势的地主，在无为县东乡的六洲他还占有1000多亩土地。那时无为县的每一任县长，上任前都要拜谒他们。但卢幼能、丁

① 中共巢湖市委党史研究室：《中国共产党巢湖地方史》（第一卷），合肥：安徽人民出版社，2003年，第15—16页。

小侯两人并不满足于现状，还想伺机步入仕途，他们俩共拿出 10 万多元，恳求李懋延帮忙，上下活动，想尽方法，以求达到当选省议员的目的。[①] 一是多报人口，在核定的选民控制数 87532 人中，又捏造理由，申请增加选民 37406 名，李懋延在拍给安徽省选举总监督的电文中说："安徽选举总监督钧鉴，真电敬悉。属县众院省会选民人数，前因限期迫促，遵守撮报。实在县境辽阔，山陬水堵，调查未易周到，以致遗漏尚多。现各区调查员正在陆续补报，此次选民比上次增多，阙有数因……今者受民治潮流之激荡，群知选举之利害，谁复放弃选权，此一因也……人民纷纷归里，选民必自增多，此又一因也……前次所报之选民，委实无可删汰。除将漏查选民随后补报外，谨先电文。无为县选举监督李懋延叩覃。"李懋延这样撒谎，显然是上行下效，欺人耳目。二是伪造选举册，骗取选票，李懋延公然召集 9 个选区的调查员，规定在原额定选民的基础上，每区再增二五成选民。各区为了凑足二五成数字，只有伪造选举名册，离奇地将死亡者、未成年者、精神病患者以及当时没有选举权的妇女都编入选举册内，有的是一人双名，有的是一名两报。三是为了掩盖这些舞弊事实，李懋延指令选举前选民榜不进行公布。后来在选举签到中发现，有一人是代集体签名的，投票时一人将整卷的选票投入箱内。这些投箱的选票，有不少都是重复和虚假的。而一些真正有选民资格的人，如一区

---

① 政协无为县委员会：《百年沧桑话无为》，合肥：安徽大学出版社，2006 年，第 9 页。

郭活泉、三区丁佑兴、四区唐仲英、五区胡铸农(胡竺冰)、七区朱子帆等反而被遗漏未报。这样露骨的无为县省议员贿选,当即在无为县社会各界引起极大的公愤。

▲ 无为县反军阀贿选斗争发生地——黉门

省议会既为倪嗣冲的工具,全省人民当然反对它,并且认为反对倪系军阀,必须首先推翻省参议会。为此安徽省各界组织了"澄清选举团",反对军阀贿选。当时省议会选举法第八十三条第二项规定:省议会的选举有一县无效,全省应即作为无效。安徽学联首先抓住这一点,利用1921年暑假,发动省城安庆、芜湖各校学生分县组织起来,回本县调查选举舞弊情况,搜集各种不法证据,就近向法院起诉。当时在安庆教书的青年教师卢仲农和在安庆读书的无为籍进步学生朱源、朱大猷、胡铸农等根据安徽学联的安排,一起返回家乡无为。他们决定通过诉讼这种方式来发动无为各界开展反贿选斗争。参加这场斗争的还有朱子帆、唐宗年、翟树华、卞仲年、胡剑鸣、郭活泉、张季亚等进步人士。无为各界人民对李懋延等人进行议员贿选的事实，一致要求揭榜上诉。那时，选民榜在无为城乡贴了几十张，无城西门夫子庙门口墙上贴的一张有几丈长。朱子帆等人先用水洒在选民榜上，等到浸透以后，依次慢慢揭下。在这张选民榜上，明显地写有逝者、小孩和妇女的名字。朱子帆等人持榜联名上诉到芜湖地方审判厅。受理以后，芜湖地方审判厅委派司法推事陈鄂来调查此案。1921年旧历年底，陈鄂召集无城的地主、士绅调查情况（贿选议员卢幼能、丁小侯也在场），之后，又召集原告朱子帆等人开会查询。陈鄂进行恫吓，胁迫朱子帆等人撤回诉状，遭到严词拒绝后，又传讯县选区调查员吕兰生、程齐虹、周季直3人。吕兰生等人均供称："李知县令加二五成选民均属实情，选民榜亦未尽宣示，选民代表代投者甚，或将整卷票纸投入柜内者亦有之。"[①]在事实面前，陈鄂只得勉强表态：无为县议员选举无效。1922年1月，芜湖地方审判厅审判长邹俊青根据陈鄂的调查结果，做出了"无为县第三届省议会初选举应属无效，讼费、调查费为被告人负担"的明确判决。

李懋延接到判决书以后，不服判决，上诉至安徽省高等审判厅。朱子帆等人亦附带上诉。虽然安徽省高等审判厅"迭次传讯，上诉人（李懋延）借故拖延，匿不到案"，但朱子帆、胡铸农等人

---

① 《无为县选举案第一审判词》（芜湖地方审判厅民事判决1922年第一号，原件存于无为县档案馆）

据理力争,高等审判厅随后传讯“各区调查员程齐虹等,均供称是该上诉人违背法令之事实,已无可讳言”。最后,安徽省高等审判厅依据省选举法第四十四条、第四十五条、第四十六条规定(指第三届省议会选举法),做出了“本件上诉及附带上诉一并驳回,上诉讼费归上诉人负担”的终审判决。至此,无为县反贿选斗争取得了初步胜利。

就在无为人民开展反贿选斗争的同时,倪嗣冲指使倪道烺和贿选议员逼迫省长聂宪藩召集第三届省议会,聂宪藩因“六二”惨案发生不久(指安庆学生反对倪道烺削减教育经费遭到镇压一案),群众激愤未平,不敢召集,因而被迫辞职。倪道烺即以40万元的重金贿赂北洋军阀政府国务总理靳云鹏,让李兆珍来做安徽省省长,企图达到召集目的,引起安庆全城罢市。“拒李怒潮”很快遍及全省,致使“李潜匿省署,视事仅8天,即狼狈离去”。[①]

李兆珍被驱赶以后,许世英(东至县人)继任省长。贿选案尚未解决,许世英强迫政务厅长王淮琛召集省议会。在安徽各界的斗争下,王淮琛进退两难,不得已辞职而去。王淮琛去职以后,贿选的议员仍然私自集会,安徽省第一师范学校校长李光炯率各界坚决反对,斗争相当激烈。这时,无为县选举案首经安徽省高等审判厅终审判决无效。继而桐城、舒城、六安等县先后援例判决。1922年,许世英遂呈明北洋军阀政府,宣布选举无效。随着贿选

① 中共安徽省委党史研究室:《中国共产党安徽地方史》(第一卷),合肥:安徽人民出版社,2000年,第50页。

的省议会的垮台，所谓“公益维持会”亦无形消亡。

反贿选斗争的胜利，在安徽还是一个创举。这一胜利不仅表现了社会进步人士的坚定不屈，更显示出安徽青年在五四运动之后组织能力大大加强，善于运用各方面力量战胜强大的敌人。

无为县反贿选斗争的胜利启发了全省民众的觉悟，为今后的反压迫斗争积累了成功的经验，为反帝反封建斗争的深入开展揭开了序幕。[①]

三、中共无为地方组织的建立及其活动

1927年4月12日，蒋介石在上海叛变革命。7月15日，武汉国民党又公开反共，共产党和国民党合作的革命统一战线完全破裂，轰轰烈烈的大革命宣告失败。国民党新军阀站在帝国主义和封建势力一边，对革命人士和群众进行残酷的迫害。

---

① 中共巢湖市委党史研究室：《中国共产党巢湖地方史》（第一卷），合肥：安徽人民出版社，2003年，第16—17页。

▲ 中共无为县特别支部旧址——刘魁记衣店

适逢此时，中共安徽省临时委员会奉中共中央命令，自武汉撤至芜湖，执行恢复党的组织，发动工人、农民运动，组织武装暴动的指示。8月初，无为进步青年任惠群赴芜湖与中共安徽省临委书记柯庆施取得了联系，奉命返回无为筹建党的组织。8月中旬，根据中共安徽省临委指示，已经互相取得了联系的任惠群、刘方鼎、商恩甫、张泰康、倪受健5人，在无城米市街刘方鼎家的刘魁记衣店内召开会议，正式成立"中国共产党无为县特别支部"。[①]"特支"直属中共安徽省临委领导。这是中国共产党在无为县建立的第一个组织。特支由上述5人组成，任惠群任特支书记。特

① 政协无为县委员会：《百年沧桑话无为》，合肥：安徽大学出版社，2006年，第16页。

支会议决定立即进行3项工作：1.联络返回家乡的共产党员，通知凡参加国民党的共产党员，应立即退出国民党组织；2.宣传国共破裂，揭穿国民党的反革命阴谋，教育党员提高警惕；3.以无城和东乡白茆洲为工作重点，发展党的组织，壮大党的队伍。

中共无为特支建立以后，在城内的工作便以知识分子较为集中的无为中学为开展学生运动的重点。由于无为中学校长金唤狮思想落后、反动，他在学校内实行奴化教育，禁止师生阅读进步书刊，排斥打击积极参加社会活动的师生，贪污学校经费，克扣师生伙食费，因而大部分学生和教师纷纷对其专制行为不满，一场学潮已在孕育之中。为了打开革命活动的局面和占领这块知识分子较为集中的阵地，10月，特支委派在江西省九江准备参加南昌起义，后因病返乡的共产党员宋士英组织、领导无为中学师生开展"择师"运动，并指派刚刚返乡，曾任中共芜湖特支负责人之一、芜湖市总工会委员长的朱庥以插班读书为掩护，直接在学校的师生中开展工作，并组织成立了由进步学生参加的"读书促进会"。①

与此同时，无为中学校部突然对学生进行检查考核。学生们坚决抵制，反"金"情绪激昂。朱庥立即召集"读书促进会"成员和一些进步学生开会，决定以抵制这次考试为导火线，发动学生进行一场驱逐反动校长金唤狮的斗争。开始，学生们进行了一些有

① 政协无为县委员会：《百年沧桑话无为》，合肥：安徽大学出版社，2006年，第20页。

▲ “择师”斗争发生地——无为中学五棂门

理、有节的说理斗争，但没有收到丝毫效果。学校当局反而收买一部分反动学生，企图造成学生之间的分化和内讧，破坏这次学生运动，此举更激起了学生们的强烈不满。在广大学生的推动下，学校学生会组织大部分学生进行斗争，揭发这一阴谋。接着，学生会又组织了全校性的总罢课，提出“择师如同耕者有其田”“金唤狮薄学无能贻误青年”“金唤狮不走决不复课”“拥护吕惠生来校任校长”等政治性口号，还到处写贴标语、散发传单。学生们纷纷走上街头，穿梭于大街小巷，宣讲演说，揭露学校的腐败，争取社会的同情和支持。①

经过12天的罢课斗争，在社会舆论的压力下，金唤狮被迫以“身染沉疴”为托词而辞职。通过学校师生推荐，进步人士吕惠生担任校长，轰动全省的“择师”运动宣告胜利结束。

① 中共巢湖市委党史研究室:《中国共产党巢湖地方史》(第一卷),合肥:安徽大学出版社,2003年,第44页。

吕惠生任校长后，撤换了一批反动教师，聘请了共产党员刘方鼎、张泰康、葛辰柏、查舒生等人到校任职。在运动中表现积极，要求进步的学生刘更如、杨从虎、方后鲁、钱光胜、王剑瘦等加入了中国共产主义青年团，并成立了以朱庥为书记的第一个共青团支部。学校政治气氛清澈，师生精神面貌焕然一新。不久，驻城中小学校组成了学生联合会，刘更如、赵壁城任学联正、副主席，无为城区学生运动由此蓬勃发展。

“择师”斗争是无为县党组织领导群众进行的第一次斗争尝试，从此揭开了党在无为地区开展革命斗争的序幕。

中共无为地方组织成立之后，就一直把领导农民斗争作为革命的首要任务。他们以“农民运动”为工作中心，深入广大农村，积极组织农民协会，开展革命斗争。

1928 年春荒之际，贫苦农民生活十分困难，中共无为特区委根据党中央指示，在小江坝、李家潭、宋家庙 3 地发动农协会员，开展“向大户借粮”活动。[①] 贫困农民携带箩筐，有组织地向周围富户强制“借粮”。富户见农民心齐势众，只好忍痛“借”出。“借粮”斗争的胜利开展，不仅帮助农民度过了春荒，而且使农民看到了农民协会的组织威力。一时间，农协会员迅速增加。

该年夏，特区委根据省临委指示，在冒新洲吴锦章家召开党员大会，与会者近 40 人，会议传达省临委 5 月 18 日的指示，确定

① 中共巢湖市委党史研究室：《中国共产党巢湖地方史》（第一卷），合肥：安徽人民出版社，2003 年，第 45 页。

今后主要工作任务是发动群众，组织农民和手工业者，壮大力量，迎接新的革命高潮的到来；号召广大农民进行抗租、抗税、抗债斗争；发展农会组织，有计划地在农会会员中吸收积极分子入党，加强党的组织。

▲ 无为县农民协会在小江坝出江口开展禁粮外运斗争

该年夏季，无为东乡圩区洪水成灾。由于粮商的囤积居奇和套购贩运，虽值新谷登场，无为地区的粮价却不断上涨，饥饿严重地威胁着集镇居民和农村的贫苦农民。中共无为县委为了保护群众利益，在政治上、经济上打击地主和奸商酿就米荒的行为，在无为东乡的姚湾朱、小江坝、高家村、傅家陡门、李家潭等地，发动和组织农协会员开展禁粮外运斗争。芜湖粮商余老四在三官殿一带抢购粮食数万斤集中于小江坝装船待运，县委书记倪合台和县委委员夏子旭、邓逸渔、张恺帆、胡德荣等人就近组织农协会员

400 余人至小江坝禁止粮食外运，[①]并当场以一元钱一箩稻卖给群众。接着全县各地的禁粮外运斗争都取得了胜利，迫使地主、粮商不敢收购粮食外运。但在李家潭的禁粮外运斗争中，地主利用封建宗族关系挑唆群众，引起了护运和禁运间的一场械斗，双方均有伤亡。禁粮外运斗争的胜利，鼓舞了农民的斗争士气，加强了党和人民的联系。

▲ 为筹建濡江书店而发行的股票

农民运动斗争的胜利，也促进了党领导下的其他方面工作的开展。为了宣传进步思想，1929 年 11 月，县委指派刘方鼎负责集资，在无为城内米市街创办濡江书店，聘请吕惠生为书店董事长。该店以营销教本为名，经营各种进步书籍与刊物，如《共产党宣言》《社会主义进化史》等，进一步扩大了马列主义思想在无为的传播。该年，以进步学生为主体，在无城成立了党的外围组织“反

① 中共巢湖市委党史研究室：《中国共产党巢湖地方史》（第一卷），合肥：安徽人民出版社，2003 年，第 47 页。

帝大同盟”无为县支部，主要从事反帝宣传活动。他们自编刊物，张贴传单，为党发行报刊。支部设组织、宣传、总务委员等职，由盟员轮流担任，支部负责人为何际堂、陈寄贞。1930 年春，共青团城区支部成立后，经过几年的发展，团员逐渐增多，至此成立共青团无为县临时委员会，何际堂任书记。共青团临时委员会辖两个农村支部和两个城区支部，全县共有共青团员 30 余人，县委还在党、团组织的外围建立了“赤色学生会”“劳动童子团”等青少年组织。

▲ 无为县城内的长和质当铺

正当工农运动蓬勃发展、革命热情高涨之际，无城朱长和当铺的老板朱长和为了鲸吞当物，将大部分贵重当物先行转移后，把余下的当物纵火焚烧，谎称当铺失火而拒不赔当物。“烧当”阴谋败露后，城乡群众极为愤慨。县委为了把无为的革命斗争推向高潮，决定成立以刘静波、宋沛生为负责人的“被烧当人联合会”，采取公开号召的方式，组织和领导穷苦群众开展一场政治性的经济斗争。[①] 烧当物数日后，无为县委以“被烧当人联合会”名义，在无城观震潮举行集会，号召被烧当人与当铺老板进行斗争。参加集会的群众近千人，县委负责人和各基层组织的党、团员均加入群众之中进行宣传鼓动，并散发传单、张贴标语。集会正进行时，国民党无为县政府以“有政治活动嫌疑”为名，派军警进行镇压，当场逮捕了共产党员宋沛生、杨继才和数名群众。这一反动行为更激起了广大群众的愤怒，集会人群立即涌向街头游行示威，然后包围了国民党县党部，并推选出群众代表5人(4名党员)与当局进行交涉。国民党县政府慑于群众威力，不得不释放被捕人员，并假意表示愿出面调处，要求当铺老板同意群众“当一赔十”的要求。

赔当斗争取得初步胜利后，无为县委开始组织被烧当户，在城乡设立数个“被烧当户登记处”，登记被烧的当物。6月24日，中共芜湖中心县委就如何揭露朱长和当铺烧当物阴谋和号召广大群众参加赔当斗争的问题，专门致函无为县委，要求无为县委加强对这场斗争的组织领导，充分发动群众，并与“其他斗争结合起来”。在县委的精心组织和群众的强烈要求下，在吕惠生等社会进步人士的支持下，当铺老板朱长和不得不以“1元赔8角”的

---

① 政协无为县委员会:《百年沧桑话无为》，合肥:安徽大学出版社，2006年，第17—19页。

比例价，分两次赔偿当户，11 月底为赔当的最后期限。至此，赔当斗争胜利结束。朱长和当铺自食其果，最后也因赔当破产倒闭。

四、六洲农民暴动

为了贯彻中共中央关于《新的革命高潮与一省或几省的胜利》的决议，加速武装暴动的进程，芜湖中心县委于 1930 年 9 月改称为中共皖南特别行动委员会（简称皖南特委）。11 月 16 日，中共皖南特委在芜湖召开宣城、无为、巢县、繁昌各县委、工委书记会议。刘静波代表无为县委出席会议。会议讨论了关于发动皖南农民斗争等问题，认为无为、宣城等地农民暴动条件已成熟，要求着手进行准备。①

▲ 六洲暴动的发生地——胡家瓦屋

① 中共无为县委党史研究室：《岁月留痕——无为县红色遗址寻踪》，北京：中共党史出版社，合肥：安徽美术出版社，2012 年，第 17 页。

刘静波从芜湖返回后，无为县委按照皖南特委的要求，决定公开地、大张旗鼓地进行武装暴动的准备工作。随后，县委在东乡真武殿召开会议，宣布将党、团、农协、工会等组织合并，组成“中共无为县特别行动委员会”，由黄埔军校毕业生，曾参加过南昌起义、广州暴动、海陆丰武装斗争，有军事斗争经验的刘静波任委员会书记，胡德荣、任惠群、邓逸渔、张昌忠、张恺帆、吴锦章、倪化黎、吴亚仲为委员，并成立了“无为县苏维埃准备委员会”，由任惠群任委员会主席，吴亚仲任秘书长。开会期间，真武殿的大树上，高高挂起了绣有镰刀、斧头图案的红旗。会后，刘静波、胡德荣、任惠群、邓逸渔、夏子旭、张恺帆、倪化黎等党组织负责人均先后放弃原社会职业，集中力量准备组织农民暴动。县委机关从县城迁至白茆洲的新华寺小学内。此时，县委还利用党报大造暴动舆论，鼓动群众。随后，县委在东乡的汤沟、白茆一带连续举行3次“飞行集会”，突击赶制梭镖等兵器，决定于12月7日在农民运动基础较好的白茆六洲举行武装暴动。

12月7日上午，参加暴动的人员分头收缴五号民团和一些大户人家的护院枪支，共得长、短枪20支，子弹数百发。下午，参加暴动的人员开始零星聚集，无为城内12名青年学生由王剑瘦、卢庶率领，携带鼓号，急行30余里到达六洲。傍晚，各路人员共约200人迅速集中于新华寺广场。刘静波根据上级指令，集合队伍，宣布成立“中国工农红军皖南第三游击纵队”，由刘静波任司令、任惠群任政委、张恺帆任政治部主任。纵队下设3个中队和1个手枪队，分别由倪化黎、周可章、吴锦章、胡德荣任中队长和手枪队长。暴动计划是先攻打六洲镇东头的国民党无为县六洲自卫队据点，然后打下汤沟、三官殿的自卫队据点，继而夺取无为县城，建立苏维埃政权，并与大别山红军会师。

部队集合整队后，刘静波做了战斗动员讲话，严明军纪。刘静波率领队伍向六洲出发，在官棚小做休整后，子夜时分，部队在刘静波的指挥下，高举红旗，分三路合围六洲镇，从街东、街西、街南逼近自卫队的据点。顿时，暴动部队的枪声和鼓声大作，号声与鞭炮齐鸣，据点内的自卫队惊恐万状。由于暴动部队枪支过少，大部分人员只能将梭镖、鱼叉当作武器。刘静波虽组织了3次冲锋，但自卫队凭借工事，负隅顽抗，据点久攻不下。至天亮时，三官殿、汤沟的自卫队闻讯后即赶赴六洲，增援六洲自卫队，形势对暴动极为不利。为了保存实力，刘静波下令且战且退，最后撤退到预定的集结地——新板桥、骆家跳一带。①

战斗中，中国工农红军皖南第三游击纵队队员孙成因腿部负伤，流血过多，后被六洲自卫队枪杀，光荣牺牲。暴动的参加者，17岁的共产党员、共青团汤沟区委书记陈少炳第一天即在汤沟镇被自卫队逮捕，后被押至无为县城，惨遭杀害。8日上午，中国工农红军皖南第三游击纵队撤至姚湾村，领导成员随即召开会议。

① 中共无为县委党史研究室：《岁月留痕——无为县红色遗址寻踪》，北京：中共党史出版社，合肥：安徽美术出版社，2012年，第20页。

会议总结了六洲暴动的经验教训，同时还决定撤销中共无为县特别行动委员会，党、团组织分开，重建中共无为县委，并组成“军政委员会”，领导全县的军政工作。重建后，中共无为县委书记为夏子旭，倪合台、邓逸渔、张恺帆、倪化黎、刘厚达、宋沛生为委员，会议还决定将已暴露身份的刘静波、任惠群等人撤离无为，分赴外地继续从事革命活动，其他人员暂时分散隐蔽，等待时机再图发展。

六洲暴动失败了，它是无为人民向国民党反动派打响的武装斗争的第一枪，打乱了国民党反动派在无为的统治秩序，扩大了党在人民群众中的影响，积累了武装斗争的经验，它是无为党组织独立领导武装斗争的开始。正如中共芜湖中心县委书记王步文在总结会上所说的那样：“这是一次军事演习，它锻炼了党，锻炼了无为人民。”

第二章

★★★★★

抗日烽火与江北指挥部的建立

一、抗日救亡运动的兴起

1937年8月，淞沪抗战之后，国内政治形势发生重大变化，日本帝国主义侵略激起了中国人民的极大义愤。各阶层爱国群众的抗日救亡运动迅速兴起，抗日浪潮汹涌澎湃。广大爱国青年和知识分子更是热血沸腾，纷纷走向抗战最前列，组织起来，成立了各种抗日救亡团体，提出了“到前线去！到内地去！到农村去！”的响亮口号。他们深入人民群众，进行广泛的抗日救亡宣传工作。

1935年，“一二·九”爱国学生运动之后，中国共产党及时指出，青年学生必须到工、农中去，到军队中去，推动他们建立各种救国组织，发展抗日救亡运动。[1] 中国共产党的号召立即得到广大青年学生的响应。1935 年 12 月底，在北平西城辟才胡同，几位学生领袖在这里秘密集会。学生中的共产党员黄敬提出，把平津两地的大、中学生组织起来，进行南下扩大宣传，这样，一来可以扩大"一二·九"运动的影响，二来可以锻炼进步青年队伍。这个建议得到北平市委的同意。

1936 年元月上旬，由平津两地大、中学生共约 500 人组成的"扩大宣传团"，从不同路线南下，先后到河北固安，几天后南下保定。这次南下，他们把中国共产党抗日救国的主张传遍千家万户，热情高涨的青年学生们把抗日的火种播撒在华北大地，萌发在千百万民众心中。北平学生的爱国行动，得到了全国学生的响应和全国人民的支持，形成了全国人民抗日民主运动的新高潮，推动了抗日民族统一战线的建立。

南下宣传团回到北平后，在清华大学公开张贴启事，宣布成立民族解放先锋队。1936 年 2 月 1 日，在宣传团的基础上，成立了中国共产党的外围组织——民族解放先锋队（后改称中华民族解放先锋队）。[2] 当时很多爱国青年都是民族解放先锋队成员，后

---

① 龚育之：《为抗日救国告全国各校师生和各界青年同胞宣言》，北京：中国青年出版社，2000 年，第 980 页。

② 曹葆华、毛岸青：《联共（布）关于青年工作的两个决议》，北京：青年出版社，1951 年，第 42 页。

来在胡宗南身边卧底的我党优秀谍报干部熊向晖、著名科学家钱伟长等都是民族解放先锋队成员。民族解放先锋队成立后，从北平南下，成为党领导的组织性更强、阵容更大的南下宣传团，又被称为“平津抗日救亡团”。救亡团为中共培养了大批青年干部，他们后来都成为中国革命事业的栋梁之材。

1937 年 7 月 7 日“卢沟桥事变”以后，中国全面抗日战争开始。当“八·一三”淞沪抗战消息传到无为后，广大群众群情激奋，国家民族存亡与战火的蔓延成为人们和一批爱国知识分子极为关注的话题。此时，进步人士胡竺冰、吕惠生以及土地革命战争时期外出隐蔽的共产党员也先后由各地返回无为。7 月 20 日，前中共无为县委负责人张恺帆经党组织营救出狱，和他同时获释的外地共产党员黄育贤(桂蓬)、黄先、林李明、林若冰、陈理 5 人辗转到达无为。胡竺冰闻讯后立即前往探望，并将他们全部接到东乡胡家瓦屋他的家中休养。他们通过胡竺冰家的矿石收音机了解抗日前线战况和国际形势，商讨和研究无为县的抗日斗争大计。[①] 不久，留在无为的共产党员胡德荣、倪化黎、吴锦章、任惠群、刘方定、吴大培等人先后来到胡家瓦屋，经研究决定，成立“无为县抗敌后援会”“无为县青年抗敌协会”，立即开展抗日宣传，组织工农群众，联系社会上层爱国人士，开展抗日救亡活动。但是，由于当时还没有与上级党组织取得联系，没有上级党组织的直接

① 中共安徽省委党史工作委员会:《安徽现代革命史资料长编》(第三卷)，合肥:安徽人民出版社，1995 年，第 97 页。

领导和具体指示，抗日活动不能广泛深入进行。

10月，共产党员胡士宏任团长、陈世才任指导员的平津抗日救亡团到达无为。同月，新四军在武汉正式成立，汪道涵受新四军第四支队派遣也参加了救亡团，同时到达无为，配合无为党组织进行抗日救亡活动。救亡团到无为的任务有二，一是宣传和发动群众参加抗日救亡运动，宣传抗日救国道理，点燃无为的抗日烽火；二是调查和了解本地区党的组织状况和开展革命活动的情况，并帮助还没有联系上级党组织的基层组织，与党的上级组织取得联系。很快，救亡团的党组织就与张恺帆、胡德荣等人取得了联系，双方都亮明了共产党员的身份，并相互报告了目前各自的任务。由于救亡团人员身份复杂，他们约定以秘密形式联系并开展党的工作。

▲ 平津抗日救亡团分赴安徽省各地前的合影

胡士宏与陈世才将《抗日救国十大纲领》《论游击战争问题》

两份党内文件转交张恺帆和胡德荣。[1] 这是张恺帆等一批土地革命时期的党员自1932年以来第一次看到党内文件，他们激动的心情难以言表，像失散多年的孩子见到母亲。无为的党员们立即传达学习，领会精神，在国共两党已建立统一战线的有利条件下，立即在群众中进行抗日动员，宣传党的“抗日救国十大纲领”，号召各界同胞，“有钱出钱，有力出力，有枪出枪，有知识出知识”，全民动员，投入到抗日救国的斗争中去。

胡德荣请胡竺冰立即去县城，邀请救亡团到无为东乡白茆洲，在汤家摆江子搭起讲台，召开群众大会，请救亡团的领导做演讲，介绍全国抗日战争形势，愤怒声讨日寇侵略中国所犯下的滔天罪行。会议开得非常成功，起到了宣传作用，取得了发动群众积极投入抗日救亡斗争的良好效果。

平津抗日救亡团还在无为组织歌咏队、宣传队深入无城各学校、公共场所及广大农村，张贴标语，发放传单，宣讲抗日形势，教学生、群众唱《黄河大合唱》《义勇军进行曲》《松花江上》等歌曲，排演话剧，在城乡巡演。在演出《放下你的鞭子》时，台上的老人拿起鞭子要抽打饥饿发昏的卖唱女儿时，观众跑上台夺下老人的鞭子，老人含泪向大家讲述东北沦陷后的惨状，观众的情绪被点燃了，“打倒日本帝国主义！”“把日本侵略者赶出中国去！”的口号此起彼伏。在演出《逃到哪儿去》时，台上演员问：“同胞们，日本

---

① 中共无为县委党史研究室：《岁月留痕——无为县红色遗址寻踪》，北京：中共党史出版社，合肥：安徽美术出版社，2012年，第35—36页。

鬼子来了，我们跟他们干不干？”台下黑压压的观众不约而同地齐声喊：“干！干！干！”其情其势，如扬子江水，汹涌澎湃。此后演出的《丰收》《太阳》《三江好》3个抗日独幕剧，给观众印象极为深刻，大大激发了当地群众的抗日热情与斗志。[①]

救亡团的成员们虽然不是专业演员和歌手，但演出的剧目和歌曲应时应景，团员们倾力倾情，投入演出，与多难的祖国共鸣，与百姓的心声相通。伴随着激昂动人的歌声，无为人民的抗日救亡热情在滋生、高涨和爆发，势必形成滚滚洪流，成为埋葬日本侵略者的一支巨大的力量！[②]

救亡团指导员陈世才去南京八路军办事处汇报无为党组织的活动情况，使救亡团与八路军办事处取得联系，恢复了党的组织，开展革命活动。在平津抗日救亡团党组织的指导下，无为党组织负责人张恺帆和同时出狱的数名共产党员前往南京八路军办事处，以寻求与上级党组织建立联系。在南京，他们终于与中共中央长江局接上关系，重新回到组织的怀抱。尔后，张恺帆等奉上级党组织指示，返回无为，着手恢复地方党组织，发动群众开展抗日救亡活动。1937年11月，八路军驻南京办事处派李世农到无为，在无为白茆洲成立党的皖中工作委员会，李世农任工委

① 中共无为县委党史研究室：《岁月留痕——无为县红色遗址寻踪》，北京：中共党史出版社，合肥：安徽美术出版社，2012年，第35页。

② 安徽省新四军历史研究会：《驰骋江淮——纪念新四军成立60周年》，合肥：安徽人民出版社，1998年，第413页。

书记，张恺帆、黄育贤为工委委员，接着成立党的无为县工作委员会，任命胡德荣为工委书记，宋沛生、吴大培为工委委员。党的组织恢复之后，领导无为人民立即投入抗日救亡的革命运动之中。[①]

平津抗日救亡团在无为活动的时间并不长，但意义重大。首先，他们带来了党的声音和亲切的关怀，一大批土地革命战争中幸存的共产党员从救亡团那里看到了党的文件，听到了党的声音，尤其是党的抗日统一战线决策，给无为的共产党员们打开了抗日救国的大门，使他们在迷茫中看到了斗争方向。其次，他们的到来，给无为失去联系的共产党员们带来了组织的关怀，并指导他们与上级党组织牵上了红线，使无为地区党的组织迅速恢复与建立，领导皖中人民立即投入到抗日救国的伟大斗争中去。所以，平津抗日救亡团到无为是无为革命斗争史上不可忽略的大事，它在无为抗战时期党组织的恢复和建立中，做出了不可磨灭的重要贡献。

1937 年秋，日本侵略者占领上海，南京形势岌岌可危。沪宁一线的国民党军队节节败退，无为一带有许多溃退下来的散兵游勇。此时，中共党员张恺帆和胡德荣正积极宣传和组织群众开展抗日救亡活动，筹划如何把国民党溃兵收容起来，建立抗日武装。张恺帆、胡德荣主动到无为县知名人士、留日学生张君武家，请他出面，利用他的社会地位和政治声望，把那些有枪的溃兵就地收

---

① 中共无为县委组织部、中共无为县委党史办公室、无为县档案馆：《中国共产党安徽省无为县组织史资料》，合肥：安徽人民出版社，1993 年，第 21 页。

容起来，组织抗日自卫力量。[①]

组织抗日武装，是抗战时期党组织在无为的首要任务。张君武接受了组织武装的任务，迅即在无为东乡开展工作。他是无东流泗区蛮张村人，曾留学日本，回国后从事无东圩区的水利建设，对修堤防汛抗灾做出突出贡献。他热爱自己的国家，强烈反对日寇发动的侵华战争。他在无东地区很快收容了国民党的溃兵20余人，并携有枪械20余支。

要把溃兵组成抗日武装，必须取得这支队伍的合法地位，以解决队伍的生活供给。根据皖中工委的意见，由张君武出面报告了国民党无为县政府。国民党无为县政府当即批准，把这支队伍编为“无为县国民自卫总队”，任命张君武为总队长，队伍的给养由无为县政府发给。

中共无为县工委对这支队伍是非常关心的，工委书记胡德荣常去队伍中看望，向张君武了解队伍的思想和生活情况。为了加强这支队伍的建设，更好地进行团结教育，胡德荣委派中共党员胡德长、倪昌玉两人参加这支队伍的日常管理工作。

不久，国民党无为县政府发现张君武与共产党人有来往，立即下令“撤销县国民自卫总队”，并发出对张君武的“通缉令”。国民党县政府这一行动，恰恰充分暴露了他们反对共产党，破坏国

① 《安徽文史资料全书》编委会：《安徽文史资料全书》（巢湖卷上），合肥：安徽人民出版社，2007年，第111页。

共合作共同抗击日寇的真面目。

为了保存这支武装，首先要解决队伍的生活给养。经请示，皖中工委同意，张君武通过关系与含山县运漕镇的富豪夏老小洽谈，由这支队伍为夏老小保家，夏老小承担队伍的生活给养，双方达成协议。夏老小名叫夏叙堂，在北洋军阀时期当过旅长，所以人们称他“夏旅长”。他很有财富，在运漕镇开设了当铺和商店。张君武根据皖中工委的指示精神，率队进入运漕，为夏老小保家护院。不过这只是暂时的权宜之计，既保存队伍，又解决给养，可谓一举两得。①

然而不久，国民党无为县政府就知悉此事，当即函告国民党含山县政府，说明张君武是在逃的“通缉犯”，他的队伍与共产党有联系。国民党含山县政府通知夏老小，夏老小因此乘机扣押了张君武，并收买了队伍的几个头头，以达到控制队伍的目的。

胡德荣得知张君武被扣的消息，立即派熊济众到运漕镇请人斡旋。张君武的夫人朱志秀得悉后，从家中拿出一部分钱款请人活动。这支队伍中也有讲江湖义气的，他们认为在无为是张君武收容了他们，给他们解决了生活问题，对夏老小扣押张君武表示不满。夏老小在多种压力和说服下，只好放出了张君武。为了张君武的安全，防止国民党无为县政府继续迫害，胡德荣介绍他去皖中工委。皖中工委经过慎重考虑，介绍他去延安学习，由此张

① 中共巢湖市委党史研究室：《中国共产党巢湖地方史》（第一卷），合肥：安徽人民出版社，2003年，第98—99页。

君武提高了政治觉悟，加入了中国共产党，成为党的好同志。[①]

为了组建无为人民的抗日武装，县委发动了区乡党组织领导的农抗会，包括妇抗、青抗，号召有钱出钱，有力出力，有枪出枪，参加抗日武装斗争。县委号召发出后，受到各界人民群众的拥护。首先是张君武的夫人朱志秀，她把自家的两支枪（一支驳壳枪，一支八音枪）送给了县委，以支持抗日斗争。胡德荣万分高兴，对她这样的爱国行动表示了感激。

接着各区党组织和农抗会纷纷送来了一些武器，其中有土制枪、大刀、长矛等。部队组建起来了，但队伍的番号名称需要得到上级军事单位的批准和授予。因此胡德荣日夜兼程，由无为前往庐江马槽，报请新四军第四支队授予番号。经第四支队政治部决定，给无为县组建的这支队伍命名为“新四军第四支队无为第二中队”，并发给了统一印制的新四军佩戴的臂章。

胡德荣回到县委以后，传达了第四支队政治部的决定，宣布新四军第四支队无为第二中队成立，任命胡士汉为第二中队队长，吴大培为指导员，胡士成为党支部书记。第二中队驻地在胡家瓦屋。

第二中队驻防胡家瓦屋，与无为县委来往密切。由于胡士汉、胡士成分别任第二中队的队长和党支部书记，因此当时外界

---

① 中共巢湖市委党史研究室：《中国共产党巢湖地方史》（第一卷），合肥：安徽人民出版社，2003年，第99页。

▲ 英姿勃发的无为县国民抗日自卫总队的民兵队伍

把第二中队纷纷传为“胡家队伍”，许多青年来胡家瓦屋报名参加胡家军。第二中队迅速发展壮大，武器也不断增加，各地又陆续送来一些土制枪、来复枪、毛瑟枪。队伍人多了，武器也多了，人民群众对第二中队也寄予更大的希望。

第二中队迅速发展，人员不断增加，但无为县委更加关心部队的巩固与安全。无为县委紧抓第二中队的组织与思想的整顿，了解队伍的思想情况与各个人参军的思想动机，有针对性地进行政治思想教育，引导他们向抗日救亡的方向发展。

第二中队自成立以来，在县委领导下，主要活动在无东地区。因此无东地区形势稳定，社会秩序井然，群众安居乐业，集镇商贸出现了一片繁荣。但第二中队的生活给养却非常困难，指战员们过着贫苦的战时生活，他们廉洁奉公，一尘不染。因此三官殿镇以“苏南记”为首的众商家，给第二中队送来了一部分棉布，还有毛巾、牙刷、肥皂等生活日用品，向部队表示慰问。

县委对众商家热爱抗日新四军，关心部队的生活，表示了衷心感谢。但对商家送来的慰问物品，一一婉言谢绝，告诉他们第二中队是共产党领导的新四军队伍，任务是抗日救国，保卫人民，这是应有的职责。队伍有严格的纪律，不拿人民的一针一线，绝不能接受慰问物品，加重商家的负担。

这时反共分子范鹏纠集一部分武装，在无为东乡为非作歹，危害人民，破坏抗日。无为工委认为，必须消灭此害，以保卫人民群众的安全，这样有利于开展抗日工作。经过周密部署，新四军无为第二中队一举歼灭了这股反动武装，打死了范鹏，为无为东乡人民消除了一大祸害。

在无为县抗日救亡运动中，还活跃着另外一支重要力量，即无为县抗日动员委员会。

安徽省民众总动员委员会是在日军侵略战火燃烧到江淮大地和桂系主持皖政的背景下诞生的。安徽籍国民党著名左派人士朱蕴山在省动委会建立的过程中，起到了重要作用。[①]

中国共产党为了贯彻放手发动群众、实现全面抗战路线，在

① 中共安徽省委党史工作委员会：《安徽现代革命史资料长编》（第三卷），合肥：安徽人民出版社，1995 年，第 65 页。

安徽省境内大力推动与帮助成立各级抗日动员委员会和群众团体，进行抗日总动员，促使抗日民族统一战线全面形成。安徽省抗日动员委员会是国共合作在安徽的产物。它的主要任务是国民动员、政治动员、经济动员和军事动员。它从1938年2月成立至1942年7月撤销，前后存在4年多时间。

1938年2月，李宗仁任国民党安徽省政府主席，开始了桂系对安徽的统治。李宗仁主皖时期，统治安徽的李宗仁新桂系与国民党顽固派、地方势力相互斗争，形成了复杂的政治局面。当时，日寇铁蹄深入安徽，形势严峻，广大人民群众抗日要求日益强烈，迫使桂系不得不与以中国共产党为核心的进步力量搞好关系。新桂系为了笼络青年，对抗和排挤国民党顽固派、地方实力派，巩固其在安徽的统治，接受安徽省籍的国民党左派人士、同盟会会员朱蕴山等人的建议，根据第五战区民众总动员会组织条例的规定，决定筹建安徽省民众动员委员会。

安徽省民众动员委员会成立过程中，共产党起了重要的推动和促进作用。中共安徽地方组织先后派遣张劲夫、彭康、李世农、谭光廷等人到六安，发展安徽地方党组织，组建中共安徽省工作委员会。省工委贯彻执行中共中央关于抗日民族统一战线政策，积极促成建立安徽省抗日民众总动员委员会，安排中共党员周新民、张劲夫、狄超白等人担任重要职务。在桂系上层做统战工作的中共地下党员谢和赓，向李宗仁推荐章乃器担任省政府秘书长。李宗仁便派人专程去香港邀请著名的全国各界救国联合会

"七君子"之一的章乃器来安徽参加省政府工作。李宗仁向章乃器、朱蕴山等表示要在安徽实行开放政权和唤起民众的决心,并决定成立安徽省民众总动员委员会。[①] 这时,国共两党地方主要负责人和社会贤达齐聚皖西。第五战区安徽省民众总动员委员会于1938年3月5日在六安正式宣告成立。

安徽省民众总动员委员会由若干人组成常委会,张义纯兼任主任委员。但日常工作由常委兼秘书长章乃器主持。动委会下设总务、组织、宣传、后勤、情报5部,各部正、副部长主要由皖籍进步人士和社会贤达担任。在中共党员、进步人士的推动下,上至省动委会下至各级动委会都积极开展工作,民众抗日救国运动的高潮一个接一个地出现。

1937年11月,中共无为县工作委员会成立,胡德荣任书记。县工委根据皖中工委的指示精神,研究决定在无为县立即开展恢复、发展党的组织,建立抗日武装,发动群众参与和支持抗日救亡活动,加强抗日统一战线,宣传党中央《抗日救国十大纲领》等工作。

1938年4月,根据省工委的指示,中共无为县委在东乡白茆洲胡家瓦屋(胡竺冰家)召开会议,会上根据无为的抗日斗争形势,决定成立无为县各界抗日动员委员会,由中共无为县委和国民党无为县政府联合筹建,县抗日动员委员会主任由国民党无为

---

① 中共安徽省委党史研究室:《中国共产党安徽地方史》(第一卷),合肥:安徽人民出版社,2000年,第291页。

县长韦廷杰兼任。各区亦相应成立区抗敌动委会，并建立了工人、农民、商人、青年、妇女等抗敌协会。大批中共党员利用抗日动员委员会这一合法组织，宣传、动员、组织广大人民群众参加抗日团体，推动了皖中地区的抗日救亡运动。

由于国民党无为县县长韦廷杰不事抗日，不理政事，行为反动，无为地区土匪横行，使无为社会秩序极度混乱。国民党安徽省政府迫于社会舆论的压力，撤销了韦廷杰的无为县县长职务，委派进步人士胡竺冰担任无为县县长。胡竺冰县长到任后，大刀阔斧地改组无为县政府。在中共舒城中心县委和中共无为县委的帮助下，胡竺冰力除反动势力，大量吸收共产党员和进步人士担任县政府各科科长、各区区长，调整县区抗日动员委员会负责人。胡竺冰县长亲自兼任无为县抗日动员委员会主任委员，省抗日民众总动员委员会派来的共产党员魏今非任指导员，胡德荣任组织部部长。自此，无为县抗日动员委员会在中共无为县委的领导下，积极开展抗日救亡活动，国共合作抗日局面全面打开，城乡抗日活动蓬勃开展。中共无为县委基本公开活动，全县党员发展到 700 多人。[①]

安徽省抗日民众总动员委员会直属第十七工作团随同胡竺冰到任时抵达无为，帮助指导无为县抗日动员委员会开展抗日救亡工作。第十七工作团团部驻无为襄安镇，后迁至黄姑镇，由共

① 安徽省新四军历史研究会：《驰骋江淮——纪念新四军成立 60 周年》，合肥：安徽人民出版社，1998 年，第 415 页。

产党员林立、周心抚任正、副团长。该团深入乡镇，发动各界群众开展抗日救亡活动。为进一步适应形势需要，满足广大知识青年的抗日要求，又成立了委托工作团。两团内建立了中共党组织，实际是由中国共产党领导的抗日救亡组织。

在中共无为县委和抗日动员委员会的领导和发动下，无为县区、乡的抗日活动开展得十分活跃。各区、乡抗敌协会组织工人抗敌协会、农民抗敌协会会员手持大刀、长矛和少量枪支，在水陆交通要道昼夜巡逻放哨，禁止向日军占领区运送一切物资，发现资敌的物资一律全部没收。各抗敌协会还动员广大群众募捐金钱、衣、物，集中起来运往抗日前线，支援与日军浴血奋战的抗日将士。

在无为县抗日动员委员会的领导下，中共无为县委副书记、第十七工作团团长林立创立了"无为县火炬剧团"，林立任剧团团长。全团六七十人，都是积极要求抗日的进步青年和学生。"火炬剧团"轮流到各区配合区动委会，以话剧、活报剧、演讲、编写传单的形式，向广大人民群众进行宣传，激发人们的抗战决心。

1939 年 3 月，共产党员舒正海调任无为县抗日动员委员会指导员。原指导员魏今非受中共无为县委委托筹建"无为县战时文化服务社"。4 月初，该社正式成立，驻无城西门大街谢家祠堂，魏今非任服务社主任。此时该社属新四军江北游击纵队政治部领导，接受县抗日动员委员会指导。该社自成立到 1940 年 3 月撤销，先后铅印了《论持久战》《论新阶段》《中国共产党在民族战争中的地位》《三个坚持三个反对》等毛泽东的著作和讲话，以及《论共产党员修养》《晋察冀模范抗日根据地》等书籍，以供新四军江北游击纵队的干部、战士和舒无地委、无为县委等地方党的干部学习。同时，文化服务社还在无城上马石街开设“三民书店”，公开销售所编印的书籍。9 月 1 日，新四军江北指挥部机关报——《抗敌报(江北版)》在庐江县东汤池出版发行，报纸的印刷任务由无为县战时文化服务社承担。[①] 在胡竺冰的大力支持下，无为县战时文化服务社成立“无为铁流出版社”，编辑《铁流》半月刊。魏今非任《铁流》主编，杂志由无为各书店发行。胡竺冰亲自为《铁

▲ 无为县战时文化服务社出版的刊物《铁流》

① 中共无为县委党史研究室：《岁月留痕——无为县红色遗址寻踪》，北京：中共党史出版社，合肥：安徽美术出版社，2012 年，第 46 页。

流》第1期撰写了发刊词，阐述了本刊宣传抗日救亡、唤醒民众、教育青年知识分子的宗旨。《铁流》的出版发行，扩大了党的舆论宣传阵地，起到了教育和鼓舞民众的作用。1939年10月，李品仙任安徽省政府主席后，反共势力急剧抬头，对省动委会采取清洗进步人士、制造摩擦、撤销动委会工作团等一系列反动措施，激起动委会各级员工及广大民众的愤慨，他们纷纷通电揭露李品仙的倒行逆施，宣布脱离桂系。

在中共无为县委的领导下，在省动委会的指导下，无为县抗日动员委员会以及所属抗日工作团、委托工作团高举抗日统一战线的旗帜，宣传发动广大民众投入抗日救亡运动，告诉广大人民群众"抗日战争的政治目的是'驱逐日本帝国主义，建立自由平等的新中国'，必须把这个目的告诉一切军民人等，方能造成抗日的热潮，使几万万人齐心一致，贡献一切给战争"。[①] 各级动委会积极动员民众抗日，团结进步力量，打击国民党顽固派，培养青年干部，开辟了皖中地区8年抗战中非常团结向上的政治局面。他们以工作团的基本力量，深入到各区、乡开展工作，召开群众大会，宣传抗日救国道理，还成立了各种民众抗敌协会。这些抗敌协会都设有交通队、运输队、侦察队、慰劳队、救护队以及盘查哨、递步哨等组织。这些组织在支援前线、救护伤病员、运送军需粮食等方面做了大量工作。

---

① 毛泽东：《毛泽东选集》(第二卷)，北京：人民出版社，1991年，第448页。

▲ 无为县抗日动员委员会以及所属抗日工作团、委托工作团开展抗日宣传活动

在皖中和无为县抗日动员委员会的掩护下,中共地方组织以多种形式、各种名义组织建立了党直接领导下的抗日武装,如皖中的江北游击纵队就是这样创立和发展起来的,后来编入新四军第七师,壮大了人民抗日队伍。

皖中和无为县抗日动员委员会是在中国共产党领导下,作为抗日民族统一战线的一种特殊的组织形式,为抗日战争的胜利做出了不朽的贡献,在皖中抗日战争史上占有重要的地位。

二、新四军江北游击纵队坚持皖中抗日

1938年3月，遵照中央军委和新四军军部的指示，新四军第四支队由皖西东进皖中。4月中旬，第四支队一部抵达庐江、巢县、无为边境地区，先遣营进驻巢县洣集和无为严桥一带。后先遣营在开城、羊山附近进行抗日宣传，地方党组织协助先遣营开展扩军活动。5月12日，第四支队所属第九团一部在巢县东南蒋家河口伏击日军，歼灭日军巢县守备队10余人，缴枪11支，此战是新四军建军以来对日作战的第一仗，由此揭开了新四军在华中开展敌后抗日游击战争的序幕。[①] 新四军第四支队东进皖中，大

▲ 新四军东进抗日第一仗——巢县蒋家河口伏击战

① 安徽省新四军历史研究会：《驰骋江淮——纪念新四军成立60周年》，合肥：安徽人民出版社，1998年，第434页。

大鼓舞了无为人民及无为县新四军游击队的抗日斗志，坚定了热血儿女们保卫家乡的信念，也逐渐把全县的抗日浪潮推向高潮。

日军在占领合肥、巢县以后，自1938年5月开始，就不断派飞机到无为进行空中骚扰，以致人心惶惶。5月底，日军侵占东乡三汊河。5月31日、6月2日，日机连续两次对县城进行猛轰滥炸和扫射，无城草市、鹅市两条繁华街道被炸、被烧，“日盛隆”“永兴隆”“福成祥”“鼎元”等9家大商号及100多家中小商店被炸成一片瓦砾，数百名群众死于非命。值此日军日益逼近，广大人民生命财产惨遭空前浩劫之时，国民党无为县县长韦廷杰不但不组织力量迎击日军，保家卫国，反而解散无为县常备队，为躲避日机轰炸，将县政府撤往西乡边陲蜀山镇。一些地主、士绅也收拾细软，合家随之逃往西乡和庐江县境内。

为了保障社会秩序，保卫人民利益，坚持抗战，中共无为县委在舒城中心县委（4月由皖中工委改称）的领导和支持下，经与新四军第四支队联系，7月，将县委领导的已发展为200余人的“新四军游击队”改称为“新四军第四支队无为第二中队”。①

无为县抗日斗争形势的迅速发展和反动势力遭受打击，自然引起顽固派的不满和忌恨，他们向国民党安徽省政府密报“无为已赤化”，要求改组无为县政府。1938年10月18日，国民党安徽省政府以“擅起兵端”为借口（指解除韦廷杰反动武装一事），下令

① 中共巢湖市委党史研究室：《中国共产党巢湖地方史》（第一卷），合肥：安徽人民出版社，2003年，第111页。

撤销胡竺冰的县长职务，改派桂系（广西）马炯为县长。

在顽固派夺取了无为县军、政统治权力后，反动活动更加猖狂。他们停发各级抗日动员委员会的经费，限制各界抗敌协会的活动，密令其所属人员积极执行反动的《限制异党活动办法》《异常问题处理办法》《沦陷区防范共党活动办法》等一系列反共文件，实行“五家连座”、清查户口等反动措施，阻挠、扼杀抗日群众运动，实际是继续贯彻执行蒋介石“攘外必先安内”的反动政策。[①]

针对国民党顽固派的反动逆流和在无为、庐江、巢县的反动势力增强等情况，中共舒城中心县委经请求上级，决定统一组织皖中地区的抗日武装，将无为、庐江、巢县3县的抗日游击队和部分原属县政府领导的“常备队”“自卫军”整编为“新四军第四支队游击第二纵队”。纵队司令员龚同吾、副司令员张学文、政治委员曹云露、政治部主任桂蓬，司令部设于无为县城内澄瀛街。纵队下辖3个大队，第一大队由从国民党庐江县常备队撤出的部分队伍（原常备队中共党员领导的部队）和沙溪地区中共庐江县委领导的自卫队合编组成，郑子争任大队长、钱耀武任教导员；第二大队由无为吴锦章、倪化黎等领导的“新四军第四支队无为第二中队”和从“无为人民抗日自卫军”撤出的队伍（原自卫军中共产党员领导的部队）合编组成，张学文兼任大队长、魏自强任教导员；第三大队由中共无为县委领导的无为东乡抗日游击队和中共巢

① 《安徽文史资料全书》编委会：《安徽文史资料全书》（巢湖卷上），合肥：安徽人民出版社，2007年，第421页。

南工委领导的巢南抗日游击队合编组成，伍凤仪任大队长。纵队部另有一个直属特务连。[①] 为解决部队的给养问题，纵队司令部设立由杨继才任处长的供给处，通过统战关系向无为、庐江、巢县等县的县政府支款，同时，还派胡士汉带领部分武装在无为沿江一带“打资敌”（即截获资助日伪军的物资），以补充供给的不足。为了扩大敌后游击斗争的影响力，11 月，桂蓬带领部分地方干部、部队干部离开无为到桐城、怀宁、潜山等县活动，发展抗日武装。

无为县的新四军第四支队无为第二中队和以后建立的新四军第四支队游击第二纵队在名义上属第四支队领导，实际上是皖中地区的地方党组织领导的部队。1938 年 11 月，新四军参谋长张云逸奉命率军部特务营两个连由皖南繁昌县过江抵达无为县城，在听取新四军第四支队游击第二纵队关于武装工作情况的汇报后，决定向省政府建议（此时新四军第四支队属省政府指挥）将这支部队改名为“新四军江北游击纵队”，直属新四军军部领导，脱离第四支队建制，担负开展皖中地区的抗战任务。1939 年 1 月，经新四军参谋长张云逸与国民党安徽省主席廖磊谈判确定：淮南路东皖东各县及无为县划为新四军第四支队防区。为避免发生摩擦，以淮南铁路及无为县境为界，新四军不过淮南铁路及

① 中共巢湖市委党史研究室：《中国共产党巢湖地方史》（第一卷），合肥：安徽人民出版社，2003 年，第 111 页。

无为一线以西，国民党桂系军队及其他部队亦不过该线以东。[①]同时，在征得国民党安徽省政府的同意后，新四军江北游击纵队对外公开宣告正式成立，由新四军第四支队政治部主任戴季英兼任司令、张学文任副司令、曹云露任政委、桂蓬任政治部主任，下辖3个大队。由于此时无为县县长马炯非常反动，处处制造摩擦，舒无地委（舒城中心县委改称）机关与新四军江北游击纵队司令部由无为县城迁至西乡开城桥附近的王家大墩，这支以皖中子弟兵为主的武装部队在以后创建皖江抗日根据地时发挥了极为重要的作用。

1938年11月6日，一些民族败类从芜湖市乘船到东乡沿江的蛟矶庙驻扎，挂起“无为县维持会”的汉奸招牌，并在长江上拦劫民、商船只，向地方索要捐税。在无为东乡从事抗日活动的新四军游击队得知消息后，当月10日便将其包围歼灭，狠杀了汉奸们的嚣张气焰。1939年初，江北游击纵队成立后，无为县委为了使所领导的游击队身份合法，经江北游击纵队同意，决定将这支游击队改称为“新四军江北游击纵队新三连”，部队仍直属县委领导。1939年1月19日，由郑子争、钱耀武率领的新四军第四支队游击第二纵队第一大队在从庐江赴无为开城桥整编途中，于当日奔袭姚沟镇，将正在姚沟镇进行抢掠的日军、伪军击溃，战斗中，

① 中共安徽省委党史研究室：《中国共产党安徽地方史》（第一卷），合肥：安徽人民出版社，2000年，第352页。

俘敌 1 名、伪军 2 名,毙伤日、伪多人,击沉日军汽油划子两只。战后,无城、襄安工商各界派员慰问、祝贺,各界人士和各抗敌协会的群众团体给在战斗中阵亡的第一大队烈士蔡某敬献挽联、挽幛。

1939 年 4 月 27 日,新四军军长叶挺、政治部副主任邓子恢、罗炳辉、赖传珠等人率领两个连的部队、干部和工作人员共七八十人于 26 日夜从繁昌县油坊咀横渡长江,到达白茆复兴滩,下午至五号宿营。28 日晨,叶军长一行达临江坝,后乘船抵达无为城,受到了无为县各抗日团体和各界群众的热烈欢迎,叶挺、邓子恢等人住无城徐家花园。29 日,在中共无为县委的组织下,无为县各抗日团体于下午 2 时在县体育场举行万人大会,叶挺在大会上做了简短讲话,邓子恢在大会上做了关于与日军作持久战争的长篇演说。[①] 无为县战时文化服务社赶印了数千份《告同胞书》,在体育场广为散发。

叶军长在无城逗留期间,约请胡竺冰等地方知名人士和江北游击纵队干部谈话,了解无为的政情和部队的活动情况。5 月 1 日下午,在夫子庙召开江北游击纵队连以上干部会议,叶挺军长等新四军首长做了讲话,并宣布将原新四军第三支队第五团团长孙仲德和随行的部分干部调整至江北游击纵队工作,以加强领导力量。5 月 2 日清晨,叶挺军长一行从无城出发,经塔桥至襄安

① 中共无为县委党史研究室:《岁月留痕——无为县红色遗址寻踪》,北京:中共党史出版社,合肥:安徽美术出版社,2012 年,第 47 页。

镇,受到了襄安各界群众的热烈欢迎。在当地党组织的安排下,襄安各界代表和襄川小学师生举行集会,叶挺军长到会讲话,邓子恢就抗日持久战问题做长篇演说。下午,叶军长一行乘帆船离开襄安,3日晨到达庐江县城,休息两日后,6日到达庐江县东汤地。[①]

▲ 新四军军长叶挺视察无为县襄安镇时,在襄川小学门前留影

8月初,美国进步作家、记者史沫特莱偕翻译在新四军军部余立金等人的护送下到达襄安镇。襄安镇长兼襄川小学校长马中堂(又名马数鸣,中共党员)和当地党组织负责人阮振础、丁继哲等人代表襄安镇各界人士在襄川小学内热情接待史沫特莱,并举

① 中共巢湖市委党史研究室:《中国共产党巢湖地方史》(第一卷),合肥:安徽人民出版社,2003年,第119—120页。

行欢迎大会。史沫特莱在会上做了一个多小时的演讲，介绍了自己在各解放区、游击区采访的见闻与感受，要求襄安各界要为抗击日伪、救亡图存而斗争。张云逸、黄岩、桂蓬等人专程由开城桥至襄安会见了史沫特莱，并进行了交谈，后史沫特莱继续前往庐江县采访。史沫特莱在中国大江南北采访期间，向国内外发表了大量关于新四军和地方民众抗战御侮的消息报道。[①]

▲ 1939 年 8 月，美国进步作家、记者史沫特莱在无为县襄安镇采访并演讲

国民党五届五中全会以后，安徽省军政当局开始趋向反共，1939 年底至 1940 年春，国民党顽固派掀起了第一次反共高潮。

① 中共无为县委党史研究室：《岁月留痕——无为县红色遗址寻踪》，北京：中共党史出版社，合肥：安徽美术出版社，2012 年，第 48—49 页。

驻安徽省的国民党桂系部队加剧与新四军江北部队及中共地方党组织的摩擦，皖西地区形势日益紧张，大批党的干部由皖西撤至庐江、无为以及皖东地区。

1940年1月，国民党安徽省政府派吴绍礼由庐江县率省保安团进驻无为，与原驻无为的省保安第八团组成省保安第二支队，吴绍礼任司令。吴绍礼到无为县后，强令收编无为县人民抗日自卫军，停发各级抗日动员委员会的活动经费，限制各界抗敌协会活动，一些共产党员和爱国人士遭到逮捕。省保安第二支队还不断与江北游击纵队发生军事摩擦，无为地区国共合作抗日的局面岌岌可危。

3月22日，新四军参谋长、新四军江北指挥部指挥张云逸的夫人、儿子及新四军第三支队政治部副主任曾昭铭等一行20余人，由皖南泾县来江北，路经无为县刘家渡时，被驻地的国民党安徽省缉私护商队司令林麓园无理扣留，同时新四军下拨的军饷7万元、重要文件及子弹一批、长枪9支被劫夺。[①] 事发后，张云逸指挥于4月30日发表“为顽保第八团扣留张夫人及20余名干部向蒋抗议电”，[②]强烈指出：“彼军炮火余生，不罹于暴寇之手，反被国家军队横加捕押。职奉命抗战敌后，家属既未受优待，亦不应

① 中共巢湖市委党史研究室：《中国共产党巢湖地方史》（第一卷），合肥：安徽人民出版社，2003年，第127—128页。

② 中共安徽省委党史工作委员会：《安徽现代革命史资料长编》（第三卷），合肥：安徽人民出版社，1995年，第229页。

▲ 《抗敌报》发布“安徽无为襄安驻军抢劫新四军军款七万元，参谋长夫人亦遭扣留”的消息

加以侮辱。近查皖、鄂、豫各省地方政府，扣捕、杀戮新四军官兵家属到处皆是，被害者已有数千数百人。今竟侮辱及于职等高级军官之家属，于法于情难安缄默。谨再冒渎，伏请钧座电令安徽省主席，明令释放职妻、子与人员，归还所扣国币、枪支等项。并通令皖、鄂、豫各省地方政府，对本军官兵家属一视同仁，给以优待。严办残害本军官兵家属之地方公务人员，以安前方浴血抗战将士之心，不胜迫切待命之至。”同时，江北游击纵队派纵队宣传科长田丰赴无为县城与国民党安徽省保安第二支队交涉张云逸夫人韩碧一行被无故扣押之事，但田丰及警卫员却被吴绍礼强行关押。数日后，田丰、警卫员、国民党无为县4区区长及共产党员朱麻3人被吴绍礼部秘密活埋于无为城内张家山。后除韩碧和

孩子获释外,曾昭铭等一行20余人均被杀害。[①]

该年春,国民党无为县县、区、镇政府均收到国民党安徽省政府下发的《防止异党活动办法》《异地异党活动情报》等文件。4月上旬,吴绍礼部无端袭击驻守于无为东乡临江坝的江北游击纵队通讯连,通讯连为避免事态扩大,忍让撤到汤沟附近。中共无为县委为防止吴绍礼部的突然袭击,县委机关由城区迁至东乡陡沟一带农村,并在陈家湾召开紧急会议,研究、布置应对桂系顽军袭击的应变计划,安排部分党员离开城区去乡区隐蔽,进步人士胡竺冰亦被从县城护送到开城桥附近王家大墩的江北游击纵队司令部休息。

4月中旬,国民党安徽省政府密电吴绍礼和国民党无为县政府,命其立即逮捕吕惠生、胡德荣、阮振础等人。已被国民党省政府免去县长职务(继任者尚未到任)的李天敏得悉后,遂设法告知吕惠生。吕惠生等人立即离开无城至江北游击纵队驻地。《无为日报》主编高莫适和刘更如、王应文等8人遭吴绍礼部逮捕。《无为日报》副刊《紫苏》因经常刊登胡竺冰、吕惠生等人揭露、批判反动派鱼肉人民、不事抗日的诗文,被吴绍礼等所忌恨,《无为日报》亦被查封停刊,倪茂芬等人被捕。

趁江北游击纵队主力转移皖东抗敌之机,吴绍礼率安徽省保安第八团及第四团配合国民党第二十一集团军第一七六师一部

① 《安徽文史资料全书》编委会:《安徽文史资料全书》(巢湖卷上),合肥:安徽人民出版社,2007年,第422页。

共4000余人，于1940年4月21日上午，分3路向驻守在无为恍城地区牌楼的江北游击纵队司令部、舒无地委机关及所属新九团一部发起进攻。[①] 一路自古楼经严家桥进犯大沈村；一路自开城桥进犯牌楼；一路自无为县城进犯牌楼。桂顽第一七六师2个营由开城桥出动进攻平顶山。江北游击纵队司令部得悉后，被迫命令在该地区的部队于照明山、笑泉口一带组织自卫还击。由于对国民党顽军主力的进攻方向判断失误，江北游击纵队的设防阵线被顽军突破。激战1日，终因力量悬殊，江北游击纵队伤亡百余人，纵队参谋长桂逢洲在指挥战斗中壮烈牺牲。[②] 为保存力量，新四军江北指挥部指挥张云逸电令江北游击纵队、中共舒无地委及中共无为县委经含山县向淮南路东撤退，后又电令蒋天然率巢南独立团(改称江北游击纵队侦察大队)在无为、巢县交界山区坚持游击活动。同时，中共舒无地委指令中共4区中心区委书记张世荣等人留在石涧地区从事党的基层工作。不久，因石涧地区形势恶劣，张世荣等人转移至含山、巢县两县边界地区，建立了中共淮南区委。

---

① 《安徽文史资料全书》编委会:《安徽文史资料全书》(巢湖卷上)，合肥:安徽人民出版社，2007年，第422页。

② 中共巢湖市委党史研究室:《中国共产党巢湖地方史》(第一卷)，合肥:安徽人民出版社，2003年，第129—130页。

▲ 新四军江北游击纵队司令员孙仲德撰文悼念在照明山反摩擦战斗中牺牲的桂逢洲参谋长

照明山战斗后，为了保存力量，江北游击纵队司令部和舒无地委机关奉新四军江北指挥部指示，转移到淮南路东的含山、巢北地区。其后又经历了一些小的战斗，并休整了一段时间，转至皖东津浦路西的界牌集、瓦屋薛一带。1940 年 5 月，中共舒无地委撤到皖东津浦路西地区后，由于国民党顽固派军队反共活动猖獗，与上级失去联系的无为、庐江、桐城等县党组织，遭受严重损失，基层党组织被大肆破坏，各抗日群众团体被宣布解散。中共无为地委在照明山战斗后，与中共无为县委失去联系，书记王光钧等人被迫转移至桐东（今枞阳县境）水圩地区，与先期撤至该地的中共桐怀潜中心县委、中共庐南工委会合。为统一领导桐庐无相邻地区的抗日斗争，三个党组织决定建立以原桐潜怀中心县委书记林立为主任的桐庐无临时党政军委员会，稍后建立了中共桐（城）庐（江）潜（山）怀（宁）无（为）中心县委，林立为书记，鲁生、何杰之、郑曰仁、桂平（项翼）、李岩、张光久（张平）、王光钧为委员。同时，还建立了一支抗日游击武装——江北游击纵队特务大队（亦称桐庐独立大队，大队长方瑛，教导员鲁生），就地坚持斗争。[①]

自新四军第四支队全部东进皖东以后，江北游击纵队即担负了皖中地区防御日军侵犯的抗战任务。1939 年经国共协商，无为县为新四军的防区。然而国民党驻安徽的桂系部队却不守信义，不断挑起军事摩擦，致使江北游击纵队被迫撤离，无为成了国民党桂系部队的防区。国共的军事摩擦不断，日军自然寻机进攻无为。7 月 14 日，日军飞机到无为境内施放毒气。7 月 17 日，日军第十五旅第五十八团和由皖南铜陵大通过江的日军从南、北两个方向进犯无城。国民党驻无为部队虽然具有兵力上的优势，但被日军的气势所吓倒。他们在石涧、打鼓一线，略做伏击后便弃城向襄安、黄姑一线撤退，无为县城沦陷。第二日，桂系部队虽然也曾反攻驻城日军，但因日军援军到达，国民党桂系部队便抛下了无为人民，拱手将富饶的土地让给了日军。从此，无为县城即被日、伪军占领至抗战胜利，无为县全部沦为敌后地区。

新四军江北游击纵队自组建到结束，经历了 2 年多抗战历

---

① 中共巢湖市委党史研究室：《中国共产党巢湖地方史》（第一卷），合肥：安徽人民出版社，2003 年，第 130 页。

程，为了中国抗日战争的胜利，先后牺牲了许多指战员。它在环境艰苦、组织频繁变动的情况下，始终服从党的需要，听从党的指挥，与兄弟部队一起转战皖中、皖东，为巩固和发展皖东抗日民主根据地打下了坚实基础。①

三、团结、争取巢南大刀会共同抗日

1939年秋，新四军江北指挥部指挥张云逸在庐江东汤池传达了中共中央军委副主席周恩来在皖南军部所做的“新四军江北指挥部向皖东、皖中发展”的指示，指出：巢南是皖中的战略要地，但已被大刀会所把持，如何把大刀会争取过来，这是创建皖中抗日根据地必须解决的一个重要问题。在此之前，新四军江北游击纵队曾派大队长魏兆雨率两个连去做争取工作，但在楚歌岭遭到国民党顽固派暗中操纵的姥坞嘴大刀会的突然袭击，江北游击纵队损失严重，魏兆雨光荣牺牲。② 其时，形势比较紧张，国民党顽固派密谋掀起一轮新的反共高潮，同时也在做争取大刀会的工作。

---

① 中共庐江县委党史研究室：《新四军江北指挥部》，内部资料，2001年，第235页。

② 王敏林：《一支打碎封建神权桎梏的抗日武装》，载《云岭》，2004年，第3期，第25页。

因此江北游击纵队必须抓紧时间，走在国民党顽固派前面，绝不能让大刀会蜕变成反共势力。

大刀会原名“黄旗会”，因悬挂八卦杏花旗，会员披黄飘带而得名。又因每人备一把长刀，也称“大刀会”。[①] 这种带有封建色彩的民间社会组织，从皖西逐步发展到巢南山区。由于它是靠宗族关系组织起来的，加之又以“练功防身，防匪保家”为口号，在一定程度上既抗击土匪对山区的骚扰抢劫，又抵制国民党抽丁、派税，所以在农村发展很快，1939 年夏为鼎盛时期，巢南一带几乎村村设会堂，户户有会员。因而，大刀会形成了一股较强大的社会力量，引起了各种政治势力的重视，地主豪绅、日军、伪军和国民党都先后插手。因此，它的政治态度也变得十分复杂。以项举鼎为首的项、任、马、张四姓为一派，倾向新四军。项举鼎比较中立，他赞成抗日，但因受顽固派的反动宣传和挑拨，对新四军误解甚多；任家山的任绍堂是巢南五县边界有名望的士绅，民族感较强，为人正直，他虽不是堂长，却能控制十几个堂口，是项举鼎信得过的人；最反动的是姥坞嘴的堂长郑旭初，此人不抗日、只反共，是国民党特务，表面上承认项举鼎为总堂长、总指挥，但暗中拆台，与项举鼎矛盾很深。

根据党的抗日民族统一战线政策和大刀会各派的不同政治态度，新四军江北游击纵队决定先做任绍堂的工作，再通过他争

---

① 中共巢湖市委党史研究室：《中国共产党巢湖地方史》（第一卷），合肥：安徽人民出版社，2003 年，第 123 页。

取、团结项举鼎，对郑旭初则进行揭露、孤立，斗争的突破口确定在任家山。

自魏兆雨牺牲后，巢南大刀会因受国民党挑拨，实行闭关自守政策，敌视新四军，在绵延百里的山区的所有路口设卡、放哨，实行严密封锁。只要他们认为可疑的人进入了这个地区，武装哨卡就格杀勿论。

经过反复调查研究，江北游击纵队发现山区需要的粮食要从无为等地买进，就决定用经济渗透的办法派纵队部特务连进驻严桥附近的柑子树村开设商店，廉价供应山区紧缺的粮食、布匹、食盐等，并大量收购土特产。在靠近封锁边沿的东关到沐集一线，又开设了许多杂货店、粮行、麻行、柴草行、饭店和其他店铺，每个商店都是一个情报站。夏长庚、方裕久、任长宽等既是店老板，又是情报站站长，对待来自各方做买卖的商人，保证其人身安全和自由。这样，群众对新四军产生了好感，一些大刀会成员也主动与新四军保持接触。[①]

就在这时，项举鼎派出做生意的商人，被土匪抢去货物，并被打死 2 人，抓走 3 人。项举鼎因此大为恼火，请求江北游击纵队部救出商人，夺回货物。经请示上级，江北游击纵队用“调虎离山”之计，一面散布“新四军有大批货物要从白湖运出去”的风声，把大股土匪引到白湖歼灭；一面率部队乘虚攻进姥山匪穴，捣毁了匪巢，把

① 中共巢湖市委党史研究室：《中国共产党巢湖地方史》（第一卷），合肥：安徽人民出版社，2003 年，第 124 页。

被抓的人全部救出、被抢的货物全都夺回，当面交给了项举鼎。项举鼎深受感动，连说新四军"讲信用"，开始改变对新四军的看法。

江北游击纵队还通过严桥区青抗理事长、游击队长任醒凡去做任绍堂的工作。他是任绍堂的儿子任道济的同窗好友，又与任绍堂有家族关系。几经周折，任绍堂终于同意由任道济、任醒凡陪同新四军江北游击纵队统战科科长蒋天然前往任家山与他会晤。

在会晤中，蒋天然耐心向他解释中国共产党抗日民族统一战线的方针、政策，还送他一本《中国共产党抗日救国十大纲领》，并针对他身为大地主的内心顾虑，进一步诚恳劝说："中国共产党向来以国家和民族利益为重。当前国难当头，炎黄子孙岂能同室操戈？团结一切抗日力量，一致抗日，这就是我们党抗日民族统一战线的精神实质。相信先生会以自己的观察判断，明辨是非，分清敌友的。"

▲ 争取和改造巢南大刀会的新四军江北游击纵队统战科科长蒋天然

蒋天然与任绍堂的来往越来越频繁，尽管行动秘密，但还是被敌特发觉。他们蓄意制造事端，破坏江北游击纵队与大刀会的关系。一次，敌特在任家山大沈村打死一名大刀会会员，割掉另外两名会员的耳朵。这个特务被抓住后，一口咬定是“蒋天然派人来干的”。正巧蒋天然带着两个人正从桃花岭下来，只听一声锣响，埋伏在四周的会员一拥而上，蒋天然被五花大绑抓进大沈村祠堂，会员们不由分说就要拿他开刀祭灵。蒋天然大声叫沈堂长出面，要和凶手对质。一见面，特务根本不认识蒋天然，这才化险为夷，揭穿了顽特阴谋，使任家山大刀会对新四军更加信任。[①]

江北游击纵队还寻找战机打击敌人。在曹家山口，江北游击纵队利用有利地形，摆开口袋阵，待敌特一进山便从四面合围袭击，全歼敌人，并缴了十几条枪。这一胜利，大振了军威，任绍堂也高兴地说：“新四军人虽少，打仗却有本事，处处保护老百姓。”同时主动派人送信请新四军去见面。统战科科长蒋天然应邀前往，在和任绍堂彻夜长谈中，分析了当时的形势，并指出摆在他面前有三条路：一是投靠国民党，但国民党势力离此尚远，根本无力保护你；二是投靠日本，这是条身败名裂的路，对你这位有民族气节的正派人来说，根本不应当考虑；三是跟共产党合作抗日，这是你想走而不敢走，但又是唯一光明之路。任绍堂表示，愿意写信

① 政协无为县委员会：《百年沧桑话无为》，合肥：安徽大学出版社，2006年，第36页。

说服项举鼎与共产党合作抗日。至此，任家山向新四军敞开了大门，争取巢南大刀会的工作出现了转机。①

就要跟大刀会总指挥项举鼎对话了。在这事关全局的时刻，蒋天然及时向上级做了汇报，并根据上级的指示，反复考虑了与项举鼎进行对话的方案和可能发生的情况，唯恐有一点疏忽而贻误大事。

在任绍堂派人持他的亲笔信护送蒋天然去见项举鼎的那天，项举鼎煞费苦心地安排了一次奇特的欢迎仪式。在会面的项家山走马岭上，刀枪林立地摆开了五里路长的“欢迎”场面，显然是想在气势上压新四军一头。在一间陈设简单的客厅里，屏退了手下众人，项举鼎开门见山地问：“对魏兆雨大队长流血事件，新四军真的不归罪于我吗？”蒋天然当即回答：“这次事件是姥坞嘴郑堂长受顽固派特务的欺骗、挑拨所为，账要算在他们头上！请项指挥不要轻信谣言了。”

谁知，就在这个节骨眼上，国民党第五战区联络官乘日伪军在东关筑碉堡之机，派人伪装成新四军去打了几枪，把日军引到大刀会堂口就跑了。那个堂口惨遭日军烧杀抢掠，还被抓走许多村民。蒋天然当即向项举鼎说明真相，并答应帮助他们打开据点，从日军手里救出被抓走的村民。

这次夜袭东关是江北游击纵队政委黄岩和参谋长桂逢洲亲

① 《安徽文史资料全书》编委会：《安徽文史资料全书》(巢湖卷上)，合肥：安徽人民出版社，2007年，第186页。

自指挥的。新四军采用“声东击西”的战术，只用很短的时间，就消灭了驻东关的伪军，救出被抓去的村民，这对项举鼎和整个大刀会的政治影响很大。[①]

项举鼎对中国共产党的政策和新四军致力抗日的决心已经深信不疑，但害怕顽固派报复，不敢公开打出抗日的旗帜和新四军合作。为促使项举鼎下决心摆脱日伪顽的纠缠，新四军向他明确指出：和新四军联合抗日是卫国保民的义举，不仅会得到巢南老百姓的拥戴，还能赢得巢、无、含、和、庐各县爱国人士的支持。项举鼎终于下定决心跟新四军一道抗日。为促进大刀会早日走上抗日之路，新四军先后 6 次与项举鼎会谈，还带去无为、巢县、庐江等县抗敌协会印发的“大刀会总指挥项举鼎热爱祖国，同新四军合作，真心抗日！”“大刀会走马岭盛会欢迎新四军，与新四军联合作战，严惩东关日伪，救出被抓村民”等传单。他看后更增强了民族的自豪感，当即与新四军达成 4 条协议：新四军可借用从任家山至项家山、大司家、司家巷的一条通道；活动人数可为五六十人；与大刀会接触，须经项总指挥允许；山区所需粮食，由项总指挥提出计划，新四军如数供应。通道打开了，新四军接连向日军进攻，打了几个大胜仗，主要是“五打司家巷”“三打巢县城”等，同时还袭击了裕溪口、东关和撮镇等日伪据点。项举鼎命令会众杀猪宰羊设宴为新四军庆功，大刀会群众称赞“新四军不愧是老

① 《安徽文史资料全书》编委会：《安徽文史资料全书》（巢湖卷上），合肥：安徽人民出版社，2007 年，第 187 页。

百姓的子弟兵”。

巢南大刀会和新四军关系密切,引起了日伪顽的极大恐慌。他们互相勾结,加剧了破坏活动。

分裂大刀会,实行分而治之,是顽固派特务的第一计。他们的目标是搞垮项举鼎,由郑旭初取而代之。他们指使姥坞嘴大刀会的反动骨干分子到处造谣:“新四军送给项举鼎二百担大米,买通总指挥,解除封锁线。”一时谣言四起,议论纷纷,大有倒戈郑旭初之势。就在项举鼎受到中伤,处境孤立、指挥失灵时,江北游击纵队派员到堂口说明真相。当群众得知大米是为救济大刀会穷苦群众而不是新四军送给项举鼎个人的,向新四军开放封锁线既是为了抗日,也是为山区群众购粮方便等真实情况时,误会顿时冰释。项举鼎的威望提高了,新四军与大刀会的团结进一步增强了。①

分裂不成,日本特务机关亲自出马,指令其特工科派巢城的李老板来拉拢、收买项举鼎本人,要他去参加伪政权。项举鼎深知李老板的为人,并几次受过其害,对打入内部的汉奸恨之入骨,早有警觉。这次,他采用“神堂审案”,迫使李老板供出了全部真相,并交代出随身带来的信件和反动传单。项举鼎公开处决了李老板,又处决了大刀会内部的一些汉奸,接着又引蛇出洞,在一次伏击战中,将日军军官池田及其12名爪牙一网打尽。大刀会与

① 政协无为县委员会:《百年沧桑话无为》,合肥:安徽大学出版社,2006年,第39页。

新四军合作抗日的信心更加坚定了。

▲ 争取和改造巢南大刀会的中共舒无地委书记周新武

不久，江北游击纵队因势利导，建议项举鼎将有枪支的大刀会员集中编成联防队，下设9个支队，由项举鼎任总指挥，每个支队均由新四军派去两三个人担任政治、军事教官。联防队服从新四军指挥，配合新四军行动。此时巢南大刀会完全解除了对新四军的封锁，何伟、黄岩也亲自走遍巢南山区做了具体指导，周新武、林岩、桂林栖、王峰、方裕久、周心抚、彭有完、夏长庚等新四军江北游击纵队干部，深入山区发动群众，秘密发展党员，加强政治领导。

经过艰苦的斗争，江北游击纵队终于与巢南大刀会达成共识。1940年2月，经张云逸、何伟、黄岩批准，蒋天然作为新四军代表，项举鼎、项举金、马守木等9人作为大刀会代表，签署了大刀会与新四军联合抗日的10条协议，将大刀会改编为新四军江北游击纵队巢南民众抗日自卫总队，项举鼎为总队长，蒋天然为新四军驻自卫总队代表。[①] 同时决定将大刀会拥有枪支的联防队4个营改编为新四军江北游击纵队巢南独立团，任道济任团长，蒋天然任团军政委员会书记兼政治部主任，郑子争任参谋长，陈定一任政治部副主任。

1940年4月，国民党军队向驻无为县的新四军江北游击纵队部进攻。战后，江北游击纵队及舒无地委机关转移到和含地区，不久又转移到津浦路西地区。国民党军队乘机进入巢南，日军也不时进山"扫荡"，各处反动势力蠢蠢欲动，大刀会的政治态度也随之逆转。姥坞嘴大刀会投入国民党反共派的怀抱；敌占区的大刀会向日伪和国民党两面靠；项家山大刀会也发生动摇；巢南民众抗日自卫总队自行解体；大刀会中的反动分子也重新抬头。为彻底改造大刀会，中共和含巢无中心县委书记林岩等奉命于1940年七八月后又深入巢南山区，进一步开展对大刀会的争取、改造工作。

林岩等进入巢南山区后，根据各大刀会的政治态度的变化，并吸取以往改造大刀会的经验，确定了从阶级分析入手，坚持阶级路线和群众路线，在大刀会内部秘密发展党员，建立党的组织，争取基本群众，团结大多数，孤立、打击极少数反动头头的彻底改

---

① 安徽省新四军历史研究会：《驰骋江淮——纪念新四军成立60周年》，合肥：安徽人民出版社，1998年，第426页。

造大刀会的方针。[1]

首先，提出了“抓住一个村子，深入一个堂口，解剖一个麻雀，摸清刀会内幕”及“发展一个党员，建立一个支部，改造一个堂口”的措施，安排党员深入大刀会成员中开展工作。在中心县委的具体安排下，派出人员分别以商人、私塾先生、账房先生、茶馆或澡堂老板等职业为掩护，在中心县委所在地的陈家山口物色对象，发展党员，建立支部，然后再指派党员分别向三胜圩、王家山、箕山、马营洼、应家墩、徐家湾、芦塘街、张家山、后洞等村发展。另外，在黄浦圩、青苔街两地发展了上百名党员。到1941年秋冬之间，在巢南山区（包括黄浦圩、青苔街、东关等地在内）共发展了新党员700多人。[2] 到1941年底，银屏山区沿巢湖南岸，西从槐林嘴、高林桥、散兵镇，东到钓鱼台、青苔街、东关等地的大小大刀会堂口中，都有中共党员，有的还建立了党支部。这些同志不断向会员进行无神论教育，从根本上解除了大刀会的精神枷锁；同时又大力开展抗日救亡宣传，把会员的思想逐步引导到“抗日保国”的轨道上来，启发他们把仇恨集中到日伪身上，分清敌友，不再为反动阶级卖命，不残害自己的阶级兄弟。

由于大刀会成员涉及千家万户，中心县委还在大刀会成员的

---

① 《皖江抗日根据地》编审委员会：《皖江抗日根据地》，北京：中共党史资料出版社，1990年，第373页。

② 王敏林：《一支打碎封建神权桎梏的抗日武装》，载《云岭》，2004年，第3期，第26页。

家属中做工作，进行说服教育。经过反复不断地宣传教育，会内、会外群众觉悟大大提高，结果村村户户出现了母劝子、妻劝夫退会的情景。不少会员自动脱离大刀会，有的实在脱离不掉，也不再为大刀会卖力了。从而使不少地方的大刀会组织陷于解体。

为了进一步加强对大刀会的改造和控制，在重点抓好基层建党的同时，中心县委还把党的发展工作深入到大刀会上层分子中去。1941年初，中心县委在岱山、龙门洞、汪家井等地举办党员训练班，除对党员加强党性等方面的教育外，还布置每个党员在各个堂口的堂长、副堂长、指挥中选择合适的对象，做好工作，发展为“特别党员”。如应家墩的陈光权、应增广等人，都被吸收入党。同时，又通过大刀会内的中共党员在各堂口进行活动，使大部分大刀会的副会长、副营长等职都由共产党员担任，有的共产党员还担任了正职。

在改造大刀会取得初步进展的情况下，通过基层党支部、党员团结广大会员群众，推选林岩担任以陈家山口为中心的总堂名誉会长(除项家山、姥坞嘴两处会堂外)。这样，中共党组织就由基层到上层秘密地插进了大刀会，基本上掌握了大部分大刀会的领导权，约束了一些反动头头的不轨行为，还利用大刀会组织掩护了中心县委的活动。

在发展党的组织和改造大刀会的基础上，巢南开始建立区、乡抗日民主政权和普遍组织农民抗敌协会，掀起了抗日救亡热潮。中心县委又因势利导，广泛发动大刀会会员加入“农抗”，并通过"农抗"对会员进行爱国主义教育，号召会员"打鬼子、保家乡、誓死不当亡国奴"，反对土豪劣绅和大刀会中的反动头头对农民的压迫和剥削，切实保护群众利益，深受广大群众的拥护和支持。因此，有的地方大刀会完全被农抗会取代了。项家山以东一片，淮南铁路以南含山的部分地区就有一万多人的大刀会解体，接着项家山、任家山、白云乡、大沈村和散兵的大刀会也跟着解体。后来，随着形势的发展，巢南区委根据中心县委的指示，及时布置各支部动员全体党员，发动群众主动撤堂子，缴大刀，在很短的时间内，巢南这个封建性的大刀会组织就全线崩溃了。[①]

为了排除干扰，保证改造大刀会工作的顺利进行，中心县委还依靠自己的武装部队（含和独立连）和地方政权（区、乡政府）的力量，对大刀会中极少数顽固不化的首领实行镇压，对那些能挽救的尽量挽救，化消极因素为积极因素。如项家山的项多好那样反对改造大刀会的头头，经中心县委教育，有所转变后仍予释放。这对其他坏头头震动很大，他们再也不敢与新四军为敌了。另外，对当地的一些流氓地痞武装，中心县委根据党的统战政策，在改造大刀会的同时，进行教育和争取，如拥有近百人武装的巢南的潘泽之，常在巢南和含山的水网地带阻碍抗日。经孙仲德、林岩多次说服教育，潘泽之终于同意由江北游击纵队派人去担任指导员、教导员和大队副等职，将其改编为巢南大队，成为一支抗日

① 《皖江抗日根据地》编审委员会:《皖江抗日根据地》，北京:中共党史资料出版社，1990 年，第 375 页。

的地方武装力量。

随着抗日形势的发展，很多大刀会成员踊跃参加了抗日游击队，据不完全统计，全区先后入伍的有 200 余人，仅陈家山口一带，就有 30 多人。

又经过一年多的艰苦努力，中心县委在巢南山区取得了决定性的胜利，长期统治巢南、根深蒂固的封建大刀会组织大都得到了彻底的改造。尽管 1942 年秋，姥坞嘴大刀会残余势力仍想死灰复燃，但新四军很快就收缴了他们的武器，瓦解了其组织。至此，改造巢南大刀会的任务胜利完成了。山区的面貌也发生了可喜的变化，昔日黄幡飘摇的封建大刀会王国，完全变成了红旗招展的抗日根据地！①

四、新四军江北指挥部的建立与贡献

新四军江北指挥部组建于 1939 年 5 月，至 1941 年 1 月结束。它的组建促进了中共中央东进方针的贯彻和实施，加强和统一了江北部队的领导和指挥，为迅速建立皖东抗日根据地奠定了基础。

---

① 《皖江抗日根据地》编审委员会：《皖江抗日根据地》，北京：中共党史资料出版社，1990 年，第 375 页。

继上海、南京失守之后，1938 年，徐州、武汉相继沦陷，抗日战争进入相持阶段。[①] 侵华日军停止了对正面战场的战略进攻，移重兵于敌后战场，向坚持敌后抗战的八路军和新四军进攻。在皖东，日军的“扫荡”愈益频繁和残酷，国民党顽固派也消极抗日、积极反共。当时，新四军江北部队由于受王明路线影响，没有放手发展武装，也没有建立抗日民主政权和抗日民主根据地作为依托，处境日趋严峻。

1938 年 9 月至 11 月，中国共产党召开了六届六中全会，会议批判并基本克服了王明右倾错误，确定了“巩固华北，发展华中”的方针，撤销中共长江局，成立中共中原局，书记刘少奇。

1939 年 4 月 21 日，中共中央发出《关于发展华中武装力量的指示》，指出华中是我党发展抗日武装力量的主要地区，是连接华北、华南的战略枢纽。4 月 24 日，中共中央又发出《关于建立皖东抗日根据地的指示》，指出目前我党我军在皖东的中心任务是建立皖东抗日根据地，这是我们一切工作的中心和目的。

为了贯彻中共中央指示，加强新四军江北部队的统一领导和指挥，迅速开创皖东抗战局面，5 月初，叶挺、邓子恢、罗炳辉、赖传珠等从皖南北渡长江，经无为县到达庐江县东汤池，并根据中央决定，于 5 月中旬，在那里正式组建了新四军江北指挥部，张云逸兼任指挥，邓子恢兼任政治部主任，赖传珠任参谋长；同时，组建

---

① 《新四军战史》编辑室:《新四军战史》，北京：解放军出版社，2000 年，第 92 页。

了江北指挥部前委，张云逸任书记，统一指挥江北新四军部队。[①]

▲ 1939年5月，新四军军长叶挺、参谋长张云逸、政治部副主任邓子恢等从皖南渡江北上，筹建新四军江北指挥部。这是叶挺（前排左5）、张云逸（左6）、邓子恢（左4）等在庐江东汤池的合影。

新四军江北指挥部组建之后，立即对第四支队及江北部队进行了全面整顿。1939年6月15日，中央军委任命徐海东（时在延安）为江北指挥部副指挥，兼第四支队司令员，戴季英为政治委员，林维先为副司令员，谭希林为参谋长，下辖第七、九、十团3个团。7月1日，以原第四支队第八团为基础的新四军第五支队在定远正式成立，司令员罗炳辉，政治委员郭述申，副司令员周骏

① 中共安徽省委党史研究室：《中国共产党安徽地方史》（第一卷），合肥：安徽人民出版社，2000年，第329页。

鸣，参谋长赵启民，下辖第八、十、十五团3个团和1个教导大队。新四军第四支队第二游击纵队改编为江北游击纵队，司令员孙仲德，政治委员黄岩，参谋长桂逢洲，政治部主任黄育贤，下辖2个大队。为了加强江北游击纵队，8月，江北指挥部又将新四军第二支队第四团第一营扩编为1个大队，3个中队，共1500余人。

新四军江北部队在中共地方党组织的配合下，经过2个多月的连续奋战和艰苦细致的群众工作，初步打开了皖东敌后抗日局面。第四支队开辟了以定远县藕塘为中心的皖东津浦路西抗日游击根据地，第五支队开辟了以半塔为中心的津浦路东抗日游击根据地。江北游击纵队根据江北指挥部的部署，一部仍坚持在淮南铁路两侧的巢县、无为地区活动，一部进至和县、含山地区开展游击活动。江北指挥部还在庐江东汤池组建了教导大队，大队长由赖传珠兼任，副大队长谢祥军，政治教员刘毓标。①

新四军江北指挥部广大官兵发扬中国工农红军的优良传统，关心群众生活，帮助群众生产，解除群众疾苦，纪律严明，不拿群众一针一线，不损坏群众一草一木，与周围群众鱼水相依。1939年，东汤池一带疟疾流行，江北指挥部及时组织卫生队深入乡村，一面宣传卫生知识，一面免费为群众治疗，终于控制了疾病的流行。方圆几十里的群众无不感谢亲人新四军。有的村民自发给部队送粮、送草，有的主动腾出房子让部队住宿。

---

① 中共安徽省委党史研究室：《中国共产党安徽地方史》（第一卷），合肥：安徽人民出版社，2000年，第330页。

江北指挥部针对部队的实际情况，建立健全了各级政治机构，加强了部队的思想政治工作，并注重群众工作，密切联系群众。民运工作队经常派队员到周围农村开展工作。春耕夏忙之际，他们白天帮助群众干活，晚上邀集群众谈心，宣传共产党的抗日主张，使人们懂得新四军是真正抗战的部队。江北指挥部还编辑出版了《抗敌报(江北版)》，大力开展抗日救亡宣传工作。文工团、宣传队的同志也深入乡村农民之中，开展灵活多样的抗日宣传活动，同时发动组织工抗会、农抗会、青抗会、妇抗会等群众组织。在东汤池还定期召开各界知名人士座谈会，与他们共商抗日救亡大计，从而大大激发了广大民众的抗日救亡热情。

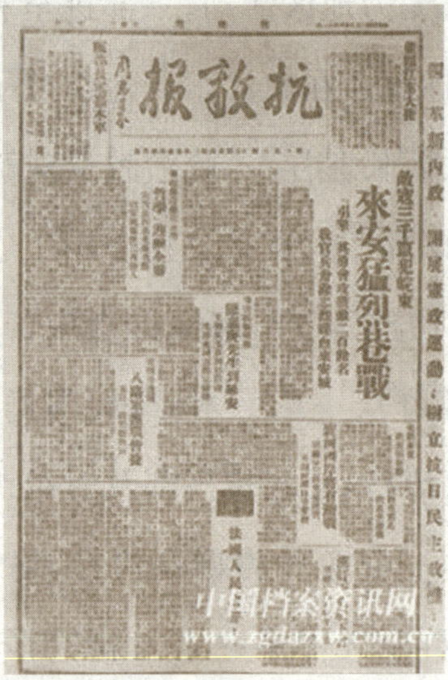
抗敵報

敵寇三千竄犯皖東

來安猛烈巷戰

▲ 《抗敌报》刊登的“敌寇三千窜犯皖东，来安猛烈巷战”的报道

1939年11月,中共中央代表、中原局书记刘少奇(化名胡服),率徐海东和中原局机关进入皖东敌后。[1] 11月底,刘少奇和徐海东一行到达津浦路西定远藕塘附近的新四军江北指挥部驻地,直接领导皖东地区的抗日斗争。1940年1月,在新四军江北指挥部召开的干部大会上,刘少奇传达了党中央、毛主席发展华中的正确路线,并号召所有江北部队要以实际行动来实现党中央、毛泽东的东进决心,"向东发展,一直发展到黄海边;不到黄海边,一分钟也不停留"。在中原局、江北指挥部的领导下,在路东、路西省委的密切配合下,江北新四军部队得到迅速发展。第四、第五支队由7000余人发展到1.5万余人,还组织了一批地方游击武装,积极开展敌后抗日游击斗争。

1939年冬至1940年春,国民党顽固派发动第一次反共高潮,在华中以皖东为重点,企图消灭新四军江北武装力量,强占皖东抗日游击根据地,截断东北八路军与江南新四军的战略联系。为此,蒋介石迫令江北指挥部将第四、第五支队调往江南,阴谋配合日军一举剿灭。1940年3月,国民党政府密令安徽省政府主席李品仙、江苏省政府主席韩德勤调集20余团兵力,从东、西两面夹攻皖东。在路西,李品仙调集第一三八师第一部和第十一、第十二游击纵队共6000余人,分头向新四军第四支队、江北游击纵队、中原局和江北指挥部驻地大桥地区展开进攻;在路东,韩德勤调集1万余众的

---

① 中共安徽省委党史工作委员会:《安徽现代革命史资料长编》(第三卷),合肥:安徽人民出版社,1995年,第213页。

兵力，猖狂进犯新四军第五支队机关驻地半塔集等地。在皖东十分危急之际，刘少奇、张云逸、徐海东、邓子恢、罗炳辉等根据中共中央指示，在江南指挥部和地方武装的协助下，指挥第四支队、第五支队、苏皖支队和江北游击纵队英勇反击来犯之敌。经过1个多月的苦战，终于取得了定远自卫反击战和半塔保卫战的重大胜利，粉碎了国民党顽固派夹击新四军的阴谋。陈毅曾说："先有半塔，后有郭村；有了半塔，才有黄桥。"高度评价了半塔保卫战的重大意义。[①]

自取得反顽斗争胜利之后，为了便于指挥，中原局和江北指挥部于4月初，从路西迁至路东半塔集、大田郢。江北指挥部和中共皖东党组织在刘少奇同志的领导下，抓紧进行政权建设，先后建立了15个县的抗日民主政权。同时，为提高部队素质，加强部队思想建设，江北指挥部以教导大队为基础成立了江北军政干校，张云逸兼任校长，赖传珠兼任副校长，全校共8个大队，学员1000余人。同月，江北指挥部整编了江北游击纵队，调谭希林为司令员，孙仲德为政治委员，郑抱真为副司令员，王集成为政治部主任，下辖第一、二、三团。

6月下旬至7月上旬，江北指挥部和路东联防办事处先后派出部队，平定了盱眙县大通镇、来安县屯仓区等地的反动地主武装暴乱。9月，新四军第四、第五支队在地方党组织、政府和广大群众的支持下，粉碎了南京、扬州等地1万余日伪军对津浦路东

---

① 中共安徽省委党史工作委员会：《安徽现代革命史资料长编》（第三卷），合肥：安徽人民出版社，1995年，第230页。

抗日根据地的7路大“扫荡”。这一重大胜利，有力地促进了皖东抗日民主根据地的巩固和发展。

1940年10月，国民党顽固派又一次掀起反共高潮，矛头主要指向新四军。李品仙继日伪军大举“扫荡”津浦路东根据地之后，调集第一三八师和第十游击纵队进犯津浦路西抗日民主根据地。根据中共中央关于向西防御、坚持皖东根据地的指示，张云逸等指挥新四军第四支队、江北游击纵队和第五支队第八团积极进行防御。11月10日至12日，江北游击纵队第一团取得了定远县界牌集自卫反击战的胜利，保卫了路西抗日根据地的门户。至1940年底，新四军江北指挥部所属部队已发展到近2万人，进行大小战斗200余次，歼灭日伪军近9000人，缴获大量武器弹药和其他军用物资，为建立皖东抗日根据地奠定了雄厚的基础。

1941年1月，国民党顽固派发动了震惊中外的皖南事变。1月20日，中共中央军委决定在江苏盐城重建新四军军部，新四军江北指挥部撤销，指挥部所属江北部队统一改编为新四军第二师。

综上所述，新四军江北指挥部自组建到结束，虽仅历时一年多，但坚决贯彻执行中共中央东进方针，加强和统一了江北新四军部队的领导和指挥，促进了国共合作，团结一切抗日力量，调动一切积极因素，为建立皖东抗日根据地，争取抗日战争的最后胜利做出了重大贡献。[①]

---

① 中共庐江县委党史研究室：《新四军江北指挥部》，内部资料，2001年，第209页。

第三章

★★★★★

新四军第七师在无为成立

一、皖南事变突围部队进入无为

坚持在安徽境内大江两岸进行抗日斗争的新四军第七师，是在皖南事变的血泊中诞生的。①

抗日战争进入相持阶段后，日寇对蒋介石加紧进行诱降。蒋介石为了消除“内患”，发动了第二次反共高潮，制造了震惊世界的皖南事变。事变中，新四军皖南部队除一部分英勇突出重围外，大部分牺牲或被俘，军长叶挺不幸身陷囹圄，副军长项英牺

① 政协无为县委员会：《百年沧桑话无为》，合肥：安徽大学出版社，2006年，第129页。

牲，抗日武装力量遭到了一次重大的损失。1月17日，蒋介石又悍然发布反动命令，宣布“解散”新四军，污蔑新四军是“叛军”。国民党反共辱国的滔天罪行，激起了全国人民的无比愤慨。中国共产党严厉地驳斥了蒋介石取消新四军番号的逆行，中央军委于1月20日发布命令，任命陈毅代理新四军军长，刘少奇为政治委员，将陇海路以南的八路军、新四军部队90000多人编成了7个师，继续在华中敌后广大战场坚持抗日斗争。党中央的正确领导有力地促进了华中敌后战场抗日斗争的发展。坚决打退国民党顽固派发动的第二次反共高潮，使日寇的诱降诡计和蒋介石的分裂、内战阴谋全部破产，全国的抗日局面得以坚持下去。

“野火烧不尽，春风吹又生。”安徽境内大江两岸的抗日力量并没有被顽固派扑灭。在皖南事变中英勇突围的健儿，一部分去了苏南，一部分从繁昌、铜陵一带突围渡江到了无为。其中有第一团、第三团、第五团等单位的部分干部、战士，他们分别由黄火星、刘别生、马长炎、谢忠良、张闯初等指挥员率领过江。最多的一批是第五团营长巫希权带领的两个整连(200人左右)，其他有百余人一批过江的，有三五十人，一二十人一批过江的，有三三两两零散过江的；有江南群众护送过江的负伤人员，也有以后从“反共”军集中营中暴动和逃跑出来的，共约700人，其中大部分是干部。另外，还有一部分人由胡明、刘奎、李健春等率领，继续在皖南山区绩溪及铜陵、繁昌敌后坚持抗日斗争。这些英勇突围出来的指战员，都是皖南事变血泊中留下来的宝贵的革命种子。①

在突围战斗持续打了几天几夜后，突围队伍终于由大康王的西南方向继续前行，经铜山、小河口，再过青阳以东境内，在铜陵、繁昌之间的顺安以北的团洲附近过江。两年前，新四军挺进江南的先遣支队也在这个地区战斗过，那时也是孤军深入。虽然国民党制造困难、阻力和摩擦，但新四军是公开合法的身份，群众同新四军一接触，共产党新四军的团结抗战、反对投降的主张便受到一切爱国人士的拥护，敌后游击战争深入人心。现在的形势和两年前不同了，蒋介石丧心病狂，施展阴谋搞事变，掀起第二次反共高潮，图谋将新四军皖南部队置于死地而后快。所以，部队突围出来的行踪，完全可能引起敌人的注意，这就不能不考虑到来自敌人的追击和搜索。现实的处境使突围指战员联想到刚参加红军，在井冈山反“围剿”的日子和在长征中摆脱敌人多路大军围、追、堵截的经历，战斗实践使突围同志领悟到，在不同的情况和条件下，应该怎样对付强敌：陷入被动而力争主动，全局失利争取局部有利。眼前的处境是，突出了敌人的包围，但还没有彻底跳出险境，随时都会碰到敌人的“围剿”。下象棋的人都懂得“善弈者谋势，不善者谋子”。要保存力量，隐蔽行动，千方百计找到主力。具体的行动方式是：不走大路走小路；不走平路走山路；有山上山不走现成的路；白天不走夜晚走；少走有人的村庄；多住无人的荒

① 安徽省新四军历史研究会：《安徽抗日战争史》，合肥：安徽人民出版社，2005年，第265页。

山；朝着指北针方向走，逢山爬山逢水过水。事后证明，这也是突围成功、胜利到达江北根据地必不可少的重要因素。

▲ 新四军皖南突围部队兼程行军

同敌人直接的正面战斗减少了。但是，突围部队的苦头也吃尽了。凛冽的寒风夹着飞雪，高山密林中飘洒着冰冷的雨点。无休无止的奔波转移，雪片、雨点和汗水浸透了衣裳，脚上蹬的鞋子露出了趾头，通洞的鞋底磨破了脚板，饥寒交迫。大自然带来的困难，对于经受过锻炼、过惯了艰苦生活的新四军战士来说，并不可怕，他们挺得住，熬得过去。可是疾病的袭击，却是极大的威胁。战伤、冻伤、罹患各种疾病的战士不断增加，队伍逐日减员。当部队路经泾县、南陵地区时，侥幸遇到了突围出来的地下党组织，他们设法将突围中的伤员、打散的人员妥善安置。在南陵、宣城的乡下，在泾县的山村农家，地方党组织视突围部队如同当地的乡亲，冒着生命的危险，掩护和救治了许许多多的伤员和失散的人员。新一团的丁连章政委负伤后，是由群众为他治愈后突围出来的。人民是新四军战士的母亲，她养育了子弟兵，她又像巍然耸立的高山和莽莽林海，时时刻刻保护着自己的儿女。

部队继续向西北方向行进，途中不断减员，给养也完全中断了，只得靠采摘山毛、野菜掺和着有限的粮食来充饥。队伍踏着沉重的步履翻山越岭，涉水渡河，边走边收拢兄弟部队被打散的人员一道前进，天天都是夜行晓宿。为了不暴露目标，突围部队以小分队的方式，分散隐蔽，避开敌人。新一团团长张铚秀带领的一个小组，刚刚来到靠近一间茅屋的斜坡上，就清楚地听到敌人的说话声。眼看战斗就要打响，就在这千钧一发之际，急中生智的小警卫员伸手把他拉到鸭棚的水塘里，恰好鸭棚四周长着密密实实的芦苇，外面的人看不清里面，站在水塘里却能清楚地看到外面的动静。指战员们在齐腰的鸭棚水塘里，整整站了一个白天。傍晚时分敌人才在咒骂声、吆喝声中下山。①

在高山野岭中隐蔽行军，常常是三五天才能吃到一顿饭。遇到敌人搜山，又得时常分散然后集中。白天蹲山头，看地势辨方向；夜深人静才进入纵横交错的山林小道，摸索着往前赶路。饥饿、疲劳又延缓了行军速度。按路程计算，从皖南地区到繁昌的江岸边，不过百多里路，然而，突围部队却走了1个多月。3月底的一个风和日丽的日子，部队渡过了长江，到达无为地区。在皖

① 张铚秀：《军旅生涯》，北京：解放军出版社，1998年，第163—165页。

南突围中，部队历尽了艰辛和曲折，终于回到党和人民的怀抱，来到了皖中抗日根据地。尽管指战员们付出了重大的牺牲和损失，但是，为共产主义而奋斗的信仰，为解放祖国和人民而勇于献身的精神，在极端艰险和困难的时刻，直至战斗到最后一个人也不为敌人所压倒的决心和对胜利的信念，始终是鼓舞突围部队的巨大力量。突围部队作为一个有建制的战斗集体，指战员们始终不屈不挠的战斗着。

3月20日黄昏，另有一支在皖南事变中失散的新四军队伍在皖南凤木匠家集合出发。当时一共六七十人，其中营以上干部有马长炎、陈仁洪、李志高、谢忠良、罗贤涛、胡金魁、杨汉林、李建春、李元、龚杰、陈建华、欧德胜、胡金龙等十几人，连级干部有刘奎、何继生、彭士宝、吴生茂、柳向光等十几人，排级干部有李德和、郑德胜、张益平等二三十人。凤木匠一家看见新四军一下子集中这么多人，又惊又喜，含着眼泪对马长炎等人说："愿菩萨保佑你们，到江北找到部队，早日打过来。回来时，不要忘了我们，一定要到我家来。"听着凤木匠的话，许多人都感动得流下泪来，连说："忘不了！忘不了！我们一定会打回来！"凤木匠专门炒了一袋子糯米送给新四军指战员，大家不愿要，他就扛着米袋给新四军指战员带路，深一脚浅一脚地把他们送出村外。[①]

---

① 安徽省新四军历史研究会：《马长炎传》，合肥：安徽人民出版社，2000年，第38—40页。

▲ 皖南事变新四军突围部队自繁昌县油坊嘴渡江抵达江北无为县

▲ 新四军皖南第一纵队司令员兼政治委员傅秋涛(左 6)在皖南突围后与部分指战员合影

当晚,他们连夜赶到长江边上的油坊嘴附近,通过老乡找到了渡船。4 月 13 日黎明前,马长炎、陈仁洪一行六七十人,一枪未发,安全突围到达江北无为白茆洲,在胡家瓦屋见到了曾希圣和孙仲德。在那里,他们汇报了皖南事变中项英和周子昆遇难以及他们突围的情况。突围人员一部分去了苏南,大部分在江南的中共铜繁中心县委等党组织的帮助下,由铜陵、繁昌一带渡江到达江北无为县的五洲、神塘河、五号垅、下复兴洲、六洲、姚王庙、泥汊、刘家渡等地。还有一批从铜陵县羊山矶到江北桐城县东乡的北埂(今属枞阳县境),由挺进团接送至无为地区。突围到江北的干部有:第一支队副司令员傅秋涛,新第二支队政委黄火星,军供给部部长罗先陶,军特务团团长刘别生、政委张闯初、参谋长杨采衡,军部作战参谋处科长李志高,新第二支队参谋长谢忠良,新第一团团长张铚秀,第三支队教导队队长袁大鹏,新第二支队政治部主任钟得胜,新第三团团长熊梦辉、政治处主任阙中一,第三纵队作战科长王培臣,新第二支队供给处主任潘友宏,新第三团第二营营长巫希权、副营长张玉辉,第三支队第五团第二营营长陈仁洪、教导员马长炎,第三支队司令部参谋沙林及中共皖南特委书记李步新等。

据新四军第七师政委曾希圣 1960 年写的回忆录《皖江抗日斗争》记载,在皖南事变中突围的健儿,一部分去了苏南,大部分从繁昌、铜陵一带突围渡江到了无为,共约 700 人。

二、无为军民接应皖南事变突围部队

1940年10月,蒋介石集团掀起了第二次反共高潮。为了避免国民党顽固派的武装进攻,遵照国民党当局的命令,并经中共中央同意,皖南新四军军部和驻军决定移师渡江北上。早在当年9月份,他们就进行了相关准备工作,一是安排第三支队参谋长林维先率第五团第三营到达桐城、庐江、无为地区,并组建第三支队挺进团,控制了三官山地区的战略要地,向西警戒,防范国民党桂系部队的袭扰;二是9月底一直活动于大江南、北两岸的第三支队第五团第二营副营长马长炎部进驻无为东乡,以加强对沿江地区的防范;三是军部又命令孙仲德率江北游击纵队一部,由津浦路西南下,到达无为后,组建无为游击纵队,基本上控制了无为乃至周边地区。这几支部队配合行动,大大增强了皖中沿江一带的军事实力,在皖南军部及所属部队北渡长江时起到了屏障作用。同时,书记周新武率领一批党政干部抵达无为,加强了对江北党政工作的领导。这一切都为军部和部队北撤长江创造了有利条件。①

① 安徽省新四军历史研究会:《安徽抗日战争史》,合肥:安徽人民出版社,2005年,第264页。

11月初，新四军军部电示由皖南去皖东受阻，当时在无为的曾希圣(曾勉)停止北上，就地组织渡江指挥部，指示无为游击纵队和无为地方党组织从速筹集渡船、粮草，以接应渡江部队。

为统一领导部署渡江筹备工作，渡江指挥部即时在无为东乡临江坝成立，曾希圣任指挥长，新四军第三纵队司令员张正坤、孙仲德、林维先任副指挥长，新四军政治部、民运部副部长余再励，中共无为县委书记胡德荣为成员。

渡江指挥部成立后，首先要求第三支队挺进团、无为游击纵队、第三支队第五团第二营、中共无为县委领导的无为独立连等部队加强戒备，注意桂顽和日伪军动向，随时准备牵制其军事行动。其次是派人员侦察无为及周边地区敌我态势，掌握准确的军事情报，以利部队渡江工作顺利进行。再次是向无为各级党、政组织布置任务，落实各种措施。曾希圣要求在征集船只时，每只船能载多少人，必须通过实载实验，做到准确无误。最后制订了渡江方案，报军部批准。具体为：军部机关在先，部队随后渡江，留1个团做后卫，其余600余人分两批渡江。时间定在夜间11时至次日晨3时为宜，根据渡江人数和批次，精确计算船只数量。

在渡江指挥部成立之时，军部派总兵站站长张元寿等人，携带电台渡江至无为白茆洲，具体落实渡江有关事宜，并在无为沿江的姚沟、五号垅两地设立了渡江兵站。[①]

---

① 安徽省新四军历史研究会：《安徽抗日战争史》，合肥：安徽人民出版社，2005年，第264—265页。

中共无为县委在无为南乡、东乡组织党员，发动群众，很快筹集到两三条大船和几十条渔船，沿江各级党政组织筹集了大量的门板、稻草和粮食，以解决部队过江后的食宿问题。无为沿江预设港口12处，一次可渡数千人员。其时，长江南、北两岸的渡口大部分为各地党组织所控制。为保证万无一失，渡江指挥部对所有船只都是有偿征用，船停渡口待命，随时可调。船只分大小每天支付50斤至100斤大米不等，并对船工进行了编队组织，以保证不发生混乱。同时，马长炎部积极往返于大江南北，又筹集了部分船只。一切工作有条不紊，只待军部下达命令。

由于从10月起就着手进行了军事部署，渡江指挥部成立后，又广征船只，直至12月仍未见渡江行动，虽然一再严格要求保密，但沿江一带船只聚集，易引起日伪注意。12月，日伪军的轮船在无为白茆洲江边一次掳走了3条大船，拖到江南荻港烧毁，造成了船主的思想波动。后经中共无为县委一再做工作，并赔偿了损失，才稳定了船主们的情绪。但这次的日军行动，也可能是军部认为由铜陵、繁昌渡江易遭拦截不够安全而改道苏南的一个原因。

从1940年11月下旬起，军部直属机关人员和大批军用物资即开始陆续由皖南渡江到无为县白茆洲，其中一批是余再励率领的少数机关干部和旅居菲律宾、新加坡的爱国华侨捐赠的医疗器械和药品。

12月30日，军部来电告知皖南军部和部队决定东进苏南，不由铜陵、繁昌渡江，并令马长炎、张元寿等在江北的部队速回江南集中。同时,在桐东水圩地区的第三支队挺进团团长林维先,亦接到第三纵队司令员张正绅电令,要其率部速返江南集中。[1] 挺进团复电"因我团分散活动,通讯不便,须 10 天后部队才能集中起来"。不料挺进团尚未集中完毕,震惊中外的皖南事变已经发生,挺进团因南渡不及而幸免于难。

▲ 在接应新四军皖南突围部队中做出突出贡献的无为县委书记胡德荣

得知军部和皖南部队改道苏南后,渡江指挥部认为大部队东进,可是还有少数人员会从铜陵、繁昌渡江,所以指示中共无为县委书记胡德荣,在遣散船只时,仍要留一小部分船只,以备不时之需,并要求胡德荣率领一些地方干部,继续留在沿江一带做好接

① 《皖江抗日根据地》编审委员会:《皖江抗日根据地》,北京:中共党史资料出版社,1990 年,第 313 页。

应工作的准备。

▲ 突围到达无为县东乡汤沟的马长炎(中)与无为县委接应人员陈力生(右)、章策(左)合影

皖南事变发生后,渡江指挥部立即召开会议研究,决定遣散目标较大的船只,只留下灵活机动的小船,化装成渔民船,不分昼夜地到对岸活动。在无为和江南沿江一线,设置众多联络点,派人昼夜值班。凡是有人要过江,无论是部队干部、战士,还是老百姓(预计不少人会化装成老百姓),都要迅速地从江南接应过江,并做好接待和安排工作。在无为境内100余里的沿江地带,胡德荣和县委组织部部长陈力生,分别带领地方干部负责接应工作。①

1941年1月中旬,开始有零星人员化装过江,从1月中旬到4月初,先后有700余名党、政、军人员突出重围,从无为县的五洲、

① 中共安徽省委党史工作委员会:《安徽现代革命史资料长编》(第三卷),合肥:安徽人民出版社,1995年,第295页。

神塘河、姚沟、五号垅、下复兴洲、六洲、姚王庙、泥汊、刘家渡等地登岸，顺利抵达皖中游击根据地。当这些经历磨难的突围人员登岸见到接应的人员时，很多人都激动地失声痛哭，既为自己九死一生突围成功而庆幸，又为牺牲的战友而悲痛，更因国民党顽固派制造血腥暴行、屠杀同胞而义愤填膺。

突围人员抵达无为之后，除一部分人员集体开伙外，大部分都由无为地方党、政组织安排到沿江地区群众家搭伙住宿，伤病员则安排在三官殿何正宏私人医院精心治疗。突围人员在江南时由于遭到国民党顽固派军队的围、追、堵、截，到达江北时大多数衣衫褴褛，身体虚弱。此时恰逢春节前后，沿江群众除盛情款待分散搭伙住宿的突围人员外，还给集中开伙的人员送去鸡、鱼、肉、蛋等年货，及时地给缺衣少被人员送去御寒的衣被，有的群众甚至脱下自己身上的衣服给战士们穿。渡江指挥部还指示中共无为县委，把突围人员当中的文化工作者，如作家、画家、文工团员等分别安排在东乡倪家湾比较富裕的“四大家”居住搭伙。突围人员在广大群众热情、细致的照顾下，很快恢复了健康，重新投入到战斗中。中共无为县委为了不增加群众的负担，曾一再要求有突围人员搭伙住宿的人家，记清一应账目，将来由地方政府统一结算，但事后数年无一户向地方政府要求结算衣被、粮油款项。无为人民不仅在物资上大力支持抗日的人民军队，还冒着被日伪军和顽军知道了要杀头的危险，使突围人员度过了一段最艰难的岁月。[①]

本应接应军部和皖南驻军北渡的渡江指挥部，因行军路线的改变，未能实施其计划，但在接应皖南事变突围人员的工作中，发挥了极其重要的作用。当地党、政组织和人民群众的配合，不仅使700余名皖南事变突围人员得到了妥善安置，而且使这些经过血与火考验的干部、战士得以保留，为日后组建新四军第七师提供了军事骨干力量，奠定了坚实的基础。在皖南事变前后的三四个月时间里，无为人民群众在县委和各级党组织的领导下，为营救突围人员，打退国民党顽固派的反共高潮，做了大量的艰苦工作，做出了彪炳史册的突出贡献。

▲ 突围到达无为县白茆洲胡家瓦屋部分新四军干部合影（自左至右：李泽、谢忠良、胡金魁、陈仁洪、李志高、马长炎、罗湘涛）

突围到无为的皖南部队700余人，原先分别属于不同建制的

① 《皖江抗日根据地》编审委员会：《皖江抗日根据地》，北京：中共党史资料出版社，1990年，第314页。

部队，相互之间不太了解、熟悉，为了加强管理，需要先行整训，让他们彼此熟悉、了解。因此，奉军部指示，对突围人员重新编组，将原军部、教导总队、特务团、新一团、老一团等突围到无为的人员编为一个大队，名为“暂编一大队”，大队长刘别生，政委张闯初，参谋长杨采衡，军事教导员袁大鹏，政治教导员曾绍书。下辖3个中队，300余人。这些人后来大部分成为新组建的第七师的骨干力量。

不久，代军长陈毅和政委刘少奇电令曾希圣，要求派人护送一批干部去军部。曾希圣、孙仲德命中共无为县委组织人员担任护送任务。中共无为县委经过慎重研究，决定利用敌伪人员中的统战关系，分水、陆两路护送。其军队干部由陆路护送，平安到达苏北盐城。而突围人员中的文化工作人员，因为不惯于长途行军，则化装后坐民船由水路护送。船只经裕溪口时，遭到日军的拦截，人员被关押。然而有惊无险，中共无为县委通过该地维持会中地下党的关系，几经周折，终于将被扣押人员营救出来，最后全部安全送达苏北新四军军部。[①]

① 《皖江抗日根据地》编审委员会：《皖江抗日根据地》，北京：中共党史资料出版社，1990年，第315—316页。

三、新四军第七师成立

1941年1月20日，中共中央军事委员会发布“重建新四军军部”的命令，并决定成立7个师，任命张鼎丞为新四军第七师师长(在延安学习，未到职)，政治委员曾希圣。关于第七师的编组问题，新四军军部决定：“第七师的活动区域暂以孙(仲德)、林(维先)驻地为中心，积极整训组编制，并派人去铜陵、繁昌地区收容人员，开展工作，以便第七师部队迅速转移到皖南活动，去恢复工作。”[①]同时决定：取消新四军江北游击纵队(无为游击纵队)番号，在无为及江南的部队，一律改称新四军第七师。1941年4月15日，中原局致电孙仲德、曾希圣、何伟，指出：“皖南及无为、庐江、桐城一带，在战略上极有重要意义，我党我军在这些地区有3年以上的工作历史，目前无为及铜繁在敌人‘扫荡’之后，情况已好转，故我党我军必须坚持在皖南、无为及桐庐阵地，创立根据地，决不可轻易放弃。”[②]鉴于当时的实际情况，决定暂时成立第十九

---

① 《皖江抗日根据地》编审委员会：《皖江抗日根据地》，北京：中共党史资料出版社，1990年，第27页。

② 中共安徽省委党史工作委员会：《安徽现代革命史资料长编》(第三卷)，合肥：安徽人民出版社，1995年，第550页。

旅一个旅，以孙仲德为旅长，曾希圣兼政委，何伟为政治部主任。1941年4月30日，中央军委决定成立第七师军政委员会，由曾希圣、张鼎丞、孙仲德、何伟组成，曾希圣任书记。1941年5月1日，新四军第七师在无为县东乡白茆洲胡家瓦屋正式成立。编入第七师的部队：无为游击纵队6个连、第三支队挺进团的6个连和皖南来皖中的700余名指战员（其中少部分赴苏北分配工作的除外），共1900余人，师长张鼎丞（未到职），政委曾希圣，政治部主任何伟，参谋长李志高。第七师暂成立第十九旅，师部和旅部合并办公。师部初成立时下辖：第十九旅，挺进团，独立第一、二营和特务营。第十九旅下辖：第五十五团、第五十六团。

新四军无为游击纵队是第七师的基本力量，新四军第七师第十九旅所属的第五十五团、第五十六团，大部分是从新四军游击队逐渐成长起来的无为子弟兵团。如果追溯其发展历程，还要从1938年9月成立的新四军第四支队游击第二纵队说起。该纵队由舒城、庐江、无为、桐城、巢县等县地方游击队统编而成，司令部设于无为县城内澄瀛街。其第二大队的主体和第三支队的一部，为原新四军第四支队无为第二中队、无为县人民抗日自卫军撤出的队伍和原中共无为县委领导的无为东乡抗日游击队。1939年1月，在第四支队游击第二纵队的基础上，新四军江北游击纵队成立，初属新四军军部领导，后属新四军江北指挥部领导。在1940年3—6月，江北游击纵队辖有原第一、二、三大队改称的新第七、八、九团，巢南大刀会精锐部分改编的巢南独立团和1个教导大队。1940年6月,江北游击纵队进行了整编,将新四军第四支队第十四团调属江北游击纵队,成为第一团;原新第七团、新第九团合编为第二团;原新第八团编入新四军第四支队。7月,中共无为县委书记胡德荣率县委机关及所属武装由津浦路西返回无为东乡,游击队几个月内发展到200多人,不久成立了无为县大队。同时,第二团政委廖成美率顾鸿第二营的两个连进入巢南山区,与在该区坚持斗争的游击队汇合。8月,江北游击纵队警卫营长桂俊亭带11人(枪)来到巢无交界地区,在散兵、高林桥一带活动,发展游击武装100余人,后成立了一个游击大队。9月16日,孙仲德率领江北游击纵队第二团团部及两个连返回巢南、无为地区,与先期返回的江北游击纵队及地方武装合编,改番号为无为游击纵队。同时,程明远游击队亦奉调从巢北来到巢南,参加恢复巢无地区的斗争。到1941年5月新四军第七师组编成立时,无为游击纵队成为新四军第七师的基本力量。①

新四军第三支队挺进团是第七师的一支重要力量。为粉碎蒋介石发起的第二次反共高潮,恢复巢无根据地,开辟桐城、庐江、无为交界处的桐东(今属枞阳县)三官山地区,以及向西警戒,准备掩护军部渡江,新四军军部命令第三支队参谋长林维先组建支队挺进团,去巢无和桐庐地区配合无为游击纵队恢复巢无地

① 中共庐江县委党史研究室:《新四军江北指挥部》,内部资料,2001年,第231页。

区，西进开辟桐庐地区。[1] 1940 年 9 月，林维先率第三支队第五团第三营由繁昌县汪家套渡江来到无为县白茆洲，同时，林维先命令准备编入挺进团的由第三支队长江游击纵队章啸衡收编的川军蒋希伯大队，从江南铜陵过江到江北桐东灰河地区集结待命。林维先在无为县临江坝找到了中共无为县委书记胡德荣和含巢无联合办事处主任后奕斋，向他们传达了军部指示和即将去桐东组建挺进团的工作计划，同时决定由第二营营长傅绍甫、教导员赖振刚率领全营配合无为县委行动，恢复无为地区，并为挺进团在无为东乡赶做过冬棉衣，待命去桐东水圩地区。林维先、何志远等十余名干部，在桐东陈瑶湖见到了中共桐庐潜怀无中心县委书记林立、鲁生、李岩等。接着，军部又派张友来带电台一部来到陈瑶湖。林维先、张友来向他们传达了华东局和新四军军部的指示："地方党应有计划地退却，聚焦力量。"

新四军江北游击纵队在照明山反顽战斗失利后，皖中军政委员会及舒无地委撤往淮南路东，中共桐怀潜中心县委组织收缴了国民党桐西松陶、银峰两个乡公所的枪支，以开展武装游击斗争。在桂系顽军的"清剿"之下，该游击武装转移到陈瑶湖敌后的老洲头、六百丈、灰河沿江一带。不久，庐南工委书记郑曰仁、李岩、张平、杨晓武等人，无为西乡第五区区委书记王光钧等人，也来到这

---

① 中共巢湖市委党史研究室：《中国共产党巢湖地方党史》(第一卷)，合肥：安徽人民出版社，2003 年，第 141 页。

里，成立了“中共桐庐潜怀无中心县委”。经过一番军事的、经济的斗争，陈瑶湖游击区发展了，成立了地方政权，争取了方瑛部队参加游击队，成立了桐东独立大队，大队长方瑛，副大队长曾宪忠，教导员鲁生，下辖 3 个连、1 个特务排，活动区域扩展到青山、水圩一带。①

林维先、张友来向桐庐潜怀无中心县委转达了改编桐东游击大队为挺进团第二大队，坚持游击战争，扩大活动区，掩护地方工作的决定，同时决定把留在无为东乡的第三营调来桐东，在水圩地区集结，召开新四军第三支队挺进团成立大会。川军蒋希伯大队为第一大队，大队长蒋希伯，教导员方修；桐东独立大队为第二大队，大队长方瑛，教导员曾宪忠；第五团第三营为第三大队，大队长傅绍甫，教导员赖振刚。挺进团团长为林维先(兼)，政委为张友来，政治部主任为何志远(后彭胜标)。

部队经过数日整训后，为开辟三官山地区，召开了干部会议，开展了军事行动。一是袭击牛埠镇土顽章淦大队，此战歼顽军百余人，缴枪数十支，俘顽军数十人，后经教育释放。首战告捷，部队第二天返回水圩地区集结。二是攻打桐城县孙家畈顽军江子龙部，此战江北游击纵队第二团副团长黄彬率领的 1 个连参加了战斗，歼顽军 2 个连，缴枪 50 余支、军马 4 匹。两战皆胜，挺进团的影响力大大增强，群众的抗日热情高涨，抗日游击战的烈火，在

① 中共巢湖市委党史研究室:《中国共产党巢湖地方史》(第一卷)，合肥:安徽人民出版社，2003 年，第 142—143 页。

无南、桐东、庐南地区熊熊燃起。

1940年11月，中共舒无地委决定撤销桐庐潜怀中心县委，林立调往正在组建中的无为地委任组织部部长，成立桐庐无县委，书记鲁生，副书记兼组织部部长李岩，宣传部部长何杰之，民运部部长王光钧，郑曰仁、张平调巢无地区工作。为开辟桐西、桐北的工作，中共舒无地委派何杰之去桐西，并组建了一支60余人的游击队。[①]

▲ 新四军第三支队挺进团在攻打无为县牛埠镇土顽大队后部分指战员合影（1940年9月）

挺进团在很短的时间内扫清了三官山外围的土顽据点，控制了三官山、将军庙、钱家桥地区。10月，在林维先、张友来及鲁生的主持下，在水圩谢氏祠堂召开了由桐、无、庐的青山、水圩、四

---

① 中共巢湖市委党史研究室：《中国共产党巢湖地方史》（第一卷），合肥：安徽人民出版社，2003年，第145页。

虾、周潭、施湾、原潭、老湾、老洲8个乡参加的桐东地区参议会，成立了“三三制”的桐东乡政联合办事处，民主人士周晓山为主任，王光钧为副主任。这是桐、庐、无边境地区产生的第一个区级抗日民主政权机构，打下了以三官山为中心的游击根据地的基础。

桐东抗日根据地的建立和发展，引起了积极反共、消极抗日的国民党桂顽的极端仇视。1940年11月，被收编为挺进团第一大队的原川军蒋希伯部，率第一大队的第一、二两个中队200余人，携带机枪1挺、手枪30余支叛变，投靠了桂顽第五二八团。挺进团立即召开紧急会议，决定以运动战来对付即将到来的顽军的进攻，政委张友来、政治部主任彭胜标率领团部、第三大队和第一大队的第三中队，转移到无为湖东地区休整；团长林维先带第二大队坚持在桐东地区；桐庐无县委分散转移到老洲头、庐南地区，并通知各地党组织早做准备，以防不测。约半个月后，蒋希伯果然引第五二八团向水圩地区发起进攻。由于挺进团早做准备，顽军扑空而归，事隔数日再来水圩进攻，又是无功而返。顽军在根据地烧杀抢掠，对人民群众痛下毒手，更是激起了广大人民群众的愤恨。在顽军向根据地进攻时，挺进团派第二大队进扰顽军后方，歼灭常备队，打顽军的区、乡公所，顽军惊慌失措，连忙退回。经过反顽斗争，游击队发展壮大了，部队战斗力大大增强了，桐东抗日根据地得到了巩固扩大。①

---

① 中共巢湖市委党史研究室:《中国共产党巢湖地方党史》(第一卷)，合肥:安徽人民出版社，2003年，第146—147页。

1941 年 5 月，在桐东抗日根据地不断得到发展、壮大的新四军第三支队挺进团所属的 6 个连编入新四军第七师。

皖南突围部队是新四军第七师的骨干力量，从皖南突围过江来到江北无为的有 700 余人，分别来自原军特务团，原第一团、第三团，新第三团、第五团等各部队的干部战士，除少数人到苏北军部等地外，绝大部分都留在了新四军第七师。在干部当中，如原新第二支队政委黄火星，军部作战参谋处科长李志高，新第二支队参谋长谢忠良，新第一团团长张铚秀，新第三团政治处主任阙中一，第三纵队作战科长王培臣，新第三团第二营营长巫希权，第三支队第五团第二营营长陈仁洪、教导员马长炎及中共皖南特委书记李步新等，还有从敌人集中营逃出来的第三支队第五团参谋长梁金华等，这些经过血与火洗礼的战士大部分是红军时期走出来的革命老战士，理想信念坚定，军事技术过硬，领导经验丰富，是中国共产党不可多得的宝贵财富。新四军第七师组建后，他们或者担任第七师部队各级领导干部，或者充任地方党政领导干部，或者回到皖南地区发动和领导地方游击队坚持敌后游击战争，从不同方面对巩固和发展皖江抗日根据地，做出了巨大的历史贡献。

1940 年 10 月，曾希圣正在无为，准备赴津浦路东到新四军江北指挥部工作，因交通关系还未过巢湖。皖南事变发生后，曾希圣就地负责在江北收容和整理皖南突围部队。不久，中央军委和军部命令将皖南突围的部分人员与原先在江北分散独立活动的几部分人员汇合一起，组成新四军第七师，任命张鼎丞同志为师长（当时在延安中央党校学习，未到职），曾希圣被任命为政治委员。①

第七师的活动区域主要是巢南山区和无东一块。巢南山区以董家大山为中心，东到石涧埠，西到任家大山，长约 30 里；南到簸箕场，北到巢湖边，宽十多里。无东是白茆洲、六洲、神塘河、临江坝、三官殿、汤沟、后包、田家桥附近一块，另外，繁昌、铜陵、宁国、绩溪、桐东、宿松、望江、太湖各有小块游击区。这一支由大江南北抗日人民组成的子弟兵团，在当时地区狭小、突围后立足未稳即遭受敌顽疯狂夹击的艰苦的环境下，并没有被吓倒、被杀绝，他们爬起来，擦干身上的血迹，掩埋好同伴的尸体，又继续战斗了。

皖南事变的惊涛骇浪，对新四军的每个干部、战士都是一场严峻的考验。在党的领导下，他们战胜了巨大的困难，依然保持着旺盛斗志和饱满情绪。第七师初创时，一部分同志由于对就地（皖南事变发生的地带）坚持斗争，就地开辟抗日根据地的意义认识不足，对当时斗争形势缺乏全面、深刻的分析，因而对于第七师在皖江（皖中南）地区能不能站住脚、能不能发展，以及怎样才能站住脚、怎样才能发展等一系列问题，在认识上是模糊的，在方针上是有分歧的。认真地在党内，首先在领导干部中解决这些问

① 中共巢湖市委党史研究室:《中国共产党巢湖地方史》(第一卷)，合肥:安徽人民出版社，2003 年，第 152 页。

题，提高认识，统一步调，是当时工作的关键。

1941年5月，新四军第七师军政委员会(1941年4月30日成立)在无为三官殿附近的长坝吴和巢南山区召开了干部会议。会上由何伟传达了中央和军部的指示，在干部中进行了深入的教育和讨论，并通过其他各种会议和许多艰苦的说服教育工作，大家终于认识到，在皖江地区坚持与发展抗日斗争，一是对敌斗争的需要。[①] 皖江地区是华中敌后新四军的一个战略要地，它处于日寇在华中的心脏地带，扼制着长江下游和淮南路两侧，迫近南京、芜湖。在这里坚持斗争，不仅对日寇的打击、威胁极大，而且使华中新四军在向西、向南敌后发展和反攻日寇时有了一块重要的前进基地。二是对顽斗争的需要。国民党顽固派企图消灭英勇抗战的新四军，新四军则针锋相对给以坚决有力的反击，在这里坚持斗争，就是"长自己的志气，灭敌人的威风"，证明抗日革命力量是永远消灭不了的，蒋介石的阴谋诡计则会遭到彻底粉碎。三是人民的需要。皖江地区广大群众与新四军休戚相关，生死与共，他们切齿痛恨敌、顽串通一起制造皖南事变的血腥暴行，许多父老姐妹闻讯后曾痛哭失声，一致要求新四军早日重回皖南。新四军在这里坚持斗争，就可以保护广大人民免受敌、伪、顽的黑暗统治和暴虐蹂躏。四是新四军自身发展的需要。皖江地区及其周围大别山、黄山等地区，原有广泛的革命影响，新四军在这里坚持

① 《皖江抗日根据地》编审委员会：《皖江抗日根据地》，北京：中共党史资料出版社，1990年，第232—233页。

斗争，不但可以向四周发展，有广阔的前途，而且发展起来可以成为沟通苏北军部、淮南第二师、鄂东第五师、苏南第六师等各方面联系的枢纽。这些事实说明，在皖江地区坚持和发展抗日斗争，意义十分重大。

通过会议的分析，大家认识到，坚持和发展皖江地区的抗日斗争不仅是必要的，而且是有充分、有利条件的。[①] 一是干部骨干好。第七师部队虽是新建，但各级领导和骨干，大都在革命烽火中经过了长久的锻炼，基础是比较坚实的。二是地方党基础好。皖江地区地方党的组织，自 1927 年大革命以来就有相当好的基础，在抗日战争中又获得了进一步的锻炼。三是群众条件好。皖江地区广大群众与新四军情同鱼水，抗战以来在人力、物力上对新四军进行支援，并在做向导、抬担架、送情报等各方面给新四军极大帮助。四是经济条件好。皖江地区不但人口稠密，而且物产丰富，为华中著名的鱼米之乡，有利于抗日力量的成长和发展。

通过会议的分析，大家进一步认识到，坚持和发展皖江地区的抗日斗争有必要、有条件，但也存在不少困难。[②] 第七师驻地与其他老根据地有着显著不同的特点。首先，第七师根据地建立晚，部队力量小。第七师建立在抗日战争的中期，国民党在大溃

---

① 《皖江抗日根据地》编审委员会：《皖江抗日根据地》，北京：中共党史资料出版社，1990 年，第 233 页。

② 《皖江抗日根据地》编审委员会：《皖江抗日根据地》，北京：中共党史资料出版社，1990 年，第 234 页。

退时失散在群众中的武器已经散失殆尽，因此像抗日战争初期那样大发展的黄金时代已经过去；第七师初建时力量较小，部队不足 2000 人，装备较差，弹药也很不足。其次，根据地不大且又比较孤立。第七师的发轫地和中心区无为县地区狭小，南有大江，北有巢湖，西有白湖，四周敌伪据点星罗棋布，密如蛛网，部队活动没有回旋余地；犬牙交错的斗争形势，使第七师与军部及其他兄弟师之间都夹有一大块敌占区和"反共"军统治区，阻隔重重，比较孤立。况且，在遭受敌、顽夹击之后，部队需要迅速站稳脚跟和休整。皖南突围部队刚到江北，敌、顽就疯狂夹攻，新四军第七师必须彻底粉碎敌、顽的"扫荡"进攻，巩固立足点，并获得休整和恢复力量的时间。但是，当时有的人对这些特点认识不足，不具体分析敌我力量的对比，机械地搬用其他建立比较久的根据地的一套经验，主张马上铺开摊子，自上而下地搭起大架子来。如果按照这个方针去做，对当时的斗争是有害无益的。第七师党政军委员会根据初建时的主客观情况，反对大吹大擂，坚决主张采取隐蔽发展的方针。首先整顿思想，编好队伍，集中力量粉碎敌、顽的夹攻和堵夹计划，求得站稳脚跟；而后通过加强和发展党的组织，积极发动群众，积蓄力量，在四周普遍建立隐蔽据点，稳步向四周推进发展；同时积极打通与军部及各兄弟师的联系，改变第七师地区比较孤立的局面。只有采取这个方针，才能迅速站稳脚跟并求得发展。

会后，各级干部进行了深入的讨论，统一了认识，明确了方针，并在此基础上顺利编好了部队。1941年5月1日，第七师在无为东乡白茆洲胡家瓦屋正式组成。① 同时，根据华中局的决定，成立了以曾希圣、何伟为正、副书记的第七师党政军委员会。这样，第七师各方面的工作由此逐步走上了轨道，皖江地区的抗日斗争进入了新的发展阶段。

四、中央军委隐蔽发展的战略方针的贯彻与实施

皖南事变后，1941年1月20日，中央军委发布“重建新四军军部”的命令。2月1日，毛泽东代表中央书记处致电刘少奇、陈毅等，电报深刻分析了皖南事变后全国抗日斗争的形势，指出：“新四军现在是被蒋介石宣布为叛军了，他可不受任何法律拘束。”还指出：“皖南地区对于发展华中的重要意义和具有潜在的战略地位与作用。”3月17日，中原局和新四军军部决定：“孙仲德无为(游击)纵队、林维先挺进团及现有散布在皖南和已突围过江之皖南部队均归第七师编制。”②

---

① 《皖江抗日根据地》编审委员会：《皖江抗日根据地》，北京：中共党史资料出版社，1990年，第234—235页。

② 《皖江抗日根据地》编审委员会：《皖江抗日根据地》，北京：中共党史资料出版社，1990年，第277页。

▲ 新四军第七师成立大会上的指战员

5月，在原和含巢无各区联合办事处基础上成立了无为县政府，吕惠生任县长。根据华中局指示，巢湖地委改称无为地委，周新武任书记；并于无为白茆洲重新成立了皖南特委，李步新任书记。随后，曾希圣等率党政军由无为东乡迁入巢南山区。

▲ 在无为县红庙镇三水涧村集结待命的第七师指战员

4月15日，中共中原局电示孙仲德、曾希圣、何伟："在无为应大力加强地方工作，改善群众生活，建立地方武装，成立县政府，以便成为我之根据地。"①

根据中共中央和中原局的指示，第七师党政军委员会先后开了党政军干部会议，传达党中央、中原局和军部的有关指示。会议要求全体党员、干部和新四军指战员认真学习党的指示，深刻领会坚持皖中、皖南地区，创建抗日根据地的重要战略意义，坚决克服少数同志由于遭受皖南事变挫折所产生的消极悲观情绪。从而使大家从战略高度统一了创建根据地的认识，明确了斗争的任务、特点和方针政策，增强了坚持敌后抗日斗争的决心和信心。

▲ 在第七师司令部所在地无为县三水涧村大操场听取抗日形势报告的第七师指战员

会议通过对皖中、皖南地区敌我态势的周密分析，并从部队

① 《中原局给"孙仲德、曾希圣、何伟并江南各级干部"的信》(1941年4月15日，原件存于南京军区档案馆)

刚经历过皖南事变严重挫折和人数过少、战斗力较弱的实际情况出发，确定了在第七师和根据地初创时期实行隐蔽发展的方针。

第七师制定的方针，得到新四军军部和华中局领导的批准与赞同，指出："你们部队目前需要扩大，恢复情绪与安心。因此只能进行胜利战斗，不可再受挫折与消耗。因此，对部队不能给以过大过难的任务，要在许多任务中求得部队扩大之信心的提高。""在无为应大力加强地方工作，改善群众生活，建立地方武装，以便成立我之根据地。"①

经过半年多的实战，实行隐蔽发展方针，新四军第七师在巢（县）、无（为）地区站住了脚，扎下了根，建立了南到长江、北临巢湖、东抵淮南铁路（巢湖至裕溪口段）、西濒白湖的拥有 100 多万人口、10 个区、86 个乡、909 保（村）的巢无中心区。

▲ 新四军第七师师部在三水涧村的旧址

① 中国人民解放军历史资料丛书编审委员会：《新四军·文献》(2)，北京：解放军出版社，1994 年，第 796 页。

由于实行隐蔽发展方针，新四军第七师主力部队由小到大不断地发展壮大，由成立时不足2000人，至1941年底增加到4000人；地方武装发展到2300人；群众武装（民兵）达2200人。这就为第七师的进一步发展壮大，奠定了坚实的基础。

由于实行隐蔽发展方针，第七师胜利地完成了新四军军部赋予的与新四军第五师打通联系的任务。

曾希圣等第七师领导人根据皖江地区的斗争形势，实行分兵活动，这样既有利于隐蔽发展，又有利于发动群众。

一是挺进团在与第五师张体学取得联系后，立即进入太（湖）、宿（松）、望（江）泊湖地区，与中共赣东北特委领导的游击大队会合，开辟和发展了以泊湖地区为中心的敌后抗日游击根据地。[①] 这个地区南临长江，与江西鄱阳湖毗邻；西连湖北黄梅，是皖、鄂、赣3省的边界地区，长江沿岸又是日军的占领区，有利于新四军开展游击战争。

二是恢复皖南地区的抗日斗争，1941年3月，根据中原局指示精神，第七师先后派出杨明、巫希权、何志远等率领部分武装渡江南下到达铜陵，与皖南事变后仍在那里继续坚持斗争的铜陵敌后党组织和游击队会合，建立了铜陵大队。在铜陵、繁昌境内开展游击战争，建立了十几个公开和半公开的乡政权。7月，建立了县级政权——铜繁行政办事处。9月，第七师第五十七团一部过

① 中共安徽省委党史研究室：《中国共产党安徽地方史》（第一卷），合肥：安徽人民出版社，2000年，第402—404页。

江进入皖南地区，在地方抗日游击队的配合下，拔掉了马家冲等多处日伪军据点，扩大了敌后活动区。经过艰苦的斗争，铜繁敌后抗日根据地成立了。

三是向东开辟了和（县）、含（山）地区，打通了与新四军第二师的联系。1941 年 9 月，第七师先后派出 4 个连的武装进入和含敌后开展游击战争，11 月，成立了和含指挥部。1942 年 4 月，在指挥部的基础上成立了和含独立团，马长炎任团长兼政委。独立团成立后，先后攻打日伪据点 30 多处，部队由 300 人发展到近 900 人。

总之，第七师初创时期，实行隐蔽发展方针是正确的、积极的。只有如此，第七师才能在尖锐复杂的斗争中求得新的发展，取得新的胜利。

第四章

新四军第七师鏖战大江南北

一、沿江支队挥师西进

1943 年 3 月，根据党中央关于根据地实行党的一元化领导的决定，新四军皖中军区成立，下辖含和、皖南、沿江 3 个支队，巢合庐游击支队和 1 个师直独立团。其中沿江支队由第五十八团及白湖、庐江、桐东地方武装合编而成，支队长兼政委林维先，副支队长傅绍甫，副政委彭胜标。[①] 沿江支队活动范围包括无为、庐江、舒城、桐城、怀宁、岳西、潜山边区和江南的贵池、青阳、东流、

① 北京新四军研究会七师分会：《皖江风云》，济南：黄河出版社，2001 年，第 188 页。

彭泽等地。在行政上对应成立了沿江行政办事处，在党建上成立了中共沿江地方委员会，书记林维先，副书记黄先，下辖湖东中心县委、桐庐县委和桐怀潜县委。

沿江支队的主力第五十八团成立于1942年3月，由原挺进团和桐西独立团合编而成，傅绍甫任团长，彭胜标任政委，李德安任参谋长，曾宪忠任政治处主任。

打通与新四军第五师的联系是新四军第七师挥师西进的主要目标。早在1941年2月，新四军军部刘少奇、陈毅致电江北指挥部张云逸、邓子恢、罗炳辉、郑位三时就指出："须知只有到皖西加紧活动才能保障皖东。为你们主力将来能在皖西立足，目前你们必须令林维先用一切方法在庐江、桐城建立游击根据地，并派多数干部回皖西去加强秘密工作，这须切实有系统地进行。"

1941年3月中旬，林维先奉第七师命令率挺进团离开桐庐无地区，向大别山挺进，开辟桐、潜、怀、舒、岳地区，"打击那些比较弱的部队，破坏李品仙的统治，发展自己，求得牵制李品仙更多兵力，使其不能全力进攻皖东"。[①] 挺进团兵分两路，一路由政治部主任彭胜标、第三大队大队长傅绍甫率领团部和第三大队，在地方的舒庐大队配合下，从无为出发，经庐江、舒城县境进入到潜山县猪头山、驼岭一带，转到桐西蒋铁、五聚岭地区，与桐西地方党组织领导的游击队会合，在该地区分散隐蔽休整。另一路由林维

① 《刘少奇、陈毅致江北指挥部电》(1941年1月20日，原件存于南京军区档案馆)

先率领第二大队从庐江县罗昌河、桐东钱家桥出发，经孔城、天林庄、金神墩进入桐西五聚岭与彭胜标、傅绍甫会合。会合后他们与地方党共商了以蒋铁地区为依托向四周邻县开展工作的布置，在舒城县小街、庐镇、晓天等地歼灭顽军地方武装一部，然后打下了岳西的主薄园，潜山县的官庄，桐城县的青草隔、黄甲铺、老梅树街及罗家岭顽军据点，又打下了怀宁的高河埠，再转入蒋铁休整。

挺进团进入皖西地区后，立即与地方党配合，组织人员在顽区开展大力争取乡、保、甲长和区武装部队的工作，大力做当地上层士绅的统战工作，揭露皖南事变真相。在敌占区利用伪军掌握安庆地区敌伪动态，利用商人及群众掩护新四军地下工作人员出入安庆、收集情报、购买军需物资。

1941 年 4 月 22 日，第七师挺进团与第五师第四十二团政委张体学部在宿松县陈汉沟会合，首次打通了第五、第七师之间的联系。[①] 1943 年秋，当桐南大队大队长兼沿江独立团第三营营长徐绍荣在花山地区进行活动时，第五师曾派挺进第十八团张海彪团长、郑重政委率部经桐城西乡到达花山，这是第二次打通了第五、第七师之间的联系。1944 年下半年，第五师的挺进第十八团和第七师的沿江团两部队在至德、彭泽地区第三次会合，从此两师的交通线牢固地建立起来，实现了华中局和新四军军部提出的

① 《新四军战史》编辑室：《新四军战史》，北京：解放军出版社，2000 年，第 284—285 页。

“不仅在军事上，而且在地方工作上，亦能打通取得可靠联系”的战略要求。①

1941 年 7 月，第七师命令林维先挺进团西进，开辟以湖泊为中心的太湖、宿松、望江泊湖区，同赣东北特委领导的游击大队会合，创立处沿江两岸敌、顽之间地区的根据地，从该处打通第五师与第七师之间的联系。为加强该地区党政军领导力量，华中局派李丰平任中共鄂皖边地委书记，原赣东北特委书记黄先任副书记，下辖桐怀潜中心县委和宿松县委。李丰平兼任挺进团政委，袁大鹏任参谋长，同时将原赣东北游击大队组编为“宿望湖区独立团”，原副大队长刘宗超任团长。②

为配合挺进团西进，开辟皖西南地区，1941 年 9 月，第七师政治部主任何伟来到桐东水圩地区，召开该区地方党负责人会议，宣布撤销中共桐庐潜怀中心县委，分别成立中共桐怀潜中心县委和中共桐庐县委，桐怀潜中心县委书记林立(兼)，属中共鄂皖边地委领导，桐庐县委书记贾世珍，属中共无为地委领导。在进入泊湖地区的半年中，部队和根据地发展很快，各项工作也很顺利，桐东、桐西、泊湖、鄂东一线，基本上成为新四军第五师和第七师的联络通道。

---

① 中共巢湖市委党史研究室:《中国共产党巢湖地方史》(第一卷)，合肥:安徽人民出版社，2003 年，第 239 页。

② 中共安徽省委党史研究室:《中国共产党安徽地方史》(第一卷)，合肥:安徽人民出版社，2000 年，第 403 页。

1941年秋，日军发动了浙西战役，停止了对大别山地区的进攻。国民党顽固派军队随即腾出兵力向新四军发动进攻。1942年1月1日，国民党第一七六师第五二八团、第十一游击纵队及地方“反共”武装共3000余人，分两路向驻在泊湖的挺进团、宿望湖区独立团进行围攻，因兵力、武器装备、弹药补给等方面双方差距过大，挺进团、独立团在泊湖区与“反共”军激战8昼夜后，突围撤离泊湖地区。挺进团突围至岳西县小河南后，18日又遭反“共军”进攻，损失电台一部，与师部失去了联系。此战挺进团损失三分之二，宿望湖区独立团损失五分之四，返回无巢中心区的只有300余人，共计损失主力和地方武装500余人。随着泊湖地区斗争的日益艰难，地方党政机关人员部分地分散转移到江南的江西彭泽一带坚持斗争，但抗日斗争的烽火依然没有熄灭，他们在长江两岸群众的支持下，积蓄力量，开展着小规模的武装斗争，继续保持与第五师的联系。①

1942年3月，第七师师部决定将撤至无为地区的挺进团和桐西独立团合编为第五十八团。第五十八团一成立，即派张振中、宋海珊率原桐西独立团部分武装人员返回桐西山区，恢复党的组织，开展游击斗争，成立了枧山区委。9月，第五十八团抽调第七连组成江防大队，共80余人，由洪鸿率领到舒城、霍山边界活动，坚持和逐步扩展桐潜地区的抗日斗争。11月初，江防大队已发展

---

① 《新四军战史》编辑室:《新四军战史》，北京：解放军出版社，2000年，第285页。

成一支300余人的队伍。与此同时，第五十八团又派夏云龙率桐东大队到桐东地区坚持游击斗争，到1942年底，桐东大队已发展到200余人。这两支部队不断壮大并坚持斗争，不仅打击了日伪力量和顽军的反共势力，同时也为以后恢复水圩地区游击根据地，桐潜地区游击根据地以及与第五师、第七师的联系，创造了条件。

到1943年下半年，在沿江地区的长江以北，已建立了几块较为巩固的游击区，其中有桐怀潜中心县委领导下的以花山、螺蛳山为中心的花山游击根据地，东西长六七十里，南北达150里。不仅在舒城、潜山、岳西、霍山等县组建了20余个党支部，发展中共党员四五百人，还有数支小游击队在地方坚持武装斗争，在舒城、桐城、潜山3县边区成立了桐怀潜工委（胡继亭兼任中心县委书记，副书记黄瑛），抗日宣传活动开展得轰轰烈烈。在桐东，有桐庐县委领导下的以水圩为中心的游击根据地，庐南的砖桥、大凹口和桐城、枞阳以北地带均成为游击区。这些地区不仅党的组织获得了较大发展，还组建了一支以郑子铮为大队长、杨晓武为政委的桐南抗日游击大队，他们不断地打击日伪小股军事力量，坚持了江北小块游击区的局面。[①] 沿江地委领导下的江北游击区的巩固与发展，为开辟、拓宽江南抗日斗争提供了组织基础与军事准备。

① 北京新四军研究会七师分会：《皖江风云》，济南：黄河出版社，2001年，第187页。

自1942年起，江北的桐庐无县委即先后派人到贵池县西部的三万圩和东部的大通、梅龙一带活动，秘密发展党员，进行抗日宣传和小规模的游击活动。后来第七师又派第五十八团参谋长李德安带领少数武装人员到贵池东部茅坦一带配合当地党组织开展工作。同时江北的桐东地区部队也派少量武装人员到贵池东部活动。在这几股力量的推动下，该地区的抗战局面初步打开了。

沿江支队1943年3月刚成立时，下辖独立大队、桐东大队、白湖大队、桐南大队和桐西大队共5个大队，到1943年七八月，又先后组编了东流大队、贵池大队、舒庐大队、巢湖大队，沿江支队，共发展到9个大队。当年10月，沿江支队将白湖、巢湖、舒庐3个大队及一些游击队合编为白湖团，熊应堂任团长，桂林栖任政委，顾鸿任参谋长。11月，第七师独立团拨归沿江支队建制。12月，又将独立、桐南、贵池、桐东、桐西5个大队合编为沿江团，由沿江支队副支队长傅绍甫和政治部主任何志远分别兼任团长和政委。这样，沿江支队除独立团、白湖团、沿江团3个主力团外，另有3个游击大队和数支游击队，各区还有区中队，以及1945年元旦成立的由蒋天然任团长的湖东子弟兵团，沿江支队的武装力量得到了较大发展。

为发展和巩固抗日根据地，逐步缩小敌占区，1944年春，中共沿江地委、沿江支队根据斗争形势的发展和为实现军部、师部的战略意图，决定沿江地委、沿江支队分两部分行动。[1] 沿江地委书记、第七师副参谋长、沿江支队支队长林维先，第七师政治部主任、沿江支队政委王集成坚持江北斗争，领导沿江支队的江北部队配合巢无中心区进行反日伪“扫荡”和反顽斗争，保卫皖江抗日根据地中心区。沿江地委副书记、沿江支队副支队长傅绍甫，沿江支队政治部主任何志远等，率领地委机关、沿江中心县委机关大部人员和沿江团部队，陆续渡江进入贵东地区。

为了使地方党组织更快地建立和发展，应中共沿江中心县委书记黄先的要求，自 1944 年 4 月 2 日开始，桐怀潜县委宣传部部长马守一、湖滨县委王秀武、铜南青县委杨友华等，先后率领一批干部和武装人员，进入贵西三万圩、乌沙、殷汇山等地开展工作，同时沿江团第三营第八连张友道也带领一个排进入贵西活动。经过宣传发动工作，贵西的抗日局面很快打开，各级党的基层组织纷纷建立，不久便成立了中共贵西临时工委。四五月，黄先率领地委机关和沿江中心县委机关由贵东进入贵西，正式成立由马守一任书记、许达抱任副书记的贵西工委，开始筹建贵西行政办事处，并建立了贵西大队。11 月，贵西工委改为贵桐县委，书记为马守一。同时撤销湖滨县委，原湖滨县委领导的桐南区和桐怀潜县委领导的广济圩区划归贵桐县委领导。此后，沿江行政办事处正式成立，主任张格，副主任马数鸣，随后建立、健全了各级行政

---

① 中共巢湖市委党史研究室：《中国共产党巢湖地方史》（第一卷），合肥：安徽人民出版社，2003 年，第 239 页。

机构，在贵池农村普通建立了区乡政权。沿江中心县委机关进驻贵西不久，傅绍甫等率领沿江团主力跟进贵西地区，他们打日伪、拔据点、歼灭伪乡公所和常备队，抗日斗争进行得有声有色。不久，他们派出武装开辟至德、东流、彭泽等地，由于这些地区群众基础好，党组织建设和抗日武装力量都得到了很快发展。

1944 年下半年，沿江团和第五师挺进第十八团在彭泽会合后，新四军威名大振，沿江团主力曾向西发展到湖口、鄱阳等地。

沿江支队组建后，先后参加了 1943 年 3—5 月的巢无中心根据地反击日伪大“扫荡”斗争、1943 年 7—8 月的抢占日伪撤出据点的反顽斗争、9 月的照明山反顽战斗、11 月初的严桥虎皮山反顽战斗、11 月下旬的严桥笑泉口和磨盘山反顽战斗，粉碎了日伪破坏根据地建设、消灭皖中抗日力量的阴谋，有力地打击了顽军的嚣张气焰，对于巩固以无巢为中心的抗日根据地，有着重要的意义。[①]

由于桂系顽军屡次遭到新四军的沉重打击，1944 年上半年，其凶焰有所收敛，对新四军基本采取守势。新四军利用这一有利时机，开展了军政整训和拥政爱民活动，进行投弹、射击、刺杀、土工作业四大技术训练，对部队进行阶级教育和时势教育，进一步健全党的组织生活，加强党在军队中的领导，提高了广大指战员的阶级觉悟和军事素质。在拥政爱民活动中，部队开展助民劳动和大生产运动，广泛征求当地政府和群众的意见，使军民关系更

---

① 安庆市新四军历史研究会：《皖江烽火——新四军老战士回忆录》，合肥：安徽人民出版社，1994 年，第 65—67 页。

加密切，促进了根据地各项建设工作的进行。

▲ 《前线报》报道：沿江支队春季军政竞赛大会（1944 年 4 月 10 日）

1944 年上半年，顽军虽然基本采取守势，但仍不断派出小股兵力对抗日根据地进行骚扰、蚕食，小规模战斗仍然比较频繁。仅 1—3 月，沿江支队各部队和日伪顽共计作战 60 余次，毙伤敌人 200 余人，俘敌数十人，相对较大的战斗是祁雨山战斗。1944 年 2 月 17 日，驻黄姑闸的顽军 1 个营向新四军从日寇手中收复的泉塘进攻，沿江支队独立团第三营第七连勇猛反击，毙伤顽军一部后主动撤出阵地，泉塘被顽军占领。2 月 20 日，桂顽第五二七团 1 部和 1 个保安队向祁雨山进攻，沿江支队独立团第一、第三营在祁雨山右侧丘陵地带设伏，"巢大"团在山的左侧待敌，准备配合伏击顽军。但由于独立团领导指挥失误，伏击失利，独立团团长罗保廉牺牲（徐绍荣接任团长）。顽军突破独立团阵地后，继续向“巢大”团阵地进攻，遭到该团1个营的反击，歼其前卫排，迫使顽军回撤。但半个月后，顽军又将祁雨山占领，并在山顶上修筑了碉堡，向周家大山独立团阵地袭扰，一部进犯羊山，后遭独立团、白湖团、“巢大”团坚决反击，顽军损失严重开始退回黄姑和无庐交界地带。

1944年7月中旬，桂顽第一七一师占领了和含抗日根据地的江和全地区，切断了第七师与第二师的联系，并部署第一七一师、第一七六师东西对攻，妄图夹击第七师和无巢中心区。[①] 为保卫无巢中心区，保卫群众秋收，沿江支队着力做好战斗准备，在周家大山一线构筑防御工事。8月21日，顽军两个连向羊山嘴做武装侦察性进攻，独立团一部猛烈反击，毙伤顽军30余人，迫其溃退。23日晨，桂顽第八纵队司令龙炎武又率第一七六师第五二八团、国民党无为县常备队5个中队及1个迫击炮连共2000余人从黄姑出发进犯周家大山一线，与独立团、白湖团激战终日。黄昏时，第七师“巢大”团增援参战，毙伤顽军300余人，重创桂顽第五二八团，迫其退回黄姑。8月28日，沿江支队在湖东地区召开了祝捷大会。

---

① 安庆市新四军历史研究会：《皖江烽火——新四军老战士回忆录》，合肥：安徽人民出版社，1994年，第68页。

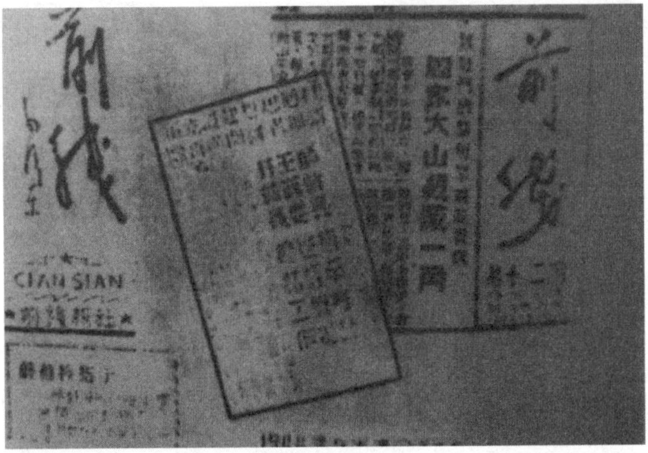

▲ 中共沿江地委、新四军第七师沿江支队所创办的《前线报》

1945 年 2 月 14—23 日，在日军连续对临江、仓头、开城桥、无南“扫荡”之际，桂顽派出第五二七、第五二八团等 5 个团的兵力，于 2 月 21 日向无巢中心区发起进攻。[①] 与此同时，桂顽第一七一师与保安第三团进攻和含根据地，川军第一九二师和伪军皖南独立方面军进攻皖南根据地，妄图一举消灭第七师部队，搞垮皖江抗日根据地。沿江支队根据师部关于“既要保卫根据地，又要保存有生力量的原则”，采用“隐蔽主力，适时出击”的作战方针，与地方武装相配合，开展灵活的游击战粉碎顽军的进攻。2 月 21 日，桂顽分两路，北路进攻沐家集白湖团阵地，南路进攻周家大山一线的葫芦山阵地。在反击中，独立团副团长袁大鹏牺牲，“巢

① 安庆市新四军历史研究会:《皖江烽火——新四军老战士回忆录》，合肥:安徽人民出版社，1994 年，第 70 页。

大”团团长兰祥、第二营营长徐万炳亦在指挥作战中壮烈牺牲。随后，各守备部队在遭顽军重大杀伤后奉命撤出阵地。22日，顽军攻占严家桥，23日占领石涧埠，一时猖狂至极。此时，沿江支队各团已运动到顽军侧翼的银屏山与临江陡沟坝一线，以一部分兵力配合地方武装不断袭扰顽军，并以主力一部奔袭顽军后方，断其运输线，攻击其政权机构，使其腹背挨打。待顽军奔波疲劳后，沿江支队集中主力在周家大山一带反击，重创顽军。顽军于25日开始撤退，沿江支队各部乘势追击，26日顽军退回原防地。此次反顽战斗是第三次保卫周家大山、保卫根据地的战斗，是中心区反顽战斗中关键性的战役，也是皖江根据地最大的、最后的一次反顽战斗。和含、皖南也和中心区一样，都取得了反顽斗争的胜利，整个皖江根据地更加巩固。

沿江支队从创建到改编，经历了3个年头，部队发展很快，由初建时的1500余人，发展到改编时的7000余人。全支队指战员英勇地战斗在皖中无为县以西至宿松县的长江两岸地区，为开辟和巩固皖江抗日根据地，为抗日民族解放战争的胜利，做出了卓越的贡献。[①]

---

① 安庆市新四军历史研究会:《皖江烽火——新四军老战士回忆录》，合肥:安徽人民出版社，1994年，第71页。

二、皖南支队开辟皖南

皖南事变后，参与策划和直接制造事件的国民党第三战区司令顾祝同和国民党第三十二集团军总司令上官云相，频频密令其驻皖南的国民党军队及地方党政军各级组织，继续“搜剿”新四军突围人员和散失人员，“严密侦查，务期于最短时间彻底肃清，以杜后患”。[①] 同时，国民党地方政府强化了保甲制度，采取清查户口、办理联保连坐、布置特务密探等手段，逼迫新四军家属、农抗会员和民兵等自首，并供出中共组织和人员，加以破坏和捕杀。国民党第五十二师甚至暗中勾结日伪军，多次“扫荡”繁昌锦卫洲、白象乡、红花山区等地，攻击新四军抗日游击队，在铁岩屠杀新四军突围人员20余人，在白象山和红花山区杀害基层干部、群众百余人。在日伪军控制区，纷纷组织“维持会”等汉奸组织，汉奸、特务活动十分猖獗。在此白色恐怖下，皖南地区党的组织遭到破坏，不少党员干部被捕牺牲，如中共繁昌县委书记罗峰、铜陵县委书记张东等被害。各抗日群众组织基本上被迫解散，皖南地

---

① 中共铜陵市委党史工作委员会办公室：《抗日战争时期资料》(下卷)，合肥：安徽人民出版社，1995年，第233页。

区抗日的大好形势几乎被断送。① 只有部分地方党组织保存完好，未遭破坏。这些党的组织和干部，经过皖南事变的严峻考验，组织更加严密，斗志更加坚强，在后来的艰苦斗争中，发挥了重要作用。

面对这样困难的局面，中共中央及新四军第七师采取了针锋相对的斗争策略。

一是积极收容突围人员，保存、积蓄抗日力量。1941 年 1 月 18 日，中共中央华中局书记刘少奇电示："皖南散失武装派人尽量收容，即在芜湖附近铜陵、繁昌一带打游击，建立根据地与民主政权。"②12 月 1 日，毛泽东、朱德、王稼祥等电示新四军代军长陈毅等："皖南应派人过江，指导残余力量，仍在芜湖一带抗日，在一年内逐渐聚集一个二三千人枪的支队，联系地方党准备将来向黄山及赣东北发展。"③指示铜繁芜中心县委书记张伟烈，由铜陵两县委负责帮助突围人员过江。原皖南特委书记李步新一过江，即在无为县白茆洲设立工作点，具体负责联系和收容突围人员。这些突围过江人员大部分成为新组建的第七师的骨干力量，少部分人员前往苏北或重返皖南。他们重返皖南后，在坚持斗争、开辟和

① 中共铜陵市委党史工作委员会办公室：《抗日战争时期资料》（下卷），合肥：安徽人民出版社，1995 年，第 233 页。

② 中共铜陵市委党史工作委员会办公室：《抗日战争时期资料》（下卷），合肥：安徽人民出版社，1995 年，第 233 页。

③ 中共铜陵市委党史工作委员会办公室：《抗日战争时期资料》（下卷），合肥：安徽人民出版社，1995 年，第 234 页。

建立皖南抗日根据地中发挥了重要作用。

二是恢复皖南各级党组织，建立一批武装。1941年4月，华中局批准在无为县白茆洲重新组建中共皖南特委，书记李步新，副书记兼组织部部长黄耀南，宣传部部长张伟烈。[①] 特委成立后，任务是尽力恢复和保持皖南各地党组织的联系，保护党组织不受破坏，保护新四军家属及革命群众不受迫害，协助新四军散失人员突围。特委提出了“打回皖南去!”的战斗口号，领导皖南军民对敌斗争和开辟抗日根据地工作。1941年2月，苏拓夫继任繁昌县委书记，地方武装有了发展，成立了繁昌游击大队。[②] 3月，第七师派杨采衡、何志远、刘全、袁大鹏等率领部分武装从江北过江向繁昌红花山开进，但因日军多次袭击，大部队难以立足，半个月后返回江北，留下19人的武装由刘全、孙仲凯带领，坚持皖南斗争。同月，杨明、彭嘉珠等率领50多人，从江北过江，与铜陵敌前工委书记王卓等会合，成立了敌前行动委员会，彭嘉珠、杨明分任正、副书记。4月初，第七师又派何志远、巫希权等到铜陵，改敌前行动委员会为铜南青党政军委员会，何志远、杨明分任正、副书记，统一领导该地区的武装斗争。将叶为祜等几支小游击队合并，成立铜陵大队，大队长巫希权。5月，伏击了长龙山日军一个

① 中共铜陵市委党史工作委员会办公室：《抗日战争时期资料》(下卷)，合肥：安徽人民出版社，1995年，第233页。

② 中共铜陵市委党史工作委员会办公室：《抗日战争时期资料》(下卷)，合肥：安徽人民出版社，1995年，第235页。

小分队,除一名漏网外,其余全部被歼,取得了皖南事变后抗击日军的第一次胜利。随后,在铜陵的郎坑、长龙山、狮子山组成了3支游击队,游击区扩展到南陵的丫山、何湾和青阳的北乡,铜南青抗日游击根据地连成一片。1941年5月,梁金华率第七师第五十六团一个连到繁昌红花山一带活动,袭击了国民党繁昌县二区区政府及区中队,歼顽军30余名,并在大、小洲及红花山区建立了两块抗日游击根据地。到1941年底,皖南山区游击队已发展到近百人。

1941年9月,第七师决定以第五十六团第一营为基础,加上铜陵大队及几个地方武装,合编成立第五十七团,团长梁金华,副团长陈仁洪,政委马长炎,参谋长徐绍荣,政治部主任刘全,团部驻无为县白茆洲。① 马长炎、陈仁洪带一部分兵力在无为东乡坚持抗日和开辟和县、含山新区。梁金华、刘全等带一部分兵力在江南,沿长江向铜陵、大通、贵池发展,与北岸的第五十五团取得联系;向东在芜湖、当涂等地发展,以打通与第六师第十六旅的联系。后来因为日伪军不断对无为县东乡大"扫荡",中共皖南特委机关与第五十七团团部迁至江南繁昌县乌阳树村,直到1942年1月才又迁回无为县白茆洲。②

---

① 中共巢湖市委党史研究室:《中国共产党巢湖地方史》(第一卷),合肥:安徽人民出版社,2003年,第160页。

② 中共巢湖市委党史研究室:《中国共产党巢湖地方史》(第一卷),合肥:安徽人民出版社,2003年,第161页。

1943年3月新四军皖中军区成立，下辖沿江、含和、皖南3个支队和巢合庐游击支队。其中皖南支队由第五十七团及铜陵、繁昌、无南地方武装合编而成，支队长兼政委黄火星，副支队长梁金华。

1943年，日军一方面强化汪精卫伪政权的政治、军事力量，一方面对华中各抗日根据地进行更残酷的“扫荡”“清乡”与蚕食，以确保其京、沪、杭占领区及长江下游的交通安全。3月17日，日军纠集第一一六师团和第一一五师团一部计8000余兵力，兵分8路对皖中无为中心区发动了所谓“铁壁合围式”大“扫荡”，企图一举扑灭第七师及主力部队。第七师领导机关及师直独立团在人民群众的帮助和支持下，兵分2路分别跳出日军的包围圈。和含、沿江、皖南各个支队，趁日军后方空虚，纷纷向日伪据点猛袭，有力地配合了无为中心区的反“扫荡”斗争，取得了斗争的胜利。日伪不甘心失败，于4月30日到5月6日，又一次对无巢中心区展开“扫荡”，但最终以失败而告终。5月11日，日军又一次组织了1000多人的兵力，对无东白茆洲皖南支队进行“扫荡”，皖南支队除少数部队进行掩护战斗外，其余全部转移，日军一无所获，于12日下午撤回。[①]

经过1943年的抗日、反顽斗争，皖南支队发展很快。1944年春节期间，中共皖南地委在临江县白茆洲中垄召开了由临江、无

① 中共巢湖市委党史研究室:《中国共产党巢湖地方史》(第一卷)，合肥:安徽人民出版社，2003年，第208页。

南、铜青南、南繁芜4个县委书记、组织部部长参加的会议，皖南地委总结了1943年的工作，要求各地在“梳妆打扮”的一年里要进一步打击日伪顽反动势力，扩大敌前根据地和巩固敌后根据地，为即将到来的局部战略反攻创造条件。

为适应形势发展，皖南支队独立团成立。独立团以原独立大队的3个连为基础，再从无东、繁昌2个大队各抽1个连，全团辖5个连和1个侦察排，钟国琴任团长，刘国兴任政委，谢长华任参谋长。春节刚过，谢长华率领第三连和侦察排，从临江县白茆洲渡江到铜陵。2—3月，进驻顺安铁湖嘴，伏击了日伪军“扫荡”部队。一周后，与铜陵大队配合，攻克了日军犁桥据点。4月，铜陵大队先后攻克了日军驻铜陵扫把沟据点和铜陵丹凤乡公所。接着谢长华率领的独立团部分武装和铜陵大队配合，集中优势兵力进攻驻于三条冲的国民党铜陵县政府及其反动武装，歼顽警保中队大部及区、乡联防队，迫使国民党铜陵县政府迁至南陵县何家湾，当地的地痞土顽纷纷逃走。铜陵敌前地区全部被皖南支队和地方武装控制，并向南陵县何家湾、丫山一带延伸，根据地进一步得到了扩大。

1944年6月，皖南支队以独立团为基础，加上无南大队、繁昌大队，合编成临江团，繁昌另成立繁昌游击大队。[①] 临江团下辖3个营和1个直属连，共10个连1200余人。7月初，该团分5批渡

① 中共铜陵市委党史工作委员会办公室:《抗日战争时期资料》(下卷)，合肥:安徽人民出版社，1995年，第244页。

江南进，在铜陵、繁昌、南陵迅速展开行动，其活动范围扩大到芜湖、宣城、青阳、泾县、贵池等县的边缘地带，大大加速了皖南抗日根据地的开辟和巩固进程。临江团在地方武装的配合下，先后袭击了青阳县永圣桥顽特工武装，歼灭了李孝廉部 50 余人，水龙山顽特工部队挺进第二纵队。又在铜陵九榔乡 200 余民兵的配合下，与日军 1 个小队、伪军 1 个营及顽军南陵县大队激战，俘伪军 10 余人，缴枪 10 余支。接着攻打了新屋基伪军 1 个中队，歼灭伪军 70 余人。在新屋基与杨家渡之间伏击日军 1 个小队，除逃跑 2 人外，其余皆被歼。皖南支队的护船队还于 7 月 15 日在油坊嘴江面俘日军铁轮船一艘。8 月，铜陵大队伏击了出扰田黎桥的日伪军。随着军事斗争的胜利，铜青南地区中共党员发展到 1200 多人。抗日武装得到了大力发展，仅铜官山一地，就有 300 多人参加了新四军临江团。1944 年 9 月，铜青南总队成立，下辖总队警卫连、7 个区队和铜陵大队，张世杰、杨明分任总队长和政委。

1943 年冬，皖南支队派出 1 个班的小股武装进入芜湖市郊的麻布圩、白马山一带活动，与芜湖市日伪保安第七、第八中队打了一仗，这是沦陷 7 年来，芜湖城边第一次响起了抗击日伪的枪声。1944 年 3 月，繁昌大队一部 60 余人进入黄连山，迂回 5 个县的区域，行程 350 余里，打了 7 仗，缴获长短枪 60 余支，取得了奔袭顽军的重大胜利。[①] 4 月 4 日，皖南支队支队长梁金华率 800 余人，

① 中共铜陵市委党史工作委员会办公室:《抗日战争时期资料》(下卷)，合肥:安徽人民出版社，1995 年，第 243 页。

反击了不事抗日、专搞摩擦的国民党芜湖县政府，毙、伤顽军50余人，迫使县长刘步云率残部逃至泾县。接着皖南支队主力又包围攻击埭南圩罗家祠堂1个伪军中队，扫除了开展南陵、芜湖地区抗日活动的障碍。

1944年春，皖南地委召开所属各县县委负责人会议，要求各地充分运用武装斗争，配合皖南支队主力寻机打击日伪，推进根据地发展。7月，皖南支队主力大部分进入江南后，在地方武装的配合下，连续取得了一系列战斗的胜利，使皖南地区共产党所领导的抗日力量与日、伪、顽力量的对比，发生了重大变化，皖南根据地受日、伪、顽三面夹攻的局面得到了改变。以铜青南和南繁芜为中心的皖南抗日根据地基本形成并不断巩固发展。同时，皖南支队及地方武装也在战斗中不断发展壮大，至1944年底，拥有临江团、临江总队、皖南支队警卫大队、南繁芜总队、铜青南总队、宣城大队、黄山游击大队7支武装，支队暨军分区拥有3000多人枪。

1944年10月12日，皖南军分区暨皖南支队在临江县白茆洲中垅召开了首届党代会，黄耀南、梁金华分别做了政治、军事工作报告，会议选举黄耀南、梁金华分别担任皖南军分区暨皖南支队党委正、副书记。①

① 中共铜陵市委党史工作委员会办公室:《抗日战争时期资料》(下卷)，合肥:安徽人民出版社，1995年，第245页。

▲ 新四军第七师皖南军分区、皖南支队第一届党代表大会在临江县白茆洲胡家瓦屋召开，图为欢送大会后全体出席人员合影（1944 年 10 月 12 日）

铜青南、南繁芜地区的党政建设，随着军事斗争不断取得胜利，也不断得到加强。1944 年 7 月，铜青南行政办事处成立，张世杰、刘功成分任正、副主任，同时撤销铜陵行政督导处，先后建立凤心、沙洲、五峰、顺安、童埠（属青阳县）、河湾（属南陵县）、凤凰共 7 个区政府，除日伪据点外，都建立了抗日民主政权。1944 年 5 月，南繁芜行政办事处成立，江干臣任主任，下辖同时成立的南芜行政办事处（金厚初任主任）。9 月，由彭海涛任主任的宣城县行政办事处成立。这些办事处在行政上均直属皖江行政公署领导。

1944 年底，铜青南、南繁芜及皖南山地游击根据地连成一片，同时向西与沿江支队的贵池连成一片，向东与苏浙军区及第六师取得了联系，从而实现了向江南发展、向敌后挺进的战略目标。

1944年12月1日，中共中央华中局和新四军部电示皖江区党委和第七师："今后主要发展方向为江南""皖南支队及地委应大大加强并设法搬到江南去，以最大可能迅速加强南陵、宣城敌后各项工作"。据此，皖江区党委调原皖行署副主任张恺帆任皖南地委副书记兼组织部部长，撤销南芜工委，成立南芜县委，由孙宗溶任书记，将原属皖南地委领导的临江县委、无南县委及江流工委划归皖江区党委直接领导。1944年秋成立的江流船政办事处也划归皖江行政公署领导。1944年12月底，皖南地委、皖南支队机关渡江南迁到铜陵县舒家店，改变了过去坐镇江北指挥江南的工作局面。①

▲ 新四军第七师皖南支队主力开赴皖南前线时在临江县白茆洲合影(1944年底)

① 中共铜陵市委党史工作委员会办公室:《抗日战争时期资料》(下卷)，合肥:安徽人民出版社，1995年，第246页。

1945年元月,皖南行政督察专员公署成立,江干臣代理专署专员。撤销铜青南行政办事处,成立由张世杰任县长的铜陵县政府,这是皖南地区第一个县级抗日民主政府,内设民政、教育、司法、公安、财粮、货管等科,下辖7个区政府和30多个乡级政权,根据地人口17万。

1945年2月17日,国民党顽军第一九二师及第二挺进纵队一部,共约3个团的兵力,连同地方土顽,分5路突袭皖南支队和临江团驻地铜陵舒家店一带,伪皖南独立方面军在日军指挥下也以3个团的兵力分4路向繁昌县西南牧家亭一线发起进攻,形成从东、西两线合击之势。皖南支队和临江团击退西线之敌,警卫大队和繁昌大队迎击东线之敌,地方武装分别袭击繁昌板石岭、东岛、平沟铺等处之敌,打得敌人首尾不能相顾。日、伪、顽历时1周多的大"清剿",终以失败而结束。3月18日,皖南军分区和皖南支队召开祝捷大会,第2天又召开在皖南行政督察公署基础上建立的皖南专员公署成立大会。1945年4月,南繁芜行政办事处撤销,繁昌县抗日民主政府成立,江干臣任县长,调江靖宇任皖南专员公署专员。专员公署内设公安、司法、民族、财粮、建设、总务等科,皖南财经分处及后来成立的贸易局、森林局等机构。自此,皖南抗日根据地内的行政工作不再由皖江行政公署直管。而此时,皖南专员公署下辖铜陵、繁昌两个县政府,宣城行政办事处和南芜行政办事处。

反"清剿"斗争胜利后,皖南支队主力部队进行了扩编,原临江团改为支队主力第一团，钟国琴、陈云飞分任团长、政委；铜陵大队、繁昌大队合编为主力第二团，赖正纲、敖德胜分任团长、政委。后又重新组建了铜陵大队和繁昌大队。①

自皖南地委、皖南支队机关进驻皖南以后，皖南支队和地方武装密切配合，不仅取得了反"清剿"斗争的重大胜利，还连续拔除殷家嘴、肖家渡、施家渡、奎潭等日、伪、顽据点，进一步扩大了抗日根据地。皖南专员公署与铜陵、繁昌两个县政府的成立，不仅使根据地内抗日民主政权机构得以进一步健全，还使根据地得以进一步巩固，抗日部队将得到更加充裕的后勤保障。至此，皖南抗日根据地已发展到以铜青南、南繁芜为中心，南至泾县、黄山，东抵芜湖市、宣城，北达长江南岸，根据地面积达 1000 平方公里，人口达 30 万，成为皖江抗日根据地的重要组成部分。

三、含和支队扼制日军咽喉

打通与新四军第二师的联系是新四军第七师含和支队扼制日军咽喉的重要一环。1941 年 9 月新四军第七师第五十七团成立之初，就以无为县东南乡为中心，将兵力分为两个部分，一部分

① 中共铜陵市委党史工作委员会办公室：《抗日战争时期资料》（下卷），合肥：安徽人民出版社，1995 年，第 246—247 页。

由梁金华、刘全率领，重点开辟皖南地区，一部分由马长炎、陈仁洪率领，坚持在无为东乡抗日，负责开辟和县、含山新区，并设法打通与新四军第二师的联系。

1941年八九月，中共无为地委决定撤销中共和含巢无中心县委，分别成立中共含和巢县委和无巢中心县委。中共含和巢县委由李岩、江文、刁筠寿组成，李岩为书记。县委一成立，即根据第七师军政委员会及中共无为地委的指示，带领含和独立连及部分干部分批从巢南进驻含山福山、小庙岗地区，县委机关驻陶厂一带，开展游击战争。抗日游击范围因此得到扩展。9—11月，第五十七团副团长陈仁洪带领1个连，第五十六团副团长顾鸿带领2个连进入和含地区，于11月份成立"含和指挥部"，陈仁洪、顾鸿分任正、副指挥，同时成立含和军政委员会，陈仁洪、李岩任正、副书记。[①] 此后接连攻打了含山县陶厂、和县娘娘庙、戚桥等日伪据点，正式成立了陶运区、清林区两个区政府。

1942年2月11日，新四军军部电示第七师：今后发展的主要方向为含山、和县及巢北山区。[②] 为执行军部的指示，第七师于1942年3月决定成立中共巢湖工委，严佑民、程明远任正、副书记，目标是开辟巢北游击区，打通第二、第七师经巢县、合肥的交

① 中共安徽省委党史研究室：《中国共产党安徽地方史》(第一卷)，合肥：安徽人民出版社，2000年，第405页。

② 中共安徽省委党史研究室：《中国共产党安徽地方史》(第一卷)，合肥：安徽人民出版社，2000年，第405页。

通线。4月，决定在含和指挥部的基础上，成立第七师含和独立团，马长炎任团长兼政委，顾鸿任副团长。[①] 独立团下辖4个连。根据当时的形势和师首长指示，独立团确定了今后一段时间内的斗争原则：对顽军取守势，对日伪军取攻势，在日伪中采取避强打弱，利用矛盾、分别对待的方针。对大刀会、三番子等群众性的封建组织，主要进行宣传教育，努力争取。同月，在含和巢县委的基础上，改建为中共和含中心县委，林岩任书记兼组织部部长，李岩任副书记，刁筠寿任宣传部部长。中心县委成立后，在含和独立团和地方游击武装、地方党组织的共同努力下，形势发展很快，相继建立了含巢工委，书记刘云；巢北工委，书记曹树华；和含工委，书记李岩，副书记江洪涛。1942年底，华中局和军部决定，淮南抗日根据地和皖江抗日根据地以滁河为界，滁河以北为新四军第二师防地，滁河以南划归第七师、皖江区党委领导。

在贯通第二、第七师交通线的工作上，军部和第七师都非常重视，在和含中心县委成立以前，已经有一条秘密交通线，有较长的一段路是日伪占领地带，通过时危险较大。和含中心县委、和含独立团成立后，从军事和政治两个方面努力，使根据地逐步向北推进，缩小了敌占区，又在各地建立了地下交通站、点等组织，

---

① 中共安徽省委党史研究室：《中国共产党安徽地方史》（第一卷），合肥：安徽人民出版社，2000年，第405页。

从而保证了这条交通线的畅通。[①]

1942年底，江全县委、江全办事处、江全大队成立，时生任江全县委书记兼江全大队政委，李岩任县委副书记兼江全办事处主任，顾鸿任县委军事部长、江全大队大队长，樊西曼任县委组织部部长，其主要活动范围是和县县城、全椒县城以东，津浦铁路、长江两大交通命脉汇合处——南京以西地区。这是京畿之地，敌伪据点林立，还有大刀会和三番子势力，政治情况复杂，也是新四军军部及第二、第五、第七师的战略交通联络要道，是敌、顽、我斗争激烈的三角地带。1942年11月底，正在酝酿成立江全县委时，和含独立团团长马长炎率领几个连护送100多民工挑运银圆、布匹等物资送达军部，到滁河南岸石灰张休息时，遭到日伪军早有准备的包围袭击。在和含独立团的英勇反击下，激战10个多小时，独立团打退敌人数次进攻，敌人丢盔弃甲，狼狈败回据点。此战共歼灭了日军七八十人，但和含独立团也有损失。战斗中，第三连连长、老红军彭司宝，第五连连长王志树壮烈牺牲。这一胜仗，保护了运往军部的物资和民工的安全，胜利完成了运送物资、交通联络的任务，同时也大振了军威、逼走了驻守滁河南岸杨石巷的伪军，狠杀了日军的狂妄气焰，致使驻守在乌江、香泉、高皇店的日军好长一段时间不敢轻易出动。

---

① 中共巢湖市委党史研究室：《中国共产党巢湖地方史》（第一卷），合肥：安徽人民出版社，2003年，第189页。

新四军第七师含和支队开展的行动是扼制日军咽喉的重要手段，1942年四五月，含和独立团成立之际，含和地区形势错综复杂。含山城、乌江镇、和县城、沈巷镇、铜城闸、东关、林头、巴巴店、香泉等地，都是日军的据点；铜城闸、姥桥、南义集、陶厂等地，驻有汪伪绥靖军警卫第一师；螺蛳滩、百旺市、后港桥、白渡桥等地，则是伪"反共自卫团"曹良文的势力范围；古河、油坊集、孙堡等地，是国民党桂系军队李本一的地盘。此外，该地的大刀会、三番子极多。为打开和含地区的抗战局面，马长炎、顾鸿会同和含中心县委书记林岩等，对和含地区的形势进行了全面地分析研究，认为打开局面的前提是必须拔除一些危害独立团活动的日伪据点，对大刀会、三番子等帮会组织，按党的抗日民族统一战线政策，进行宣传教育，团结改造，争取他们参加抗日救亡斗争。①

（一）拔除螺蛳滩伪军据点

和县南乡螺蛳滩是驻守伪军较多的一个据点，号称2个大队，有伪军400多人，两个大队长分别叫夏发初、罗永安，是曹良文部的主力。这个据点位于陶厂、南义集、百旺市和高庙等日伪据点之间，拔除后，不仅对和含地区有震动，在这块鱼米之乡地带站住了脚跟，还可以解决部队的给养问题，继而求得逐步向北发展。该据点周围有1丈多宽的壕沟，四面是水网开阔地带，四座

---

① 中共巢湖市委党史研究室：《中国共产党巢湖地方史》（第一卷），合肥：安徽人民出版社，2003年，第184页。

碉堡互相策应，不易接近，如果强攻很难得手。同时邻近日伪据点增援过来，进攻者有腹背受敌的危险。经与地方党组织负责人王训友、地方游击队负责人王万发联系，了解到地方游击队曾多次对该据点进行过袭扰，伪军自恃人多，又有轻、重机枪，十分骄横，每次都对袭扰的游击队穷追猛打。由于游击队迅速分散隐蔽，伪军总是扑空而归，因此这些伪军总想寻机与袭扰的游击队作战。有鉴于此，独立团决定用“引蛇出洞”的战法将伪军消灭掉。独立团一改过去打据点夜袭的做法，于下午 4 时发起进攻以引蛇出洞，待伪军进入伏击圈内，聚而歼之。独立团第三连分乘采菱盆渡河，进入螺蛳滩南面孙家大桥一带伏击点，担任正面堵击任务；负责切断敌人退路的第七连，隐蔽潜入大桥北侧，以防敌人增援部队。地方游击队负责“引蛇出洞”，4 时许进入阵地，一阵枪响后，又响起了手榴弹的爆炸声，好一会不见伪军的动静。突然，据点的吊桥放下来了，大队的伪军倾巢而出，伪军分成两路，毫无顾忌地朝着王万发游击队方向追去。当伪军全部进入伏击圈后，独立团弹如雨下，伪军掉头回窜，又被封锁退路的第七连用密集的火力打得晕头转向，乱成一团。带出的重机枪尚未架好，忙把机枪架推落，扛起重机枪筒拔腿而逃。有一股伪军窜回据点，但据点早被独立团抢先占领，只好落荒向百旺市、沈家巷方向逃去。这时附近的群众也挥舞着锄头、扁担、铁锹来助威。这一仗仅用了两个多小时，共缴获长短枪 100 多支，毙、俘伪军 150 余人，伪军大队长夏发初被击毙，而独立团仅排长刘发义负轻伤。①

（二）奇袭百旺市

百旺市伪军据点距螺蛳滩仅六七十里路，如不乘胜拿下百旺市，伪军就有可能前来游击区骚扰，螺蛳滩也有重新被伪军夺回去的可能。同时，百旺市伪军据点还控制着新四军第七师部队通往无为县东乡的道路。此时，中共皖南特委和派往皖南阵地的第七师部队，均以无为东、南乡为依托，皖南特委机关就驻在白茆洲，打通皖南部队与无巢中心区的联系势在必行。为拔除这颗钉子，和含独立团决定乘胜拿下百旺市伪军据点。该据点有东、西两座碉堡，东碉堡紧挨百旺市慈善庙，庙旁有几间民房，比较容易接近。但螺蛳滩据点被打掉后，伪军防守十分严密，若强攻必然付出很大代价。通过敌工工作了解到东碉堡内伪军班长萧玉才因为内部矛盾曾与游击队联系过，这次经过独立团敌工人员的启发教育，他表示愿做内应。于是，独立团采用外攻内应打法，拿下东碉堡。东碉堡一破，西碉堡也就可以不攻自破了。作战方案定下来后，1942 年 6 月 30 日夜晚，月黑风高，独立团从和县功剩桥出发，急行 20 余里，到达百旺市据点外围。第三连战士穿过铁丝网，准备用稻草填塞壕沟，这时碉堡内射出一排排子弹，几个战士应声倒下，部队前进受阻。但指挥所冲锋号骤响，第三连彭司宝

① 中共巢湖市委党史研究室：《中国共产党巢湖地方党史》（第一卷），合肥：安徽人民出版社，2003 年，第 185—186 页。

连长、姚正嘉排长带领几个战士，冒着伪军的猛烈火力，从民房屋顶上跃向大庙顶部。随着手榴弹的爆炸声，浇上煤油的柴草在伪军驻扎的庙内熊熊燃烧。独立团乘机喊话，展开政治攻势。混乱中，伪军班长萧玉才打开大门，独立团战士一拥而上，东碉堡被强攻下来。当独立团组织俘虏向西碉堡喊话时，西碉堡伪军见大势已去，也都纷纷放下手中武器。此战马长炎团长负伤，全歼伪军一个连100余人，缴轻机枪一挺，长短枪60余支，给曹良文部队又一次沉重的打击。[①]

▲ 新四军第七师含和独立团攻打和县南义集后的合影（1942年8月）

（三）攻打南义集

南义集位于和县西南，接近含山县境，是两县山地通往圩区之间的一个重要集镇。守备在此的是汪伪绥靖军警卫第六师的1

① 中共巢湖市委党史研究室：《中国共产党巢湖地方史》（第一卷），合肥：安徽人民出版社，2003年，第187—188页。

个连。为麻痹敌人，平时独立团不去袭扰，敌人于是骄傲起来，军官们欺压士兵，吃喝玩乐，生活腐化。经过反复侦察，发现两座碉堡均不坚固，戒备也较松懈。7月的1个夜晚，队伍悄悄来到南义集北的小山岗，担任牵制、佯攻的第七连绕道镇南，先一步行动；主攻的第三连由彭司宝连长、姚正嘉排长组织突击队，每人配备1把大刀和4枚手榴弹，匍匐前进，直逼铁丝网前。其余部队占据要点，做好火力掩护准备。下半夜1时许，突击队冲入据点。这时因天热，有许多伪军在壕沟边的露天床铺上呼呼大睡，不少人在睡梦中当了俘虏。此战缴获长短枪66支，敌军全部被歼。从夏季开始，独立团连续打胜仗，先后攻克了螺蛳滩、百旺市、黄山寺、南义集、娘娘庙等敌伪据点。至此，和含两县西南部连成一片，同时它又与位于巢含边区的以含山小庙岗为中心的小块游击区连接起来，这就使含巢、和含两块小游击区连成一大片，为创建和含根据地打下了基础。[①]

1943年3月，含和支队在和县耿家油坊成立，支队由含和独立团与第五十五团一部合编组成，支队长、政委由师参谋长孙仲德兼任，不久，黄火星任政委，马长炎任副支队长，张铚秀任参谋长，杨汉林任政治部主任。支队下辖1个独立大队（陈仁洪、陈金生任正、副大队长，陈棣华任教导员）、3个地方大队（江全大队大队长顾鸿，政委时生；含巢大队大队长吴生茂，副大队长刘云，教

① 中共安徽省委党史研究室：《中国共产党安徽地方史》（第一卷），合肥：安徽人民出版社，2000年，第188页。

导员彭布；和西大队大队长赵鹏程，副大队长李胜民，政委王荣森）、1个特务连和1个教导队。全支队共1000多人（不包括地方游击队、区乡武装），主要任务是：进一步巩固、扩大和含根据地，继续开辟江浦、全椒两县游击区，确保第七师与第二师的交通联系。[1]

早在含和独立团取得螺蛳滩、百旺市、南义集等一系列战斗胜利之际，日伪军不甘心失败，于1942年夏秋期间，曾纠集了1000多兵力，在两架飞机的配合下，对和县南乡一带进行报复性"扫荡"。新四军含和独立团对此早有准备，占据有利地形，予以阻击。由于天气酷热，日伪军中暑者甚多，根本占不到什么便宜，只好被迫撤退。[2]

粉碎敌人"扫荡"后，独立团继续向和县东北推进，并取得进展。此时皖东顽军开始大举进犯津浦路西新四军第二师部队中心区藕塘，含和独立团奉命配合第二师进行反摩擦斗争，拔除了孔村据点，歼灭顽军保安团1个连，缴获机枪2挺，长短枪60余支。孔村之战后，含和独立团开始剑指江全地区。

1943年，日军为贯彻南进打通大陆交通线计划，迫切谋求巩固占领区，企图消灭对它维持"后方治安"威胁最大的八路军和新

---

① 北京新四军研究会七师分会：《皖江风云》，济南：黄河出版社，2001年，第192—193页。

② 北京新四军研究会七师分会：《皖江风云》，济南：黄河出版社，2001年，第199页。

四军，从而加强了对新四军各敌后抗日根据地的“扫荡”。国民党顽固派也在一片“解散共产党”“取消边区割据”的叫嚣声里，加强了反共活动，不断伺机袭击新四军，破坏抗日根据地建设。在此严峻形势下，如何运用机动灵活的战略战术，完成粉碎敌人“扫荡”、击退顽军进攻的艰巨任务，打好一系列反“扫荡”、反摩擦战斗，便成为这一时期和含地区军事斗争的新特点。

含和支队成立不久，敌人便对皖江根据地发动了规模空前的大“扫荡”。1943 年 3 月 17 日，日军投入 8000 余人的兵力，从东、西、南三方合击无巢中心区。为配合中心区的反“扫荡”斗争，含和支队从东面向敌人的侧后进军，破坏淮南铁路，截断敌人的交通运输线，袭击巢县、林头、东关的敌伪据点。日军在第七师各支队的沉重打击下，丢下百余具尸体撤退了。①

1943 年 4 月中旬，为配合第二师反摩擦斗争，含和支队抽调独立大队第一、第五中队和江全大队 3 个中队，向国民党“江(浦)和(县)全(椒)联合办事处”所在地善厚集进军。② 进军途中，摧毁了华阳岱山上一个顽军的碉堡。6 月上旬，日军纠合伪军刘子清等部，对和含根据地进行分区“扫荡”。合击清林区的敌人从巢县方向的林头、东关和含山的巴巴店、清溪等处据点出动，分数路进

① 北京新四军研究会七师分会：《皖江风云》，济南：黄河出版社，2001 年，第 204 页。

② 北京新四军研究会七师分会：《皖江风云》，济南：黄河出版社，2001 年，第 204—205 页。

犯大司家圩、陈夏家，妄图歼灭含巢大队。由于事先掌握了敌军动态，含巢大队已先行转移，敌人扑了空。进犯司王庄、耿家油坊含和支队中心区的敌人，从含山县城、和县县城、姥桥等地出动，以日军为主妄图奔袭新四军党政军领导机关，寻找主力决战。含和支队仅留下独立大队第五中队与敌人周旋，其余部队转向外线打击敌人，敌人除烧杀抢掠一无所获，被迫撤退。

含和支队反“扫荡”尚在进行之中，国民党顽军趁火打劫，独立大队大队长陈金生带领第一、第七中队在张家集附近突遭顽军1个大队的袭击。当马长炎、顾鸿带领江全大队一部赶来时，第七中队指导员吴亚古、第一中队副中队长李之南已经牺牲。指战员们满腔愤怒，狠狠打击来犯顽敌，顽军遭到惨重损失后窜逃，此战缴获长短枪50多支。

1944年2月16日，和县日伪军40余人向十村庙进扰，江全大队和独立大队得到消息后奋勇迎击，全歼该敌，打了一场漂亮的歼灭战。

1944年10月28日，和县日伪军3000余人分别从和县戚桥、姥桥、黄山寺、沈家巷，含山铜城闸、东关、林头、半湖、清溪等地出发，多路进犯和含根据地，所到之处烧杀抢掳，并出动飞机进行狂轰滥炸。含和支队命令各大队一面监视敌人动向，一面分散行动，保护群众利益，保卫根据地建设，伺机打击敌人，粉碎敌人的“扫荡”。独立大队、和西大队、含巢大队采取灵活机动、时分时合、避敌主力、寻机作战的方针，全支队大部分跳出了敌人的包围圈，并向敌人的外线据点出击，袭击了南义、西埠、姥桥、山凹坊等敌伪据点，最终彻底粉碎了这次大“扫荡”。①

和含自衛戰
同獲勝利

▲ 《大江报》1944 年 5 月 24 日报道：和含自卫战同获胜利

和含抗日根据地是新四军第七师扼制日军咽喉的基地。1942 年 4 月，中共皖中区委成立后，决定改含和巢县委为和含中心县委，林岩、李岩任正、副书记，刁筠寿为宣传部部长。稍后，含和独立团成立，加强了和含地区部队的统一领导和指挥。从夏季开始，含和独立团取得了螺蛳滩、百旺市等一系列战斗的胜利，地区进一步扩大，东西两块游击区连成一片，相继成立了娘望区（区长陶冶民）、南姥区（区长杨国典）、白渡区（区长周恺）。1942 年 9 月 24 日，和含行政办事处成立，马献龙任办事处主任，李养吾为

---

① 北京新四军研究会七师分会：《皖江风云》，济南：黄河出版社，2001 年，第 207 页。

副主任。办事处设民政、财粮、货管、公安等科室。[①]

1943 年新建了龙亢、新桥、梅山 3 个区政府，开辟了江全根据地。1943 年 2 月和含地委成立后，接着建立江全县委，时生、李岩分任正、副书记，樊西曼任组织部部长，顾鸿任军事部长。江全大队由 3 个连组成，顾鸿任大队长。同时成立江全行政办事处，李岩为主任(后由顾训芳接任)，分为香南、香北 2 个区，前者由王苏民、张翅先后任区长，后者由杨铭、浦玉民任正、副区长。1943 年秋，增建北山区(即绰庙区)，赵文、徐皖东先后任区长。[②]

江全行政办事处建立之初，境内敌伪据点林立，西部紧邻广西军和土顽第二支队统治区，几股政治土匪拉牛绑票、奸淫抢掠，无恶不作，群众苦不堪言。江全大队积极活动，主动出击，先后击毙了顽特工大队大队长新维仁，重伤匪首严老九，击溃惯匪"油锤子"，大快人心。新四军及时成立县、区政府，安定了民心，消除了新四军"站不长"的疑惑。县、区政府和部队，在做好大刀会工作方面，制订了"团结教育，争取改造"的方针，收到了良好效果。大刀会总堂表示，严守中立，不与新四军为敌。中心区几十个分堂公推香北区区长杨铭为"联合堂长"。不少分堂为新四军传递信件和情报，掩护乡干部或工作人员，起到了重要的作用。大刀会

① 《和含抗日根据地党史资料选编》编审委员会:《和含抗日根据地党史资料选编》,北京:中共党史资料出版社,1990 年,第 99 页。

② 《和含抗日根据地党史资料选编》编审委员会:《和含抗日根据地党史资料选编》,北京:中共党史资料出版社,1990 年,第 101 页。

对新四军的态度转变十分明显。1943 年 3 月，部分大刀会会员在顽第二支队的挟持下曾向活动于张集附近的江全大队围攻；而数月后的 1943 年夏季，却有数千名大刀会会员主动配合江全大队攻克绰庙集敌伪据点。1944 年 2 月，大刀会配合江全大队全歼进犯石村庙中心区的日伪军，10 余名日军全部被击毙，数十名伪军被俘虏。

1944 年，政权工作又有新进展。年初，含巢行政督导处组建，杜少安任主任，统一领导清林、龙亢、梅山 3 个区政府的工作。6 月，以娘望区、香南区为基础成立和西行政办事处，高艺林任主任。1944 年 8 月，和含参议会召开，马献龙为议长，林岩为副议长，会议决定成立和含行政专员公署，魏今非为专员。10 月，专署正式成立，专员就职视事。和县县政府宣告成立，张克林任县长。专署下辖和县、含巢、江全 3 个县级政权单位，设有财粮、货管、贸易、公安等局，有大江银行和含分行、和含中学两个直属单位。①

1945 年形势巨变。早在 1944 年秋冬，广西军包括地方土顽武装，向江全地区步步南犯，县区机关逐步南移，转向沿江地区。1945 年夏，顽敌举兵进攻得胜河以南中心区，和含地委和专署机关进行了精简，大部分工作人员随党政领导同志撤退至无巢地区。8 月，临时中心县委成立，但因形势所迫逐渐转移到裕溪河以南无为东乡活动。在抗日大反攻中，含和支队乘胜攻占了运漕、

① 《和含抗日根据地党史资料选编》编审委员会：《和含抗日根据地党史资料选编》，北京：中共党史资料出版社，1990 年，第 102—103 页。

雍镇、裕溪口等敌伪据点，并建立了运漕、雍镇两个区政府，但存在时间都短暂。9月下旬，全体党政干部除少数疏散就地安置或做长期隐蔽坚持斗争的以外，全部随军北撤。

新四军第七师开辟的和含抗日根据地，对沟通新四军第七师与第二师的战略联系，扼制日军咽喉，发展整个华中战略区，团结抗日，打击日伪，具有其特殊和重要的意义。①

四、巢合庐游击支队开辟地下交通线

1943年3月，新四军第七师巢合庐游击支队成立后，始终围绕保护第二师、第七师交通联络通道这一中心任务，依靠当地人民群众，坚持抗日民族统一战线，实行机动灵活的战略战术，同日伪展开了各种形式的激烈斗争。

在三角斗争形势下，新四军第七师巢合庐游击支队肩负着开辟第二师、第七师之间的西面交通线的任务。1941年1月皖南事变发生后，为粉碎国民党顽固派积极反共、消极抗战的阴谋，坚持敌后抗日救国斗争，中共中央于1月20日发布重建新四军军部的命令，把英勇奋战在陇海路以南的八路军、新四军部队统一整

① 《和含抗日根据地党史资料选编》编审委员会:《和含抗日根据地党史资料选编》,北京:中共党史资料出版社,1990年,第1页。

编成7个师和1个独立旅，归新四军统一领导指挥。其中以江北指挥部所属部队编成的第二师，主要活动在淮南地区沿津浦路东、西两侧；以从皖南突围出来的部队、原第三支队挺进团和无为游击纵队编成的第七师，主要活动在皖中巢湖东南至南京以西的长江南北两岸。这两个师所处的地理位置极为重要，既扼长江水路交通的咽喉，又踞津浦、淮南铁路交通的枢纽，人烟稠密，物产丰富，地形险要，是日伪顽和新四军争夺十分激烈的战略地带。介于第二、第七师根据地之间有一块东起江浦、西南至巢湖沿岸、西北达定远一带的大片游击区，为了沟通联络，日伪顽和新四军都利用这一地区建立自己的交通线路。[①] 主要线路有4条：第一条是国民党驻皖东地区军政人员与其驻大别山区的省政府往来的东西向交通要道，主要由桂系李品仙部把守。第二条是日伪沿淮南铁路的南北向交通线，主要由日军第十五师团、第一一六师团和部分伪军控制。另两条是新四军建立的，其中一条是从无为经含山、和县到江浦、全椒一线，从东面保持第二、第七师之间的交通联络，主要由第七师含和支队负责开辟和维护；另一条是从巢县经店埠到定远一线，作为第二、第七师的西面交通联络线，主要由巢合庐游击支队负责。驻守在这一地区的日伪顽和新四军部队，既要各自保护自己的交通路线，又彼此钳制、利用、破坏，从而展开了十分复杂的三角斗争。而巢合庐游击支队就是在这种激烈的斗争中成长壮大的。

---

① 北京新四军研究会七师分会：《皖江风云》，济南：黄河出版社，2001年，第218—219页。

▲ 新四军第七师巢合庐游击支队的地下交通站旧址——巢北大尖山

在第七师建立初期，第二、第七师之间的西面交通线主要有如下交通节点：巢湖南岸的高林桥镇紧靠无巢第七师中心区，是这条交通线的起点，然后沿巢湖北岸地带向前延伸，经合肥以东的西山驿、店埠、梁园、八斗岭，最后到定远县南部第二师第六旅驻地。由于通过时要穿过日伪顽很多封锁线，因此很不稳定，时断时续。

为了让这条交通线成为安全通道，第二、第七师两师，路西区党委和皖中区党委做了大量工作。1941 年 6 月，第七师派刘卫民等组建武工队，进入巢北山区发展游击武装。8 月，又派程明远部 50 余人在巢合边境地区建立巢北游击支队。9 月，第二师派严佑民、宣济民带一个武装排活动于巢北边区，建立了合巢工委，书记严佑民，委员宣济民等。武装排在合肥东乡西山驿、山王集一带开辟新区，国民党顽军多次进行“清剿”，武装排与第二师失去了联系，撤退至巢南第七师驻地高林桥一带。经第二、第七师协商，严佑民武装排划归第七师建制。1942年春，第七师为开辟巢北游击区，成立中共巢湖工委，书记严佑民，副书记程明远。当时，桂俊亭、程明远游击队也在高林桥一带。随着武装人员的增多，革命队伍的不断壮大，1942年5月，中共巢合庐中心县委在巢南班家巷成立，书记程明远。7月，巢湖独立营在高林桥成立，营长桂俊亭，教导员沈博，参谋长宣济民。独立营成立后，为开辟巢湖以北地区，打通第二、第七师之间的联系，在第七师第五十六团的配合下，曾两次进至合肥东乡王铁、马集等地，在地方武装宣醒民自卫队的配合下，攻打封锁第二、第七师交通的顽军据点，并将宣醒民自卫队带至巢南编入独立营。与此同时，相继建立了巢南槐林、庐江白石山、巢北张家疃、巢二、淮夏、合二（西山驿）、磨店等区委。9月，在巢湖独立营的基础上，成立巢合庐独立团（亦称巢湖独立团），团长顾鸿，政委程明远，副政委杨杰英，副团长桂俊亭，参谋长宣济民，政治部主任杜大公。经过巢合庐中心县委、各地党组织及武装部队的努力，分化瓦解与争取伪军、土匪工作十分有成效，多数伪军组织逐步改变了态度，保持中立，有的还为新四军所用。这样，中心县委则可以集中力量对付日军，积极向敌后发展，逐步建立和巩固了巢县忠庙以北至肥东西山驿、马集、店埠一带的抗日根据地，在肥东青龙厂一带，打通了与淮南抗日根据地的联系。

1943年3月，新四军遵照党中央关于实行党政军一元化领导的指示进行整编，将巢湖独立团及庐江地方武装合编为巢合庐游击支队，支队长唐晓光，政委余再励，副支队长张学文，副政委程明远，参谋长宣济民，副参谋长龚杰，政治部主任高立忠，政治部副主任杜大公，供给部长吴平。支队下辖3个大队，第一、第二大队驻巢北，第三大队驻巢南。1943年12月，新四军军部决定，巢合庐游击支队驻巢南的第三大队仍归第七师建制，驻巢北的第一、第二大队连同巢北地区划归第二师管辖，改称第二师巢北支队。原支队领导人中，唐晓光、高立忠留第七师工作，宣济民、杜大公分任巢北支队支队长、政治部主任，同时由第二师委任汪登科为巢北支队副政委。1945年抗战胜利前夕，巢北支队改编为巢合独立团，团长宣济民，副团长李元，政委程明远。从成立巢合庐游击支队到抗战胜利的两年多时间里，支队由7个连600多人，发展到10个连2300多人。

1943年3月组建巢合庐游击支队，目的就是开拓巢合地区，从西面打通第二、第七师两师的交通联络，以利于协同作战。游击支队按照一元化领导的原则在原有工作的基础上，进一步加强军队和地方党组织的建设以及政权建设，深入发动群众，机动灵活地开展对敌斗争，使这条长达100多公里的交通联络线始终保持畅通。①

巢合庐游击支队成立后，由支队政委余再励、副政委程明远兼任巢合庐中心县委正、副书记，支队和中心县委机关都设在巢

---

① 北京新四军研究会七师分会：《皖江风云》，济南：黄河出版社，2001年，第220页。

南高林桥镇。1943年12月巢合庐游击支队改编为巢北支队后，巢合庐中心县委也改为巢合县委，由支队政委程明远兼任书记，同时成立巢合行政办事处，主任张帜。支队、县委和办事处都迁到定远白龙厂一带。其管辖范围南起巢湖，北到白龙厂，东近古河镇，西临合肥，下辖合二区、巢二区、合五区、元疃区、磨店区5个区，每个区都设有区委、区政府，区下设乡，区、乡都有自己的游击武装。为了及时护送过往人员和传递邮件，还设立了一个交通总站，站长赵斌。

为掌握斗争的主动权，保存和发展自己，巢合庐游击支队主要采用游击战战法，基本的战术是奇袭。在两年多的时间里，充分利用当地有利的群众基础和对周围环境的熟悉，组织小部队经常主动出击，钳制、打击敌人，积小胜为大胜，先后打掉国民党顽固派的区公所2个，乡公所13个，拔掉了一批日伪军碉堡，消灭了许多日伪顽有生力量，缴获了大批武器弹药和其他装备物资。①

1943年初，在店埠和梁园中间驻有顽军保安第三团1个特工大队，有1挺机枪和几十支长短枪。他们龟缩在沟西、陈村两个碉堡里，经常分成几小股，化装混入附近村庄，袭击抗日军民，刺探巢合庐游击支队情报，破坏新四军第二、第七师之间的交通联络。巢合庐游击支队通过统战关系，策反了其中一名特工人员，然后组织4名游击队员，带着2把大刀、2颗手榴弹，趁夜间特工

---

① 北京新四军研究会七师分会：《皖江风云》，济南：黄河出版社，2001年，第221页。

队员返回碉堡的时机，里应外合，出其不意，一举击溃了这个特工大队，缴获14支长短枪和上千发子弹。顽军为了控制这一地带，又增调来1个大队的地方土顽。大队长邹守勇是当地土豪，其兄邹守斌担任伪区长时，无恶不作，被新四军处决了。邹守勇将手下的3个中队分别驻守在3个村子里，伺机向新四军报复。巢合庐游击支队副支队长张学文带领一个连，同样采取里应外合的办法，在当地区乡游击武装和群众的配合下，一举俘虏了一个中队的顽军，缴获了全部武器。其余2个中队在赶来支援的路上也遭到伏击。此后，顽军在这一带的活动大为减少。

淮南铁路是日军控制的一条重要交通线，沿线敌伪军盘踞，碉堡林立，严重影响新四军交通联络。尤其是合肥南部小兴集一带，这是交通联络必经之地，敌人把守更严。当时伪军在此驻有2个中队、100多人枪，称霸一方，欺压群众，成为巢合庐游击支队地下工作人员在这一带活动的最大障碍。支队决定由当地区委书记宣建华带队指挥，从第二大队抽调30多名短枪队员，拔掉这颗钉子。[1] 经过周密准备，游击支队队员奔袭70多里，穿过敌人层层封锁沟和碉堡，于日落时分抵达小兴集。在当地群众配合下，仅用了几十分钟的时间，就出其不意地打掉了乡公所，炸掉了炮楼，击毙伪副乡长1人，缴获步枪72支、手榴弹200多枚、子弹2000多发。

---

① 北京新四军研究会七师分会：《皖江风云》，济南：黄河出版社，2001年，第222页。

巢湖周边地区多种势力并存，敌情非常复杂。有日军，有伪军，有桂顽，有土顽，还有帮会、盗匪等多种政治、封建势力。他们之间既有某种相同的利害关系，又各怀异心；既彼此利用，又相互倾轧。巢湖支队在斗争中经常分析各种政治势力的政治态度和他们之间的矛盾，根据不同情况，分别实行团结、利用、限制、分化和打击的政策。[①] 当地的帮会势力较强，支队就让在帮会中有影响的支队领导宣济民做他们的工作，使之在政治上靠拢我们，为新四军提供情报。当他们与日伪顽发生冲突时，则主动给以支援配合，共同对敌。对于当地的盗匪集团，一方面进行教育改造，限制、打击其危害人民群众的不法行为，一方面又支持其与日伪顽进行各种形式的斗争。对于抓获的俘虏，除罪大恶极者外，一般经过教育后宽大释放，争取其弃暗投明，有的还发给回家路费。1943 年 6 月中旬，抓获了国民党原古河行政公署专员赵凤藻的儿子、儿媳赵保顺夫妇，第二天赵凤藻出动大批顽军和伪军对巢合庐游击支队实行合击“围剿”。在群众的掩护下，巢合庐游击支队将赵保顺夫妇迅速转移。赵凤藻只好派人与巢合庐游击支队谈判，提出只要释放赵保顺夫妇，可以答应新四军提出的任何条件，并且首先提出以 10 挺机枪、100 支长枪、10 万发子弹作为放人代价。支队领导考虑，赵凤藻在顽军中有较大影响，而赵保顺夫妇在顽军中并不起多大作用，过去也不是罪大恶极者，经请示，新四

---

① 《皖江抗日根据地》编审委员会:《皖江抗日根据地》，北京：中共党史资料出版社，1990 年，第 300 页。

军副军长张云逸同意，不要任何代价，宽大释放，只要求赵凤藻今后能做到两点：第一，国家兴亡，匹夫有责，希望今后枪口对外，一致抗日；第二，今后日伪顽如进攻新四军，希望在可能的情况下，给新四军通个信。赵凤藻一家对巢合庐游击支队很是感激，并在以后不同程度地履行了自己的承诺。

无巢地区是一个老游击区，新四军与当地群众有着长期的深厚的血肉情谊。巢合庐游击支队之所以能够在此站稳脚跟，并不断取得胜利，与人民群众的帮助与支持密不可分。军民结合，主力部队、游击支队和民兵武装相结合，各自发挥自己的专长，是克敌制胜的根本。[①] 1943 年 7 月，处境日趋困难的日本侵略者，在对新四军华中抗日根据地进行重点"扫荡"的阴谋被粉碎以后，施展了"以华制华"的歹毒伎俩。在无巢地区，日军有计划地将自己的主力撤走，使新四军暴露在桂顽面前。在蒋介石掀起更大规模的反共高潮的鼓噪声中，桂顽集中兵力向无巢地区猖狂进攻。为了保卫无巢根据地中心区，在第七师的统一领导下，巢合庐游击支队与沿江支队、师直独立团以及其他兄弟部队密切配合，在巢无周边开展了反桂顽斗争，歼灭了大批顽军的有生力量。在这一系列的反顽斗争中，巢合庐游击队虽然付出了一定代价，如副支队长张学文在 7 月 24 日巢南盛家桥战斗中英勇牺牲，但由于反顽斗争在全局上取得了胜利，为保护交通联络线，创造了有利条

---

① 《皖江抗日根据地》编审委员会：《皖江抗日根据地》，北京：中共党史资料出版社，1990 年，第 301 页。

件。1945年4月，属桂顽指挥的一个200多人的土顽支队，盘踞在肥东八斗岭一带，他们利用有利的地形，经常袭击抗日军民，破坏新四军交通联络。巢北支队在第二师第六旅第十八团的密切配合下，激战3天3夜，终于拔掉了这颗钉子，土顽全部投降，连土顽支队司令谢友法，也被新四军活捉。

1945年夏，日本侵略者日薄西山，面临着最后的崩溃。在此形势下，桂顽势力为了抢占先机，为尔后的反共阴谋创造条件，命令第一七二师的两个主力团攻击新四军交通联络线的必经之地白龙厂一带。这里既是第二师根据地的门户，又是与第七师进行交通联络的咽喉，地理位置十分重要。担任白龙厂守备任务的是巢北支队第一大队第三连，装备有1挺机枪，五六十支步枪，200多颗地雷和2000多发子弹，全部兵力只有七八十人，阵地四周筑有土木结构的大小碉堡7座和两道八九尺厚的圩子，圩子外面挖有一丈多宽的水壕，把整个阵地连成一个三角形。参战的敌人不仅有大批轻重机枪和长短枪，还有山炮3门、迫击炮8门。为了阻断新四军增援，敌人还出动另一部分顽军向巢北支队其他据点同时发起进攻。面对强敌，守卫该地的巢北支队第三连指战员发扬革命英雄主义精神，沉着应战，同顽军展开了殊死搏斗。经过7天7夜的苦战，终于在第二师第五旅和第六旅共4个团的增援下，击退了敌人，守住了白龙厂阵地，保证了交通联络的畅通。

白龙厂战斗后，巢合庐游击支队进行了休整。不久，随着日军的无条件投降，巢合庐游击支队在胜利完成保卫交通联络线的历史任务之后，接受了新的整编，踏上了新的历史征程。

五、根据地中心区的反“扫荡”斗争

新四军第七师从1941年5月1日创建起，一直到1945年9月打败日寇为止，在四年多时间里，长期处于日寇、伪军和国民党顽固派的夹击之中。经常处于两面作战状态，成了第七师作战的一大特点。同时，第七师成立较晚，力量弱小，装备较差，地区狭小，又比较孤立，这些困难决定着第七师在皖江的斗争一直处于非常艰苦、被动的状态。

在如此严峻的斗争形势下，第七师唯有积极开展军事斗争，才能求得生存与发展。华中局和新四军军部明确指示第七师：“我们敌后抗战的空前困难只是黎明前的黑暗，我们只要咬紧牙关，度过敌后最艰苦的两年就是胜利。”[①]为完成这一光荣任务，第七师将斗争矛头首先对准日寇，先后拔除了无为县土桥、临江坝、三官殿、汤沟和和县黄山寺、螺蛳滩、百旺市、南义集等多处敌伪据点。第七师队伍也从成立时的不足两千人，发展到1942年底的6000多人，建立了4个正规团和含和、巢湖、巢无3个独立团，

① 中共江苏省委党史工作办公室、江苏省档案馆：《中共中央华中局》，北京：中共党史出版社，2003年，第193页。

在皖南和桐庐地区，还有一些颇有战斗力的游击队，抗日根据地得到了扩大与巩固。第七师的发展与壮大，引起了日寇的惶恐和不安，从而开始了对皖中抗日根据地的不断“扫荡”。

1943年3月，日寇判断新四军军部已西移皖中（实际上是军直机关一部分精减下来的干部来到皖中），于是抽调8000余兵力对无巢中心区进行奔袭“扫荡”，企图一举消灭新四军第七师。这次日军从南京、芜湖、铜陵等地纠集的第一一六师团和第一一五师，行动十分诡秘，先由芜湖、铜陵、荻港作远距离突然集结，再于3月17日突然增兵，由巢城、东关、襄安、开城、黄姑、盛桥、散兵等地兵分8路从东、西、南三个方向向无巢中心区气势汹汹地扑来，发动所谓“铁壁合围”式的大“扫荡”。① 在西面，有3路日军自西向东迂回前进，并封锁巢湖。在东南方向，则秘密增兵，控制不动，当西面日军进至无为尚礼岗附近时，东南各据点之日军，则采取夜行军突然袭击的办法包围、猛扑。且行军时不走大路，也不走小路，不走山头，也不走平地，从山腰直线前行，用轻便器材，通过沟洼，绕过第七师警戒线，同时让军犬走在前面，制止村庄的狗叫，并用破布缠住鞋底，使脚步不发出声响，遇到第七师部队则卧倒隐蔽或偷袭刺杀，不开枪打炮。这次“扫荡”准备十分充分，事先对根据地有较周密的侦察，对工厂、机关所在地掌握得很清楚。在进攻时，日军又派出便衣队冒充第七师部队人员，一方面侦察

① 中共巢湖市委党史研究室:《中国共产党巢湖地方史》(第一卷)，合肥:安徽人民出版社，2003年，第204页。

搜索，一方面封锁消息，白天驻村庄附近的树林里，夜晚则移住山地，并常常实行佯退，然后突然进击。日军对伪军也封锁消息，每到一据点需要伪军带路时，则指定一两人带路，并不事先通知伪军。日军在政治上进行欺骗宣传，大批散发传单，说“新四军一打就跑，是不可靠的”，等等。他们对中心区核心地带进行镇压，对外围地带的老百姓进行诱惑，喊出“只打新四军、共产党，不打老百姓”的口号进行欺骗。利用地方反动势力，并威胁地方士绅，组织公开的或秘密的伪政权，进行伪化活动。[1] 在日军内部，则约束纪律，不大杀大抢，不烧房子，以收买人心。在边区则利用伪军，四处搜索情报。对以上情况，皖中区党委和第七师首脑机关均估计不足，侦察警戒不够，致使首脑机关一度处于非常危险的环境之中。

面对日军的四面夹击，第七师师部处于万分危险之境。危急中，师部领导立即决定分路穿插，跳出敌人包围圈，进至无为城附近，寻求向沿江支队靠拢，师直独立团向北转移，伺机突围。当时电闪雷鸣，狂风大作，倾盆大雨下个不停，道路泥泞，难以行走，这既滞阻了日军的行军速度，也给突围行动造成了困难，一些人员在漆黑的夜晚遭遇日军而被捕遇难，如第七师供给部长郑行福、皖中参议会副参议长陈可亭、皖中水利委员会负责人叶玑珩等，

---

① 中共巢湖市委党史研究室:《中国共产党巢湖地方史》(第一卷)，合肥:安徽人民出版社，2003 年，第 204 页。

就是在暗夜突围时，不幸被捕遇难的。①

大雨之下，向南一路由副师长傅秋涛带领，师参、政、后机关人员及师部警卫连沿三水涧北面行进，在石涧埠遭遇日军，激战中，傅师长带领警卫员突破日军火力网，打开突破口，突围人员迅速夺路南进，终于绕至日军身后。师政委曾希圣和华中局组织部部长曾山带部分师部人员，随师直独立团向北突围。此时，南面的日军逼近恍城，北面的日军也逼近打鼓庙，独立团在游击队的配合下，在大王家、照明山、银屏山等地奋起反击来犯之敌，意在迟滞日军行动，掩护军政机关转移。在照明山的激战中，日军甚至动用飞机前来助战，向阵地轮番俯冲投弹、扫射，战斗异常激烈。独立团在迎击穿插过程中，向西北行进，经过七八个小时的行军和拼杀，于18日拂晓，全部进入银屏山的大、小岭及附近山村，山外则被日军团团包围。18日当天，独立团和师首长在银屏山中被围困一整天。黄昏，山下狼烟四起，日军发出联络信号，紧缩包围圈。危急之际，第七师政委曾希圣命令师直独立团当夜分两路实施突围行动。因夜雨易于隐蔽，加上向导熟悉道路，一路突破日军防线，进入都督山（猪头山）一带，从山口突围，进入巢北。另一路往姥山怀、高林桥一线突围，不仅打开了日军“铁壁合围”的缺口，保存了主力，同时扰乱了日军围山“进剿”计划。姥山怀一仗，独立团英勇顽强，虽然日军兵力超过

① 中共巢湖市委党史研究室：《中国共产党巢湖地方史》（第一卷），合肥：安徽人民出版社，2003年，第206页。

新四军第七师几倍，但敌我伤亡仍为3∶1。在高林桥突围时，两军短兵相接展开肉搏战，第九连通讯员高晓宝手拿一把劈刀，英勇地同3个日军拼杀，表现了大无畏的英雄气概。下午5时，部队进入巢湖边渡湖西撤，有一只船突然漏水下沉，特务连指导员苏金波纵身跳入水中，泅水堵口，由于饥寒和极度疲劳，不幸沉入湖中，溺水牺牲。[①]

▲ 自1943年3月起，日军连续两次对皖江抗日根据地中心区发动“扫荡”，这是皖中反“扫荡”战斗要图

3月20日，日军千余人进入山区，开始连续数天的搜山，都没有找到第七师和散失人员。第七师主力部队在日军的侧背，不断袭扰，地方武装和民众也广泛地开展了“麻雀战”“游击战”，一时间，“肉望子”“消息树”与“递步哨”全部派上了用场。“递步哨”用于通讯联络，情报传递快，使得消息灵通。“肉望子”和“消息树”

① 中共巢湖市委党史研究室：《中国共产党巢湖地方史》（第一卷），合肥：安徽人民出版社，2003年，第205—206页。

是用来监视敌人行动的，只要“肉望子”杆子上的破布或破伞竖了起来，远远地就可以望到，那就说明敌人出动了，而“消息树”放下来就说明敌人暂无动静。人民群众的支持和帮助，让第七师成为“千里眼”和“顺风耳”，能够避实击虚，在日军间隙穿插转移而游刃有余；让日军成为“盲人摸象”，无头苍蝇，瞎打乱转。与此同时，和含、沿江、皖南等各个支队，趁日军后方空虚，纷纷发动攻势，积极配合巢无中心区作战。皖南支队于3月19日、20日连续攻克无为三官殿、汤沟两处敌伪据点；沿江支队袭击襄安、泉塘之敌；含和支队则袭击巢城守敌及东关日军据点。日军在首尾难以兼顾的情况下，不得不于3月24日、25日由原路撤回，仅留小部分兵力在散兵、卜庙、高林桥、槐林嘴一线沿巢湖构筑据点，修建巢城至盛家桥公路。

此次反“扫荡”，两军力量对比悬殊。日军均以主力出击，少数伪军仅充向导。但由于第七师根据地军民齐心协力，军事上内外结合，灵活机动，避强击弱，最终以“敌伤亡300余”“我方损失200余，内有工作人员50余（其余一部分是群众）”而结束。第七师根据地中心区取得第一次反“扫荡”的重大胜利。[①]

第一次反“扫荡”结束后，第七师及时总结经验教训，加强情报工作，做好坚壁清野，提高警惕，准备粉碎日军更大规模的“扫荡”。同时，第七师还积极袭扰并破坏敌军新建据点和巢盛公路，

① 《敌“扫荡”巢无地区经过特点报告》（1943年3月，原件存于南京军区档案馆）

粉碎日军“蚕食”阴谋，提高部队及民众的抗战热情。

日伪不甘心第一次“扫荡”的失败，于4月30日到5月6日，又以一周的时间对无巢中心区进行了第二次“扫荡”。日军以第十五师团为主力，加上第一一六师团一部，计2000余人，于30日晨首先从无为城出动，以300人到东西王家，同日午后，散兵、高林亦出兵200人，到万家端、柑子树。5月1日，从开城桥出动400人到羊山头，经朱家渡进到严家桥，各路之日伪军，经独立团和地方部队打击后，前进很慢，第三天才进到严家桥会合。5月3日，七八百日伪军从严家桥进犯尚礼岗、魏家坝一带。4日，一部400余日伪军退回开城桥，复向羊山以南地区“扫荡”，到5月6日完全退出。

这次日军吸取了第一次“扫荡”中突袭战术的失败教训，注重搜索，前进谨慎。但同第一次“扫荡”一样，日军攻击力量差，射击技术弱，怕与第七师部队进行白刃战斗，不敢分散兵力行动，害怕夜战，整个部队士气不高。第七师部队则表现得积极勇敢，战斗力较强。整个反“扫荡”部署正确，战斗很有组织，具有针对性。如独立团一部分配合地方武装，坚守各区阵地，纠缠日军，使日军不敢分散下乡抢掠；另一部则集中待机，在日伪军撤退时，各部能机动追击。第二次反“扫荡”以第七师取得完全胜利而结束。第七师创建的这块被日军视为“眼中钉、肉中刺”的抗日根据地，直至抗战胜利仍一直牢牢扎根在敌后。[①]

在1943年3月的日军第一次"扫荡"中，日军采用远途奔袭、分进合进的战术，一夜突袭至皖中抗日根据地无巢中心区周围，经过师直独立团的浴血苦战，于当日夜掩护师部及皖中区党委机关安全进入巢南银屏山区。

由于事先没有掌握敌之较大范围的军事动向，造成了一时的被动。事发当天，师部所在地团山李会场正在召开区党委扩大会议，师部和部分地委、中心县委及中心区区委负责人参加了会议。上午，会议听取了中共中央华中局党委委员、组织部部长曾山专程来皖中视察后的重要讲话。下午，陪同曾山视察的第七师政委曾希圣做工作部署。就在曾希圣讲话时，几份十万火急的情报直送会场。会议立即休会，师部在万分危急的情况下组织突围战斗。[②]

3月18日晨，曾山、曾希圣在任家山祠堂召开独立团负责人会议，团长熊应堂、政委罗保廉、副团长陈仁洪和参谋长徐绍荣等与会。会上，师参谋部综合有关情报，汇报日军进入巢无中心区后的态势，除了北面日军寻迹进入山区外围外，南和西南两路日军在牌楼等地未寻到新四军第七师主力，旋即向银屏山区扑来，

① 新四军战史资料编委会：《新四军战史资料选编》（第31卷），北京：解放军出版社，2012年，第3140页。

② 《安徽文史资料全书》编委会：《安徽文史资料全书》（巢湖卷上），合肥：安徽人民出版社，2007年，第510页。

目前敌已形成围攻山区之势，估计兵力三四千左右。作为第七师后方战略基地的银屏山位于巢无中心区的北部，从广义上讲方圆近50平方公里，境内群山起伏，山高林密，山路曲折复杂，多悬崖沟壑，在军事上易于隐蔽埋伏。山区外围，东靠裕溪河，过河即是新四军含南游击区，连接第七师和含根据地；西临巢湖，由巢北游击区通往新四军第二师淮南根据地。从总体上看，山区斗争条件好。但目前敌人以数倍兵力围攻银屏山区，显然使在这里开展游击战的优势受到了削弱。因此，要保存实力，跳出敌人包围圈，从外线袭击敌人，必须抓紧在敌人尚未全部进入山区前下山。

为避免与敌人进山部队在途中发生遭遇战，利用山区的地形优势实行分路穿插，同时要吸取进山前突围时因机关后勤人员庞杂、行动迟缓而影响部队前进速度的教训，第七师师部决定师部后勤人员一律就地分散隐蔽，负责警卫的特务连也与独立团一道突围出去。

独立团出发后，曾山、曾希圣带领警卫和机要人员李务本、段洛夫、王诗桥等进入银屏山的仙人洞。仙人洞是银屏山区最大的古溶洞，洞深数里，遍布的钟乳石上挂下连，犬牙交错。其狭窄处仅能单人匍匐进入，封闭性较强，是隐蔽人员的好去处。3月19日晨，日军分数路进入山区，占领了项家山、大小岭、任家山、董家山、邵家山等十几个主要村庄，将靠山边的民房统统烧毁，古朴的山村一时间变成了人间地狱。就在此时，银屏区委书记李德友得知曾山、曾希圣两位首长未随部队离开山区，而是进入仙人洞的信息，一下子提心吊胆，处于无以言状的焦急之中。他想到日军必然在村里村外、山上山下翻个底朝天，仙人洞远近闻名，必然是日军搜索重点，安全系数反而更小。敌人一旦进入山洞，首长将处于孤立无援的地步。李德友立即装扮成拾粪的村民，一路串村了解敌人驻扎情况，最后在董家山村找到基干民兵董兆福、董兆松、董兆城三兄弟，商议立即营救首长下山的办法。[①] 黄昏时，他们分头带着绳索、衣服偷偷地躲进山林，待到夜深再到仙人洞口会合。

▲ 曾山、曾希圣脱险巢南银屏山仙人洞

找到两位首长后，李德友汇报了日军进山情况，估计明天日军将搜山，请求首长随他们撤出。待换上村民服装后，董氏兄弟按计划带首长行走于人迹罕至的丛林小道，翻悬崖越天涧，悄然

① 本书编纂委员会:《曾希圣传》，北京:中共党史出版社，2004 年，第 217—218 页。

前行。由于日军在所有山口、路口都有布防，他们有时在敌人哨兵眼皮底下摸黑越过山冲，与敌距离不过百米，险象环生，却也有惊无险。整整走了大半夜，天亮时才到达最南边的柿子树村，突出了敌人的包围圈。李德友事先安排的区委委员季学道在这里接应。稍事休息后，曾希圣指派李务本、季学道继续护送曾山部长转移至和含地区，自己则留在山外继续指挥反“扫荡”斗争。不久，日军的“扫荡”被彻底粉碎。

经过3年艰苦卓绝的斗争，皖江地区军民在日伪顽的夹击中，英勇顽强，艰苦奋斗，终于在极其困难的条件下，坚持和发展了抗日阵地，沟通了与第二、第五、第六师的战略联系，杀伤和牵制了大批日伪军，阻止了国民党军东进淮南。同时，还为军部和兄弟地区提供了大量的军需物资。新四军第七师也在发展中壮大，为以后的抗日斗争准备了条件，积蓄了力量。[1]

① 《新四军战史》编辑室：《新四军战史》，北京：解放军出版社，2000年，第289页。

第五章

★★★★★

皖江抗日根据地建设与发展

新四军第七师军事斗争的胜利，为皖江抗日根据地的建立、巩固和发展提供了保证。

由中国共产党领导的新四军第七师各部队解放了皖江这块土地，又由党领导人民在这块土地上建立起抗日民主政权，这是抗日民主根据地正式建立的两个重要标志。[①]

位于皖江抗日根据地中心区的皖中区党委，十分重视根据地的各项建设，区党委首先抓紧开展党内整风，把整风、审干工作作为1943—1944年的中心任务。通过整风，加强了党的思想建设，提高了党员干部的素质，增强了党政军民之间的团结，为战胜相持阶段的严重困难、争取抗战胜利奠定了思想基础。

皖江抗日根据地紧抓政权建设，从上至下建立和完善民意机

① 安徽省新四军历史研究会：《驰骋江淮——纪念新四军成立60周年》，合肥：安徽人民出版社，1998年，第408页。

关，推进旧政权的改造，先后通过和颁布了皖中参议会及县、区级参议会组织法，从而形成了各阶层人民共同参政、议政的政治局面。

卓有成效的经济工作不仅打破了日伪的经济封锁，而且为皖中的抗日斗争创造了坚定的物质基础。[①]

皖中抗日根据地在思想文化建设上也有很大发展，对于宣传贯彻党的方针、政策，提高干部、战士的素质，启发人民群众的思想觉悟，都起到了重要作用。

根据地各项建设的迅速发展及其取得的重要成就，有力地支援了第七师的武装斗争。

一、党的组织建设与思想建设

为了适应战争环境，解决抗日根据地内党、政、军、民关系中一些不协调现象，必须大力加强党的组织建设与思想建设。1943年3月，根据中共中央的指示[②]，皖中抗日根据地实现了党的一元

① 安徽省新四军历史研究会：《驰骋江淮——纪念新四军成立60周年》，合肥：安徽人民出版社，1998年，第408—409页。

② 《关于统一抗日根据地党的领导及调整各组织间关系的决定》（中共中央政治局1942年9月，原件存于中央档案馆）

化领导，皖中区党委的领导成员做了调整，由曾希圣任书记，李步新任副书记兼组织部部长，何伟任宣传部部长，李丰平任社会部部长，傅秋涛任军事部部长。区党委下辖3个地方委员会，即和含地委、皖南地委、沿江地委及1个巢合庐中心县委和1个直属的巢无县委。[①] 无为县的党组织分属2个地委和1个直属县委领导。

实行党的一元化领导后，无为县区域内的党组织和负责人也相应地做了调整。

(一)中共无巢县委

实行党的一元化领导后，为了加强根据地各项基础建设，充分发挥中心区对皖江根据地其他地区的示范和支援作用，区党委决定将原巢合庐中心县委领导的无(为)巢(县)地区划分出来，成立中共无巢县委，由皖中区党委直接领导，这个地区即是无为中心区。无巢县委于1945年9月中共中央决定撤让皖江解放区时撤销。成立初期由胡德荣任书记，金文萍任副书记，1943年6月后，由张世荣任书记。下辖恍城区委、石涧埠区委、南苏区委、新民区委、银屏区委以及1945年8月15日日本投降后成立的无城区委。[②]

---

① 《皖江抗日根据地》编审委员会:《皖江抗日根据地》，北京：中共党史资料出版社，1990年，第270页。

② 中共无为县委组织部、中共无为县委党史办公室、无为县档案馆:《中国共产党安徽省无为县组织史资料》，合肥：安徽人民出版社，1993年，第42页。

（二）中共临江县委

1942年秋，中共临江工委与第七师部队及地方武装对日伪采取了狠狠打击和分化、瓦解相结合的方针，使无东、无南地区形势好转，长江南北两岸来往较为畅通。临江地区遂成为中共皖南特委和皖南的铜（陵）繁（昌）行政办事处开展皖南敌后斗争的前哨阵地，党、政、军、群各项工作迅速开展，中共临江工委完成了坚持、开辟这一地区的任务。1943年2月实行党的一元化领导后，改称中共临江县委。管辖陡沟、白茆、流泗、田桥、汤沟5个区委及1个汤沟镇，陈力生、陈洪、胡德荣、余纪一（余华）先后任县委书记，方琦德、肖陈人、陈力生（兼）先后任副书记，陈力生任江流工委书记。1945年9月撤离皖江解放区时，临江县委随之撤销。[①]

（三）中共无南县委

为了加强党组织对无南地区大江南北交通要道的领导、监视荻港日军的行动，1943年5月，皖中区党委决定将临江县委所辖部分区域划出，成立中共无南县委。6月，无南县委正式组成，属皖南地委领导，县委下辖姚沟、泥汊、虹桥3个区委，张世杰、章策、雷文先后任县委书记。1944年5月，以姚沟区委全部和虹桥区委一部分的工作区域为基础，设立姚沟行政区，建立姚沟区委，

① 中共无为县委组织部、中共无为县委党史办公室、无为县档案馆：《中国共产党安徽省无为县组织史资料》，合肥：安徽人民出版社，1993年，第32页。

虹桥区委撤销，无南县委下辖的区委则由3个改为2个。1944年底，因皖南解放区已经形成，皖南地委迁至江南不再管辖江北，无南县委改由临江县委指导工作。1945年夏，抗战胜利前夕，无南与无为5区合并为一个县级行政单位，同时，又重设虹桥区委，此时无南县委下辖4个区委，并改属皖江区党委直接领导。同年9月28日，无南党、政、军干部奉命撤离皖江，县委也随之撤销。①

(四)中共白湖县委、白湖中心县委

1943年2月，皖中抗日根据地实行党的一元化领导时，为使沿江地区有一个稳固的后方，皖中区党委决定将原区党委直辖的尚礼、关河、临泉、槐林4区及原属桐庐无县委管辖的无为5区组成一个行政区，在行政上名为湖东县，党内称为白湖县。白湖县为中共沿江地委、第七师沿江支队等领导机关的所在地，是皖中根据地进行反顽斗争的前线，亦是皖中根据地沿长江两岸向西发展的基地。白湖县委上属中共沿江地委领导，下辖尚礼、关河、临泉、槐林(巢县)等4个区委，桂林栖任县委书记。1943年秋，沿江地委为了便于领导，决定在原白湖县委的基础上成立白湖中心县委，中心县委领导湖东及舒(城)、庐(江)、桐(城)一带的党组织，即管辖尚礼、临泉、关河、槐林、庐北5个区委及无为5区工委、舒桐庐县委等。桂林栖任中心县委书记。1944年上半年始，蒋天然

---

① 中共无为县委组织部、中共无为县委党史办公室、无为县档案馆:《中国共产党安徽省无为县组织史资料》，合肥:安徽人民出版社，1993年，第52页。

任中心县委副书记。[①]

(五)中共江流工作委员会

1944年冬,为加强党对长江水域铜陵大通至无为二坝段水域船民及一些码头的领导,区党委特别设立中共江流工作委员会,属县级建制,由临江县委指导工作,1945年北撤前,改由皖江区党委直接领导。陈力生任江流工委书记兼临江县委副书记。工委机关驻于白茆。1945年9月至10月初,工委在领导船民为运输北撤人员、物资做了大量的工作后撤销。[②]

随着皖江抗日根据地的不断发展、壮大,党组织和党员也日益增加,区党委不断加强党的思想建设,使党员和党的组织发挥先锋模范作用,带领广大人民群众和部队的指战员投入艰难复杂的抗日斗争中去,这是夺取抗日战争最后胜利的重要保证。

1942年夏,区党委根据中共中央《关于在全党开展整顿三风学习运动的指示》以及华中局和新四军军部的具体部署,从6月份开始,在全区开展了整风学习,除抽调了一部分县团级领导干部进入华中局党校进行学习外,主要是组织干部在职学习。根据要求,县团以上的党组织均成立了"学委会",并根据干部的具体

---

① 中共无为县委组织部、中共无为县委党史办公室、无为县档案馆:《中国共产党安徽省无为县组织史资料》,合肥:安徽人民出版社,1993年,第46页。

② 中共无为县委组织部、中共无为县委党史办公室、无为县档案馆:《中国共产党安徽省无为县组织史资料》,合肥:安徽人民出版社,1993年,第54页。

▲ 中共皖江区委印发的整风学习文件

情况，分别编成各种学习小组，学习华中局统一布置的 22 个整风文件，重点是学习毛泽东《整顿党的作风》《反对党八股》《改造我们的学习》《关于调查研究的决定》《关于抗日根据地土地政策的决定》《关于反对主观主义、教条主义、宗派主义、党八股给各级宣传部门的指示》等有关著作和文件。

1942 年的整风，从整个形势来看，是学习整风文件的阶段。在文件学习之前，主要由负责干部做辅导，然后规定时间阅读文件，分为粗读、精读、座谈讨论、写出心得笔记几个阶段。由于根据地处于日伪顽包围分割之中，“扫荡”“围剿”频频不断，很难有一个安静的环境进行学习，1942 年夏秋季节，沿江一带又洪涝成灾，造成了整风学习时断时续，拖延较久，成效也不甚显著。

1943 年 4 月，中共中央做出了《关于继续开展整风运动的决定》，要求各级领导“拿出极大的责任心，负责贯彻到底，并自己动手，以身作则，毫不夸张浮躁，毫不粗心大意，完成整风任务”，要求“整风学习必须自我反省和改进干部思想方法与工作作风相联系”，将“整风学习与实际工作和审查干部联系起来”。

根据中共中央和华中局的指示，参照其他地区的整风经验，区党委决定：自 1943 年 7 月 1 日起，在皖中地区重新开展深入整风，华中局调朱讯任区党委组织部副部长，主管整风运动。为健全整风学习委员会，各地县委和支队党委，也相应地成立了“学习分会”。① 区党委首先组织县团以上党组织的主要成员，重新学习整风文件，并以此为骨干，组织县团级干部集中办了3期整风学习班，分别对基层干部进行轮训。学习方法，一般分为三个步骤，即首先解决学风问题，检查和批判主观主义的危害；其次解决党风问题，从剖析宗派主义、自由主义和个人主义入手，促进党内团结；最后，还结合进行革命传统教育和时事教育，加强党的思想建设。

自根据地创建以来，党的组织发展很快，党员数量大大增加。到1943年5月，全县已有无巢、临江、白湖、无南4个县委和1个5区工委，有24个区委，在中心区建立了78个中心支部，在边区和游击区建立了370个支部或区直属小组。当时由于处于战争频繁的环境，各级党的组织紧密结合战斗和工作，采取分批分期的轮训和在职学习相结合的形式，阅读文件和听负责同志报告，在领会文件的精神实质后，根据“既要弄清思想，又要团结同志”“惩前毖后，治病救人”的原则，严肃认真地开展自我批评与互相批评，分析问题产生根源，找出改正错误的办法。

通过整风学习，皖江抗日根据地广大党员干部受到了一次深刻的马克思列宁主义、毛泽东思想的教育，增强了执行党的正确

---

① 中共安徽省委党史研究室：《中国共产党安徽地方史》（第一卷），合肥：安徽人民出版社，2000年，第448—449页。

路线、防止和纠正“左”和右的错误路线的能力；主观主义、宗派主义、官僚主义、军阀主义等倾向有了很大的克服，思想作风和工作作风有了很大转变；促进了党员世界观和阶级立场的转变，党内团结进一步增强，认识和行动进一步统一，为皖江抗日根据地克服困难、准备反攻、夺取抗战最后胜利，提供了根本保证。①

从1944年至1945年，皖江地区党的思想建设，主要是通过继续开展整风运动来进行的。经过1942年和1943年的整风学习，中共中央华中局提出整风、审干仍是1944年的中心任务。根据华中局的指示和皖江地区前后两年开展整风的实际情况，皖江区党委决定自1944年夏开始，皖江的整风运动进入全面的审干阶段。为此，区党委成员和根据地党、政、军主要领导干部，认真学习了中共中央关于整风和审干的有关政策，特别是“一个不杀、大部不捉”和“首长负责，自己动手，领导骨干与广大群众相结合，一般号召与个别指导相结合，调查研究，分清是非轻重，争取失足者，培养干部，教育群众”的审干方针，联系皖江地区的实际，反复讲清“审干的目的是实现干部的优点和长处，使干部分配得更合理，以解决干部的不足；把干部历史上一些问题搞清楚，使干部安心工作，消除误会，互相了解，增强团结。从思想上、组织上纯洁

① 中共安徽省委党史研究室：《中国共产党安徽地方史》（第一卷），合肥：安徽人民出版社，2000年，第450—451页。

我们的队伍”。[①]

在部队中，除干部参加整风、审干轮训学习外，战士也开展坦白检讨和批评与自我批评的教育，结合革命传统教育和时事教育，进行全面整风学习。通过学习，进一步提高了部队的阶级觉悟，增强了官兵团结，鼓舞了斗志，为迎接战略反攻新形势，执行更艰苦的战斗任务，打下了良好的思想基础。

在部队整风学习的基础上，进一步健全了部队中党的组织生活，加强了党在军队中的领导地位，各部队团、营还先后召开了党员代表大会。1944 年 7 月 1 日，沿江支队在湖东县尖山姥召开了中共沿江支队首届党员代表大会，总结了沿江支队前一阶段的工作，讨论了今后如何进一步加强党的教育，提高党员质量，发挥党支部战斗堡垒作用，搞好部队建设等问题，使部队进一步明确了今后努力方向。皖南支队也于 10 月中旬在临江县白茆洲召开了中共皖南支队首届党员代表大会，进一步增强了巩固皖南抗日根据地、夺取抗战胜利的信心。[②]

---

① 中共巢湖市委党史研究室:《中国共产党巢湖地方史》(第一卷),合肥:安徽人民出版社,2003 年,第 256 页。

② 中共巢湖市委党史研究室:《中国共产党巢湖地方史》(第一卷),合肥:安徽人民出版社,2003 年,第 256—257 页。

二、民主政权建设及抗敌群团建设

随着军事斗争的不断胜利，根据地各项事业的不断发展，皖江地区的民主政权也不断地得到巩固和完善。1942 年 2 月，在华中局第一次扩大会议上，刘少奇指出："要彻底改造根据地的政权机构，使之真正成为抗日民族统一战线的政权，成为包括有各抗日阶层联合的民主政权。"他要求："各抗日根据地，发动和组织根据地内的广大群众，积极参加管理政权和团结根据地内各抗日阶层人士，使之成为'三三制'的统一战线政权，改变在上层政权机构中由共产党人包办和在基层政权中由封建势力操纵的局面。"

皖江抗日根据地的民主建政工作，首先是从参议员的民主选举开始的。

在产生参议员时规定，凡根据地内居民，年满 18 周岁者，不分党派、职业、性别、宗教、种族（除有精神病者，有通敌行为或受抗日民主政府刑事处分者外），均有被选举权和选举权；[①]参议员的选举，分区域选举和职业选举两种。区域选举，以乡为单位，用不记名选举的方式，每乡选参议员一人；职业选举，抗日职业团体

① 中共安徽省委党史工作委员会：《安徽现代革命史资料长编》（第三卷），合肥：安徽人民出版社，1995 年，第 564 页。

或机关单位产生的参议员，除农抗每区产生1人，县农抗单独产生1人外，其余的工抗、商抗、文抗、妇抗、教抗、青抗，全县合推3人，脱离生产的地方武装团体，合推2人，自卫队总队代表1人，驻军代表5人。选举的方法和步骤：成立县参议会筹备委员会，各县设选举督导员，各乡及各职业团体，组织选举委员会，主持选举。[①] 从整个选举过程可以看出，这次参议员的选举，是在积极负责并精心组织一次充分的民主教育，是政权建设中一个积极的步骤，从而"发动群众的积极性、创造性，教育群众，从群众中产生出新的干部，锻炼出新的人民，建立起新的组织制度，然后，才能达到政权的彻底改造"。

1942年7月，在无为县的恍城区，召开了原先筹备的无为县参议会。会议因为有了和县、含山、庐江、巢县、桐城、繁昌等县的代表参加，参加会议的代表所代表的区域，已经包括整个皖中地区，会议期间，经代表的共同磋商，并根据与会代表要求，会议决定成立皖中参议会，此次会议遂改名为皖中参议会，参议员也自动改为皖中地区参议员。

会议通过选举，民主人士金稚石任参议长，周新武、陈可亭（民主人士）为副参议长，同时，选举产生了驻会参议员。他们是金稚石、周新武、后奕斋、胡治平、刘芳、方琦德、陈四箴、陈建钧、王试之、胡厚培、李祝三、许移山、谷少风、陈可亭、章幸元，其中不

---

① 《皖鄂赣边区党委关于抗日民主根据地的政策讲授提纲》（1942年5月，原件存于安徽省档案馆）

少人为进步的民主人士。[①] 1943 年 3 月，陈可亭在反击日伪“扫荡”中壮烈牺牲，7 月，补选金笑侬为副参议长。

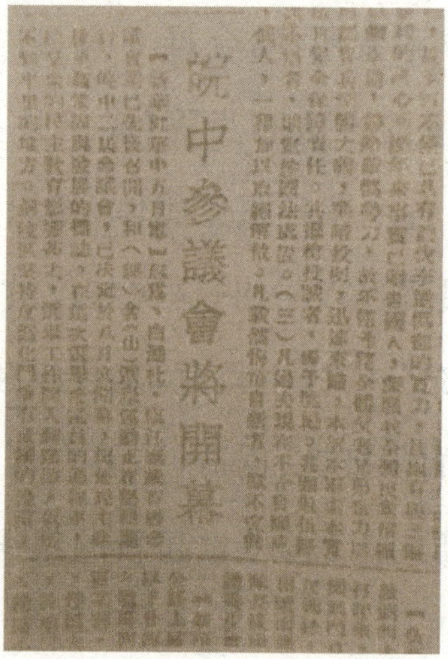
皖中參議會將開幕

▲ 《大江报》报道皖中参议会将开幕的消息

参议会上，还通过了成立皖中行政公署的决议，选举吕惠生为行政公署主任，唐晓光为副主任；通过了行政公署行政委员会委员的名单，他们是吕惠生、张恺帆（1943 年春任）、唐晓光、陆学斌、倪子干、倪则耕、张君武、章啸衡、金笑侬、徐冬荣、叶玑珩、何伟、叶进明，其中民主人士占有一定的比例。参议会还讨论修正了本地区各项重要法令，确定参议会对同级政府施行选举、罢免、创制、复决的全权；确定乡为行政单位，自然村为行政辅助单位；

① 中共巢湖市委党史研究室：《中国共产党巢湖地方史》（第一卷），合肥：安徽人民出版社，2003 年，第 182 页。

由乡内公民选举乡民代表，组织民意机关，由民意机关产生行政委员会，由县长在行政委员会中圈定一人为乡长，组织乡政府，均以民主集中制为组织原则。参议会重申：一切公民及抗日党派，都有言论、集会、结社的自由。1941 年 9 月，无为县抗日民主政府公布了《新四军无为县保障人权条例》，该条例共 17 条。本届参议会，根据这一条例的精神，对其进行了修订和充实，重新颁布了这一人权保障条例，保障参加和赞成抗日的一切人民的合法权利。[①]

各階層代表親密合作

▲ 《大江报》报道皖中参议会将闭幕的消息

皖中参议会的成立，标志着皖中抗日根据地的政权建设，按照“三三制”的原则，进入到一个新的阶段。它既是民意机关，又

① 中共巢湖市委党史研究室：《中国共产党巢湖地方史》(第一卷)，合肥：安徽人民出版社，2003 年，第 183 页。

是权力机关，对加速根据地民主政权建设的步伐，团结各界爱国民主人士参加建设工作，投入抗日斗争，起到重要作用。

在各级政权基本建立以后，各级政府立即抓紧了基层政权的改造工作。1942 年 5 月，区党委在“政策讲授提纲”中，对 1942 年春夏之交皖中抗日根据地的政权形势，做了如下评估：“各级政府，尚未能按‘三三制’的原则调整完成，县、区两级政府以共产党员占绝对优势，保级尚被封建势力操纵。”根据这一形势，区党委要求：“各级政府，多多设法，争取党外人士参加工作，逐步改造各级政府机构人员组成分配，向‘三三制’的方向走去。”[①]在基层则是以取消封建保甲制度为切口，进行基层政权的改造，使乡一级政权可以直接领导到各个自然村。

对基层政权的改造，是在取消保甲制度和开展减租减息运动中同步进行的。在减租中，乡、保一级都是以农抗会为核心，组织评租委员会，因此，减租过程实际上是一次组织和锻炼阶级队伍的过程。广大农民群众，在党的领导下，建立了自己的组织，锻炼了自己的干部，为乡、村政权建设，打下了坚实的基础。在减租工作以前，基层政权有少数为原来封建势力所把持，通过减租，一大批在减租中涌现出来的农民积极分子充实到乡、村基层政权。据粗略统计，在村一级政权中，约 80%的干部，都是由在减租工作中经过锻炼的农抗干部或减租中涌现的积极分子担任。

① 中共巢湖市委党史研究室：《巢湖市中共党史资料选编》（第一卷），合肥：安徽人民出版社，1998 年，第 121 页。

基层政权改造工作的顺利进行,大大有利于抗日民主政权的巩固和发展。由于基层政权密切联系广大人民群众,许多抗战时期的政策法令由基层政权去贯彻和执行,因此,人民群众在经过基层政权联系和发动起来之后,形成了抗日斗争中最强大的基础力量,使一切敌人陷于人民群众的汪洋大海之中。

▲ 1943 年 7 月,皖中参议员代表大会部分参议员合影(后排左 4 胡溪涛、左 7 黄耀南、左 8 周新武,中排左 7 许移山、左 9 刁筠寿、左 14 刘芳,前排左 7 金稚石)

抗日民主政权是中国共产党领导抗日战争的坚强堡垒,是新中国人民政权的雏形。尽管抗日民主根据地的政权建设还不健全和完备,但它所取得的成就,对于夺取抗日战争的最后胜利起到了重要的促进作用。[①]

---

① 安徽省新四军历史研究会:《安徽抗日战争史》,合肥:安徽人民出版社,2005 年,第 365 页。

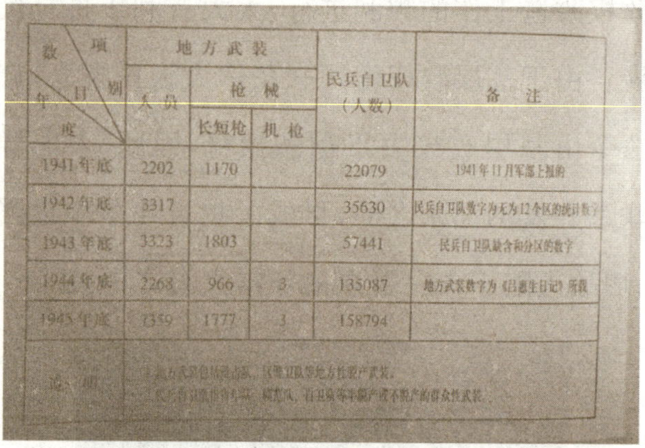

数 项 目 别 年度	地方武装			民兵自卫队（人数）	备注
	人员	枪械			
		长短枪	机枪		
1941 年底	2202	1170		22079	1941 年 11 月军部上报的
1942 年底	3317			35630	民兵自卫队数字为无为 12 个区的统计数字
1943 年底	3323	1803		57441	民兵自卫队缺含和分区的数字
1944 年底	2268	966	3	135087	地方武装数字为《吕惠生日记》所载
1945 年底	7359	1777	3	158794	
说明	一、地方武装包括[illegible]、区队、卫队等地方性脱产武装。二、民兵自卫队[illegible]、自卫队等半脱产或不脱产的群众性武装。				

▲ 皖中抗日根据地地方武装及民兵自卫队统计表

皖中抗敌联合会及县级抗敌联合会在抗日斗争中发挥了重要作用。全国抗日战争全面开始，毛泽东在《反对日本进攻的方针、办法和前途》一文中指出：“民族战争而不依靠人民大众，毫无疑问将不能取得胜利。”早在抗日战争初期，中国共产党无为县委就在无为地区帮助国民党建立了各级抗日动委会，发动群众，组织了工人、农民、青年、妇女等各种抗敌协会。随着根据地不断巩固和发展，民主政权机构的建立，群众性的抗日活动也进一步得到蓬勃的发展。1942 年 9 月，继皖中参议会的召开，皖中行政公署的建立，皖中地区抗敌协会联合会（简称抗联）也随即成立，区党委副书记李步新任主任，张世荣任副主任，江文任秘书，许移山任农抗理事长，郑康任青抗理事长，林轩任妇抗理事长，江天辉任工抗理事长，方珂德任文抗理事长。这时，整个皖中地区，各种抗联组织已发展到50多万人。[1]

1942年9月，随着皖中抗联的成立，无为、临江各县的抗敌协会联合会都同时成立。1944年春，无南、湖东抗敌协会联合会也随着形势的发展而成立。

各县抗联属各县的县委领导，同时亦上属皖中抗联领导，下辖各县的区抗联。各县抗联除配有专职或兼职的主任、副主任及若干干事外，其农抗、工抗、妇抗、青抗等部门视各县情况，有的县由干事兼管，有的县由兼职委员兼顾，日常工作由干事处理，有的县亦有部分专职部长。1945年10月初，随着皖江解放区的撤让，各抗敌协会亦同时撤销。

在抗联中，农抗是一支骨干力量，它积极配合基层政权，肩负着维护地方治安、搜捕汉奸特务、运输军需物资、帮助军工烈属代耕、大兴农田水利建设、推行减租减息、发展生产、支援前方等任务，并在巩固和发展敌后抗日根据地、战胜各种自然灾害、解决军需民食等方面，发挥了很大作用。他们收缴社会上的零散枪支，集中民间的大刀长矛，组织青壮年参加农民抗日自卫队。在大生产运动中，农抗也发挥了积极作用，他们大力组织互助组和换工队，成立代耕队，加强开垦荒地的力度，饲养家禽家畜，掀起植树造林和筑坝养鱼的热潮，积极参加各地水利工程。延安新华社曾经播发了无为县响山互助组积极帮助军烈属代耕、制订生产计

① 中共巢湖市委党史研究室:《中国共产党巢湖地方史》(第一卷),合肥:安徽人民出版社,2003年,第211页。

划、带领农民生产致富以及踊跃支前的先进事迹。[1]

工抗成员,主要是手工业劳动者。通过工抗组织的发动,进一步调动了工人群众的抗日积极性,发挥工人的专长,搞好根据地的建设,同时又保障了工人的合法政治权利和正当的经济利益。工抗成立后,会员们充分利用当地的资源,发挥各自的专长,举办各种作坊及工厂。他们不仅走乡串村或摆摊设点,生产各类铁木农具,为农业生产提供必要的工具,满足农民的需要;还派人到根据地中心区,学习制造火药和修理残旧武器的技术,利用从各地募捐来的碎钢铁,积极帮助部队和民兵修理枪支,制造地雷、石雷和手榴弹,既解决了当地对敌斗争必需的弹药,又为根据地创办兵工厂奠定了基础。石匠、木匠、泥水匠等,还积极参加修筑工事,防御和反击日伪军的频繁"扫荡"和国民党顽固分子的进攻;纺织业工人,大力纺纱织布,缓和了军民穿衣缺布的矛盾,为筹办军服厂和纺织厂创造了条件;从事榨油的会员,更彻夜为部队加工食油;不少有一技之长的匠人,也积极修旧利废,为克服战争和敌人封锁所造成的困难,做出了一定的贡献。

根据《大江报》报道,到 1945 年,工抗成员已发展到 5 万多人。[2]

---

① 《皖江抗日根据地》编审委员会:《皖江抗日根据地》,北京:中共党史资料出版社,1990 年,第 327—328 页。

② 《皖江抗日根据地》编审委员会:《皖江抗日根据地》,北京:中共党史资料出版社,1990 年,第 328—329 页。

妇抗组织，在根据地发挥了很大作用。根据地内的各项工作，一旦被广大妇女理解以后，她们就以极大的热情，积极参加，她们把争取自身解放与民族解放和阶级解放结合起来，均以主人翁的精神积极参加各项活动。广大会员除肩负着生产和生活两副重担外，还纷纷争当拥军支前模范，在她们中间，涌现出许多妻送夫、母送子参加新四军的动人事迹。每当战斗一打响，她们就组织妇女到战地医院去护理病员，环境紧张时，又常把伤病员领回家里护理，比照顾自己亲人还周到；遇到紧急情况，她们不顾自己的安危，甚至把伤病员装扮成自己的丈夫或孩子，千方百计地加以掩护。在平时，她们主动为军队缝制军服，拆洗衣被，做慰问鞋，帮助军工烈属照料家务，这对巩固部队、鼓舞士气，都有很好的效果。由于广大妇女积极参加根据地的各项运动和建设，妇女在家庭和社会上的地位，也普遍地得到提高。妇女的自身解放，也就在这个过程中得到解决，广大妇女，扬眉吐气，说话算话，夫妇和气，婆媳和睦，许多涉及妇女切身利益的问题，都是在妇抗会领导妇女参加实际斗争的过程中得到解决。①

青抗等其他群众组织，也都在自己联系的群众中积极发挥作用。1942年9月3日，在平定小学操场上，皖中青抗协会召开了“皖中地区青年反法西斯代表大会”，行署主任吕惠生到会并讲话，他号召青年积极参加反法西斯斗争，在中国主要是参加抗日斗争。

---

① 《皖江抗日根据地》编审委员会:《皖江抗日根据地》，北京：中共党史资料出版社，1990年，第329页。

在青抗的领导下，还有一支活跃在根据地的儿童团组织，根据地内7至14周岁的少年儿童，大都参加了这个组织。他们人小志大，不徇私情，在参加文娱活动、站岗放哨、查路条等活动中，发挥了很大作用。他们在交通要道口不仅层层把关设岗，防止敌特混入，并且还能探听到一些敌情。[1]

▲ 皖中各抗敌协会联合会工作证

三、根据地党的廉政建设

抗日战争时期，为了抗日救国、民族图存，新四军第七师始终听党指挥、服务人民、不怕牺牲、浴血奋战，经历了血与火的战斗

---

① 中共巢湖市委党史研究室：《中国共产党巢湖地方史》（第一卷），合肥：安徽人民出版社，2003年，第211—213页。

洗礼，始终弘扬廉政的主旋律，以光辉的铁军精神，赢得了广大人民群众的衷心拥护与支持，为夺取抗日战争的最后胜利，建立了不朽的功勋。

理想、信念是铁军精神的核心与灵魂，新四军第七师从组建之日起，就把清廉建军、强军作为实现理想、信念的根本原则。在严酷的战争环境中，面对逆境、诱惑、死亡，他们淡泊明志、无私无畏、勇往直前，正是有了执着的信仰、坚强不屈的意志、清正廉洁的品格，才使这支铁军队伍具有克敌制胜的强大精神动力。

抗日战争期间，国统区政治腐败、经济崩溃，人民在危难中艰难地挣扎。共产党领导下的八路军、新四军以及各抗日民主政权应该怎样做，才能外御日寇、内抚黎民，在人民心中树立起人民军队和民主政府的形象，这是对共产党人最大的考验。八路军、新四军在党中央的领导下，从自身做起，开展了精兵简政、大生产运动等，通过大幅度节约开支和依靠自身增加供给，实实在在地减轻人民群众的负担，真正地把自己打造成为人民服务的军队和政府，从而自上而下地为廉政做出了榜样，拉高了标杆。

（一）大幅度精兵简政，切实降低军政开支

抗日战争进入相持阶段以后，日伪对中国共产党领导的八路军、新四军进行残酷地封锁与夹击，国民党顽固派也不断对抗日根据地进行骚扰和侵袭，加上连年的自然灾害，共产党领导的抗日队伍面临严重的困难局面：根据地面积缩小，人口减少，财政经

济濒于枯竭,军需民用、衣食住行几乎陷于绝境。1941 年 12 月 17 日,中共中央在《关于太平洋战争爆发后对敌后抗日根据地工作的指示》中,要求军政机关开展精兵简政,并且明确提出各根据地党政军机关及民众团体“全部脱离生产人数不超过甚至少于居民的百分之三”的具体要求,[①]目的是爱护、培养和节省民力。

就新四军所在的华中各根据地而言,当时区域基本人口与党政军机关及民众团体脱产人员之比均未达到中央的规定,但是他们认识到,在当前特殊情况下,如果继续维持这样的规模,可致“民力财力迅速枯竭,弄得民困军愁,便有坐毙危险”。[②] 正因为有了如此深刻的危机意识,所以新四军第七师在第一次精兵简政中,司令部、政治部、供给部、卫生部等首脑机关就从原有工作人员 275 人精简为 222 人,杂务人员 160 人,团长、营长、连长及各部首长均取消专职勤务员,营、连勤务员由通信员兼,团以上的勤务员由特务员兼。

第七师官兵人数比其他各师相对较少(时称“七师小弟弟”),精兵简政的压力不大,但是军部仍多次要求第七师进一步做好精兵简政工作。1943 年 3 月,皖中地区实行党的一元化领导,党政军机构改组的同时进行了第二次精简,工作人员精简到 81 人,杂

---

① 安徽省新四军历史研究会:《安徽抗日战争史》,合肥:安徽人民出版社,2005 年,第 318 页。

② 安徽省新四军历史研究会:《安徽抗日战争史》,合肥:安徽人民出版社,2005 年,第 319 页。

务人员精简到66人。4月,师部又进行了一次精简,政治部、供给部除主任与组织部门外,其余完全地方化,工作人员减少到37人,杂务人员38人。原有骡马37匹,精简为12匹,多余马匹组成运输队。师教导大队解散,由各支队自办,特务营缩编为特务连,余下的完全充实到独立团,师部的"担子"由5个缩减到4个。[①] 第七师部队和皖江党政组织的脱产人员占当地农民总数的不到2%。通过军队和政府"瘦身",不仅实实在在地减轻了根据地人民的负担,密切了军民关系,而且机关工作效率更加提高,有效克服了文牍主义、官僚主义作风,提高了部队的战斗力,赢得了人民的称赞。[②]

(二)开展大生产运动,提高自给能力

进入1941年后,国民政府完全断绝了八路军、新四军的军饷,供给问题出现了严重的困难。3月,中共华中局发出《关于开展生产运动的指示》,指出"我们今后解决财政经济困难的基本方法,必须从积极方面打算,必须放到自己动手,自己劳动的生产上面"。"一切部队日常必需的东西都要自己动手来做,把生产所得列入重要的收入,以减少根据地人民负担。"第七师师部所在地——皖中根据地中心区——无为县抗日民主政府于1941年5

① "担子",指伙食单位。

② 安徽省新四军历史研究会:《安徽抗日战争史》,合肥:安徽人民出版社,2005年,第322页。

月成立垦荒局，组织休整时的新四军干部战士、党政机关人员开垦荒山、荒滩，增加政府收入。到 1942 年 5 月，一年内仅开垦公荒一项即达 70000 余亩。部队的干部、战士在战斗和训练的间隙中投入开荒生产，种植杂粮、蔬菜，养猪养鸡。皖中行署规定每个机关干部要开荒 5 分至 1 亩，每人种菜 7 厘，以供应机关食堂食用。部队通过生产，蔬菜基本自给，粮食也部分自给。第七师师部还建有被服厂、皮革厂、弹棉花厂、染布厂等。被服厂有百余人，20 多部缝纫机，生产军衣、被子、子弹带等。这些不仅改善了部队干部战士的生活，减轻了群众的负担，而且对战胜敌人的封锁、解决部队的供给困难，起到了重要作用。①

▲ 新四军第七师指战员与根据地人民开展军民大生产运动

① 中共巢湖市委党史研究室:《中国共产党巢湖地方史》(第一卷)，合肥:安徽人民出版社，2003 年，第 263 页。

此外，军政机关干部为了响应中央“发展生产，厉行节约”和“自己动手，丰衣足食”的号召，成立了带福利性质的消费合作社。机关干部凑钱买鱼苗，在山沟里挖池养鱼。干部与战士共同劳动，收获的劳动果实，实行公平分配。这样做的结果，既改善了党政军机关人员的物质生活，也培养了艰苦奋斗的作风，密切了上下级的关系。

一支军队、一个政权要为人民群众所爱戴和拥护，就必须有一套保持执政生态清廉的制度，只有这样才能使执政主体和客体都在规定的范围内行动，才能使清廉的风气持久而弥新。新四军所在地区的政治生态之所以给人民以清新的感觉，就是因为它以一系列清廉的制度，保证了人民群众的最大利益。

(三)民主建政，全方位接受社会各界的监督

1942年2月，在中共华中局扩大会议上，刘少奇指出“要彻底改造根据地的政权机构，使之真正成为抗日民族统一战线的政权，成为包括有各抗日阶层联合的民主政权”。此后，共产党领导下的各抗日根据地均按此要求开展了民主建政工作。

皖中抗日根据地在民意机关和行政机关的民主建设中，均以“三三制”为原则，“在人员分配上，应规定为共产党员占三分之一，非党的左派进步分子占三分之一，不左不右的中间派占三分

之一”[1]，吸收了大批抗日民主人士，包括拥有田地资产的开明地主、士绅参政议政。

皖中参议会确立了其对同级政府施行选举、罢免、创制、复决的全权。由皖中参议会通过成立的皖中行政公署，其组成人员也由参议员选举产生。行政公署行政委员会委员中民主人士也占相当的比例。邀请社会各界参与政权建设，接纳各种政见，聆听多方声音，接受全社会监督，从根本上提高了执政者的执政公信度，为执政者的清廉执政提供了组织保证。

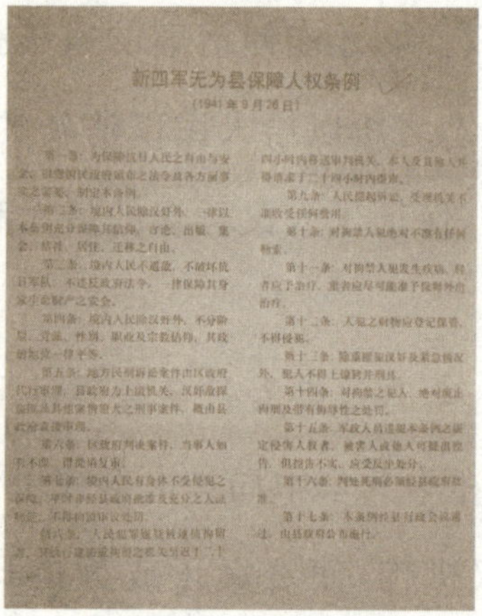
新四军无为县保障人权条例

（1941年9月26日）

▲ 《新四军无为县保障人权条例》

（四）保障人权，防止执政权力无限化

1941年9月，成立不久的无为县抗日民主政府颁布了《新四

① 毛泽东：《毛泽东选集》（第二卷），北京：人民出版社，1991年，第741—742页。

军无为县保障人权条例》(以下简称《条例》),除保障境内人民(除汉奸外)信仰、言论、居住、迁移等自由外,并规定"不分阶级、党派、性别、职业及宗教信仰,其政治地位一律平等","一律保障其身家性命财产之安全"。《条例》的17条中有12条是人权保障的具体措施和办法,如第6条规定:区政府判决案件,当事人如有不服,得提请复审。第7条:境内人民有身体不受侵犯之保障,平时非经县政府批准及充分之人证物证,不得拘留审讯处罚。《条例》中还有规范军政人员行为的内容:"军政人员违犯本条例之规定侵害人权者,被害人或他人可提出控告","除对拘禁之犯人,绝对废止肉刑及带有侮辱性之处罚"。该《条例》在1942年召开的皖中参议会上进行了充实、修订,并重新颁布《如何彻底执行保障人权案》①,成为皖中地区地方法规,为根据地人民维护自身权益和军政人员正确行使职权创造了条件。

军政人员在行使职权时均公平、透明,接受社会监督。如确定商店、企业的营业税时,由区、乡政府组织临时性的营业审定委员会(由区、乡干部2人,当地绅士2人,群众团体1人组成),通过调查和分析营业状况,审定其营业资本额和营业总收入额。商民如有意见,可申请重新审定。这样,商民的合理诉求便可得到重视和采纳,减少了一些公职人员利用职权争取私利的现象。值得一提的是,外来的装有货物的船舶车马经过皖江地区,只收取一

① 安徽省新四军历史研究会:《安徽抗日战争史》,合肥:安徽人民出版社,2005年,第362页。

道税，便派护商队保护他们安全过境。由于收取的过境税公平合理，商人们有利可图，就把无为作为他们交通的首选，皖江地区的经济贸易也因此发达起来，时有小上海之称，七师的经济收入也有了很大的增长。①

根据地内政治安定，经济发展，人民生活安定。在日寇“扫荡”和桂系顽军攻击时逃离家乡的农民、“四匠”（铁匠、木匠、皮匠、泥水匠）和小商人，在日顽被新四军打退后，都纷纷返回自己的家乡。人们除了担心日寇、伪军、顽军骚扰之外，真是安居乐业。

一支军队、一个政府廉政与否，归根结底都要以官员的工作作风表现出来。新四军和各抗日民主政府经常采取各种方式，加强干部战士的思想政治教育和军风政纪约束，使新四军这支抗日劲师不断纯洁思想和队伍，从而得到了广大人民群众的真心而持久的拥护。

整风运动是中国共产党自建党以来开展的第一次普遍的马克思列宁主义教育运动。1943 年 3 月，第二师政委郑位三在“关于当前淮南党内主要的不良倾向给区党委的信”中，指出了淮南党内存在的问题：一是个人享乐主义的滋长，二是剥削阶级（赚钱）思想的产生，三是“革命功臣”观念的存在，四是个人对组织的过度要求，五是经济制度的不严格；等等。这些现象在新四军各师和各抗日根据地的干部战士身上都不同程度地存在。面对如

① 《皖江抗日根据地》编审委员会：《皖江抗日根据地》，北京：中共党史资料出版社，1990 年，第 332 页。

此严重的问题，新四军自上而下认真开展整风运动，连、营、团干部，地方乡、区、县干部，都分期到整风队或整风班参加学习、轮训，进行自我反省和相互批评。

新四军第七师先后办了三期整风轮训班，对连以上的干部进行轮训。针对两次反"扫荡"后师部机关内滋生的患得患失、消沉腐化和组织涣散等严重问题，决定以反对自由主义和个人主义作为整风学习的主要内容，有重点地进行整顿。由于整风工作针对性强，并从实际出发，很快纠正了干部队伍中的非无产阶级思想，党员的党性修养进一步提高，上下级之间、官兵之间、军民之间更加团结，贪污、腐化、开小差等问题大大减少。此外，在战士中也开展了坦白检讨和批评与自我批评，结合革命传统教育和时事教育，进一步提高了战士们的阶级觉悟，鼓舞了斗志，为迎接战略反攻，执行更艰苦的战斗任务，打下了良好的思想基础。

(五)爱民守纪，军政军民关系形同鱼水

1942 年 7 月，地处皖中抗日根据地中心区的无为县抗日民主政府颁布了《惩治贪污条例》，广泛开展反对贪污浪费的斗争。由于当时处于战争状态下，一切贪污浪费行为都可能严重影响党和军队的形象，影响军民之间的亲密关系，所以制度极为严苛，有的贪污 500 元到 600 元法币就要处以极刑。有位管理员因贪污了 10 块银圆，被军事法庭判处死刑。1943 年 5 月无为县榆村合作社有 3 个干部合伙贪污 20 余万元(是 1941 年币值的 1/100)，除

令其全部退赔外，为首的判5年徒刑，其余一个判6个月徒刑，一个判3个月徒刑。[①] 邓子恢1941年1月14日在路东临时参议会上所做的报告中说："所谓无官不贪、无吏不污，这是中国几千年来所澄而不表的吏治。而我们现在干部于几个月间，杜绝了贪污现象，澄清了污浊的吏治。""现在可以说，民主政府里已建立了公正廉洁的作风，贪污现象一般的已经没有了。"[②]

廉洁作风另一个明显的标志是实行低额津贴制。皖江地区经济条件较好，但是也严格执行军部规定的供给标准，干部和战士生活待遇基本相同，每月按实物数目折成货币发给伙食单位，每人10元左右，另发津贴费，分2元、1元5角和1元3角三等。原来军衣每年2套，后改为1套，提倡不吃零食，不抽纸烟。一个人的津贴费，除了买牙刷、牙粉、肥皂和毛巾外，所剩的零花钱很少。皖江行署秘书长郑曰仁带头挑柴1700多斤，为全体干部少用民夫做出榜样。无为县县长陆学斌也率领干部到山里挑柴。低额津贴制和供给制的实施，勤俭节约作风的养成，是皖中抗日根据地民主政权的一大特色。[③]

第七师指战员对自己严格要求，而对军部和兄弟师的支援却是非常慷慨无私。1942年11月，除支援军部、第二师、第三师外，

---

① 《大江报》(1945年5月13日，原件存于安徽省档案馆)

② 《淮南抗日根据地》编审委员会：《淮南抗日根据地》，北京：中共党史资料出版社，1987年，第88页。

③ 应兆麟：《皖江抗日根据地财经史稿》，合肥：安徽人民出版社，1985年，第154页。

还为中央召开七大筹措经费，派 100 名挑夫，肩挑 100 担布匹、雨衣、银圆，由两个连的兵力护送，从无为经第二师直送到军部。1943 年皖中行署全年财政收入实现 2478.8 万元，支持军部 749.1 万元，结存 189.2 万元。

▲ 运送物资支援新四军军部和兄弟部队

抗日民主政府保持着廉洁、简政、密切联系群众、艰苦奋斗、讲求效率的工作作风。它以立法的形式规定了廉政建设的内容，并在实践中加以提高与完善，彰显了抗日根据地清正、廉洁的氛围。

四、根据地党的群众工作

在面临日顽两方面进攻、斗争十分复杂的情况下，为巩固抗日根据地，必须加强根据地党、政、军、民之间的团结。根据中共中央的指示，中共皖中区委要求各地在每年春节前后，都要开展一次拥政爱民和拥军优属运动，军队重新颁布拥政爱民公约，尊重地方政府，遵守政府法令，严格执行三大纪律、八项注意，经常关心和帮助群众的生产和生活，召开军民联欢会；政府要帮助民众，订立拥军优属公约，政府和人民要帮助军队解决其在训练和生产中遇到的困难；对驻军伤员、残废军人及抗日人员的家属，要经常给予各种照顾和进行亲切的慰问；同时，军队方面和党政方面，都要认真检查在军政关系上的缺点和错误，各自实行公开诚恳的自我批评，并总结经验，表扬模范，互相鼓舞，共同前进。拥政爱民和拥军优属工作，使党政军民进一步联成一体。① 1943 年 7 月，皖中参议会第一届会议所通过的“决议案”中，其中的政治教育类议案第二案是开展拥军拥政运动，以增进军、政、民团结，决议的办法：(1)由参议会号召，全地区人民切实执行行署所颁布的拥军公约；(2)由政府切实调查抗属，予以优待；(3)在伪敌“扫荡”时，人民应帮助军队隐藏公物及掩护工作人员；(4)人民供给情报；(5)希望军队进一步拥政爱民。

区党委书记、第七师政委曾希圣，在《皖江抗日斗争》的回忆文章中，深情地说：“七师是皖江人民的子弟兵，七师与皖江人民在艰苦的抗日战争中，结成了血肉关系。为了进一步密切军队、

---

① 皖鄂赣边区党委《关于开展拥政爱民与拥军的决定》(1944 年 1 月 5 日，原件存于安徽省档案馆)

政府和人民之间的相互关系，从1942年起，我们普遍开展拥政爱民与拥军优抗运动，特别是春节期间，更注意加强这项工作。首先由军队掀起拥政爱民热潮，所有干部战士，都要做到服从与执行政府法令，爱护根据地的一切财富，不浪费公粮公草，坚持执行三大纪律、八项注意，保护和帮助群众团体，帮助群众进行生产，武装保卫群众耕作收割，实行'满缸'运动，等等。部队住在群众家里，经常把群众的房子打扫得干干净净，水缸挑得满满的，帮助收割、打场、推磨、割牛草、兴菜园、拾畜粪、积大小便、医治疾病……凡是对群众有利的事，战士都抢着去做。许多老大娘出门看女儿，大嫂子走娘家，常把钥匙交给我们战士，把战士看得比自己的亲人还亲。在拥政爱民中涌现出许多生动的事例。在政府和群众方面，普遍实行优待抗日军人家属（组织代耕、慰劳），帮助军队做鞋，组织慰问伤病员及战后慰问军队等。由于拥军活动的大力开展，军政和军民之间的团结更为加强，军民之间关系亲似鱼水。"①

1943年3月17日，皖江地区的反"扫荡"是一次十分艰苦的战斗，第七师师部和直属独立团，在被日伪重兵突然包围后，能够成功地实现突围，一个重要的条件，就是根据地人民群众的支援和帮助。师直独立团第一营和第三营在突围行进中，由于当向导的民兵不畏艰险，避实就虚，进行穿插，在未发生大的阻击战的情况下，绕至日伪军的后面，这不能不说是担任向导民兵的功劳；在

---

① 《皖江抗日根据地》编审委员会：《皖江抗日根据地》，北京：中共党史资料出版社，1990年，第244页。

主力部队突围下山的同时，地方党委安排人员，负责将曾希圣等4位领导人转移出山。29日，日伪军队进山后，开始挨户进行搜查，并对人民进行疯狂的烧杀抢掠，山涧处处浓烟滚滚，生灵涂炭。面对日伪的凶残，群众仍舍生忘死地掩护一些未能转移和掉队的人员，行署财经处副处长蔡辉和无巢县委书记胡德荣就是在一户农民的掩护下脱险的；为了帮助单身战士、干部突围隐蔽，山里的群众把自己穿的衣服脱给干部、战士穿，有些女孩子则把自己的辫子剪下一半，给没有突围的女同志化装，以便她们在山区隐蔽或转移到敌占区打埋伏；[1]第七师师直党总支书记吴志坚(女)，经地方党委安排到石涧以东季家村子去隐蔽埋伏，这个村上的年轻妇女，为了掩护她，都和她一样剪成短发，使日伪军分不清战士和人民。类似这样的事例很多，军民鱼水情深，人民帮助了许多被包围的同志安全转移。在根据地最困难的时候，人民群众是部队可以依赖的铜墙铁壁。

1944年，是开展“拥政爱民、拥军优属”活动最广泛、最深入的一年，也是皖中抗日根据地广大青年踊跃参军、第七师部队人员增长最快的一年。1月5日，皖中区党委决定1月28日至2月28日为皖中根据地“拥政爱民与拥军运动月”，从而使拥军优属工作更加细致、深入，更加扎实、具体。

自1944年春开始，皖江地区的抗日武装已逐步向敌后挺进，

---

① 中共巢湖市委党史研究室:《中国共产党巢湖地方史》(第一卷)，合肥:安徽人民出版社，2003年，第216页。

向江南发展，部队的干部、战士与日伪军展开了激烈的战斗。为了使前方的作战人员更加英勇地与敌人拼搏，解除他们的后顾之忧，皖江根据地内各级党委和政府，大力开展了优待抗属的工作，普遍进行了帮助抗属代耕代种以及做军鞋、慰问伤员、慰劳军队等活动，使军民关系更加团结、亲密，情似鱼水。1944 年春，无为、临江、湖东 3 县共有抗属 18000 余户，在开展“拥政爱民、拥军优属”活动中，各级政府均采取多种办法解决抗属的困难。[①] 仅无为县的优属工作就有 7 条措施：(一)各乡建立拥军优属工作委员会，由该委员会征募粮食，以解决抗属口粮；(二)帮助抗属垦荒与代耕土地；(三)劳力优待，包耕代耕；(四)动员抗属参加生产；(五)帮助抗属解决困难；(六)提高抗属社会地位；(七)加强抗属教育。无为县内还有 45 户国民党军队的家属，区、乡政府亦站在团结抗战的立场上，对其与根据地的抗属一样予以照顾。

为进一步扩大武装，1943 年 9 月 27 日，区党委发出了扩军指示。由于拥政爱民和拥军优属工作的深入开展，扩军工作得以顺利进行。

到 1943 年，全师人员已达到 8000 人左右。第七师的发展，主要是靠从地方武装部队逐步选拔参加主力部队的办法。按照《皖中地区人民抗日自卫军暂行组织条例》，根据地内的青年一般都要参加民兵，精干一些的参加基干民兵，表现突出的，脱产参加

---

① 《大江报》(1945 年 5 月 2 日，原件存于安徽省档案馆)

区中队，有的被吸收加入县总队，需要时，则从县总队成排成连地编入主力正规部队。这种办法虽然也为部队输送了大量兵源，但受到一定时间和数量的限制，为了迅速发展武装，区党委要求各级党委和政府采取动员广大青年群众直接报名参加正规军的办法，得到了广大青年群众的热烈响应。之所以能掀起参军热潮是因为青年们通过几年的经历，懂得新四军是自己的部队，没有新四军就没有根据地安定的生活和生产条件，他们还看到了新四军战士个个知情达礼、学文化、懂知识，青年人参加新四军以后进步快。除了这些以外，根据地的党组织和政府在平时还做了许多实际工作，如对军烈属进行多方面的优待、帮耕、帮种、帮收、送钱、送柴、送粮，对立了功的战士，就敲锣打鼓，送喜报上门报喜，使家里有人参加新四军的群众处处感到光荣和温暖，出现了许多父母送儿子，妻子或未婚妻送丈夫或未婚夫参加新四军的事例。

在扩军的工作中，有些地方的基层组织，从单纯的任务观点出发，也曾发生过拉夫行为和不讲政策的现象，将一些外地来根据地的商人或其他人员强行扣留，作为扩军的对象，对从国统区和沦陷区逃来根据地的难民采取强迫的办法，进行扩军。区党委在了解上述情况后，于1943年10月26日，发出了《关于纠正扩军中拉夫行为的紧急决定》①，严肃指出："上述各种拉夫式的强迫行为，已经造成了严重的恶果，破坏了我党我军的政治影响，同时，

① 《大江报》(1945年5月4日，原件存于安徽省档案馆)

这种拉夫方式也给坏分子以及敌人与顽固派的特务奸细借以深入我军的机会。”要求“各地应完全遵照扩军工作的指示精神，以政治动员的方式，造成群众自愿参军的热潮，彻底克服一切强迫的恶劣偏向”。该决定发出以后，无为县委、临江县委、白湖中心县委和无为县政府、临江行政办事处、湖东行政办事处立即召开会议，向下传达，检讨存在的问题，认真按照扩军工作的指示精神布置今后的扩军工作，使扩军工作得到了健康发展。

關於糾正擴軍中拉伕行爲的緊急決定

▲ 中共皖中区委发出《关于纠正扩军中拉夫行为的紧急决定》的文件

为了进一步壮大抗日力量，对日军进行大反攻做准备，1944年秋冬，皖江根据地内掀起了参军热潮，在“抗日保家、参军光荣”的号召下，各地党委、政府大力发动宣传，政治上解放、经济上翻身的解放区内广大青年踊跃报名，跳光荣台，争相入伍。有些宗族大开祠堂宗门，动员和欢送宗族子弟参军，掀起了参军比赛热潮。在1944年秋冬的参军热潮中，无为、湖东、临江等地涌现出许多动人的事迹。湖东县尚礼区有 14 个姓组织了“宗族参军委员会”，推动各姓子弟参军。[1] 该县的槐林区 4 个乡，在 40 名干部带动下，就有 70 名青年参军。在秋冬的征兵中，无为地区有 14000 余名青年参加了主力部队，沿江支队即补入了三分之一的新战士，沿江支队总人数达到 4000 余人，比 1943 年增加 1 倍多，湖东地区的地方武装增加了 18 倍。1943 年底，新四军第七师主力部队从成立时的 1900 余人发展到 8477 人，地方武装 2381 人，民兵自卫队 7930 人，而到 1945 年春的大反攻前夕，第七师的主力部队已发展达近 2 万人，地方武装和民兵自卫队则发展得更快。兵员的增加，军事力量的增强，这为反击日军、收复国土奠定了雄厚的基础。

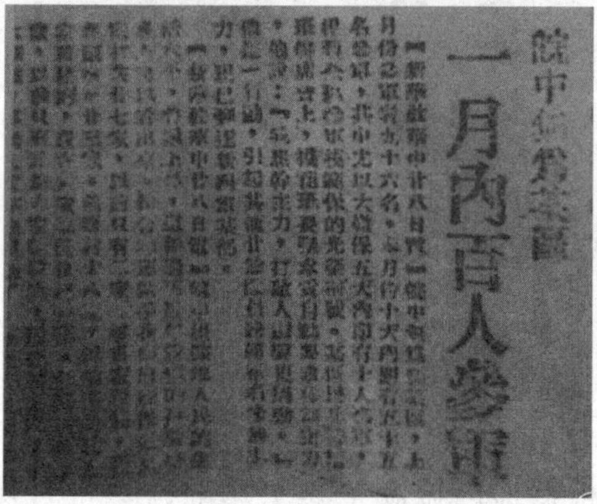
一月內百人參軍

▲ 《大江报》报道：“皖中无为某区一月内百人参军”的消息

① 《皖江抗日根据地》编审委员会：《皖江抗日根据地》，北京：中共党史资料出版社，1990 年，第 244 页。

为了改善部队的生活，减轻群众负担，部队也掀起了生产的热潮。部队的干部、战士在战斗的间隙和军事训练结束后，立即投入开荒生产，种植杂粮、蔬菜，养猪养鸡。仅 1944 年一年，地方上划给军人开建的荒地，无为县划拨 1200 亩，湖东县划拨 100 亩，临江县划拨 500 亩。师部独立团第三营一个营就开荒 90 亩，沿江支队还开办了作坊和合作社。通过生产，各部队的蔬菜基本都能自给，粮食也能部分自给，这不仅改善了部队干部、战士的生活，减轻了群众的负担，加强了军民关系，而且对战胜日伪的经济封锁，解决部队的供给困难，都起了重大的作用。[①]

1943 年，由于本地区部队的日益扩大，工作人员亦日益增多，每亩粮赋增加到三斤，"东一佃二，以求负担公平"，这一规定在经过皖中参议会第一届参议员代表大会讨论后，予以实施。[②] 据此可以看出根据地关于减轻群众的负担问题，已初步纳入法制的轨道。

皖中行署和第七师司令部还对珍惜民力，禁止随便使用民夫做了明确规定，非紧要备战或运输军需原料及其他不得已的情形，不得动用民夫。为避免滥用民夫，浪费人力，根据地政府不仅制定了使用民夫的有关条例，还印刷了民夫券，如军事或工作需

---

① 中共巢湖市委党史研究室：《中国共产党巢湖地方史》（第一卷），合肥：安徽人民出版社，2003 年，第 263 页。

② 《皖江抗日根据地》编审委员会：《皖江抗日根据地》，北京：中共党史资料出版社，1990 年，第 124 页。

要，确实需用民夫的，要报领导机关审批，领取民夫券，凭券调使民夫。1943年，又进一步规定，“各军政机关使用民夫一律遵章执行，不得就近多用。远程挑运，往返应以40里为限，逾限则另换民夫接换”。

为了确保党政机关和军队不随意支配公粮和滥用民夫，1945年5月4日，新四军第七师司令部和皖江行署又联合发文，“重申禁用便条支粮、禁止使用民夫”，规定部队或机关人员不得借口战时环境，随意大发便条支用公粮。[①] 如在战斗等不得已的情况下，临时使用便条，亦应由原经手人在最短期内派专人以粮券换回。要求各级政府宣告群众，曾收便条者，应立即找原经手人兑换粮券，以抵交公粮；规定非紧要备战或运送军需原料及其他不得已的情形，不得动用民夫；责成各级负责首长切实检查与保证执行。这些措施都切实地保障了人民群众的利益。

由于抗日人民政府大力发展生产，执行“减租减息”，实行各种减轻群众负担措施，使广大农民在经济上减轻了负担，政治上消除了压迫，人人心情舒畅，因而更加积极地支持和投身于抗日斗争。同时，由于贯彻了中共中央精兵简政的方针政策，脱产的人员减少，这也减轻了人民的负担，有利于发展经济，改善人民生活。根据中共中央的要求，各根据地脱产抗日队伍的人数，不得超过当地农民总数的2%—3%。根据地中心区无为地区粗略统

① 《大江报》(1945年5月4日，原件存于安徽省档案馆)

计，第七师部队和皖江党政组织的脱产人员占当地农民总数的不到2%。所以，在根据地的无巢中心区，荒滩、荒地几乎没有了，平时游手好闲、抹牌开赌者近乎绝迹，夜间可以不用关门睡觉，人民的生活获得了较大的改善，皖江抗日根据地内处处呈现出一片欣欣向荣、人人忙生产、个个支援抗战的生动局面。

五、根据地其他事业的发展

皖江抗日根据地的其他事业也取得了长足的进步与发展，尤其是财政经济工作，在根据地抗日军民的艰苦努力下，取得了巨大的成就，具有创造性的特点。新四军第七师在敌伪顽四面包围的夹缝中，为了生存与发展，不得不肩负起对敌作战和经济建设的双重任务。在经济工作中，皖江区党委确定了建立自给自足的抗战经济的发展方针，取得了显著成效。

（一）发展农业生产

农民是敌后抗日的基本力量，发展农业生产，改善农民生活，调动农民的生产积极性和抗日积极性，始终是各县党政部门的重要任务。无为地区临湖带江，有着得天独厚的地理环境，在工业尚不发达的情况下，只有农业发展了，人民群众富裕了，皖江抗日根据地的中心区才能得以更加巩固，部队才能有源源不断的兵源和财力，抗日斗争的胜利才能得到有力的保障。1942年5月，皖中区党委在关于农业生产方面，提出了一些包括“重视思想发动工作，广泛宣传劳动光荣，提倡发家致富，克服部分干部轻视农业生产和群众靠天吃饭的思想”“开展劳动竞赛、奖励劳动模范”“积极进行垦荒、增加生产”“大力推行深耕施肥，注意改良农业技术”等具体措施。[①] 无为、临江、湖东、无南等县的县委和政府都在战事频繁的情况下，仍积极贯彻区党委的指示精神，领导农民发展生产，保障农业丰收。

无为地区前江后湖，地势低洼，河汊纵横，素来水患严重。因此，要想发展无为地区的农业生产，就必须大力兴修水利。无为县三闸圩是个有着20余万亩良田的高产圩区，但苦于常受内涝灾害的影响，有时年成甚至颗粒无收。1943年，无为县政府在财力并不十分富裕的情况下，发动群众，重修了季家闸、黄树闸、陈家闸，加强了三闸圩的排灌能力；临江县各区、乡发动农民修塘1002处、坝埂90多道；湖东县山丘、高坡多，水利设施差，多受旱灾，为此，湖东行政办事处带领农民开凿了大新圩山河，受益农田7万多亩，修筑大小圩堤30多段。[②]

---

① 中共巢湖市委党史研究室：《中国共产党巢湖地方史》（第一卷），合肥：安徽人民出版社，2003年，第261页。

② 中共巢湖市委党史研究室：《中国共产党巢湖地方史》（第一卷），合肥：安徽人民出版社，2003年，第202页。

位于临江县东乡的黄丝滩江堤，素有“一线单堤、七邑生命”之称，直接关系到无为(包括临江、湖东、无南)、巢县、含山、和县、舒城、庐江、合肥7县300余万人口、400多万亩良田的生命财产安全。以前的官僚政府虽向人民收勒巨款修堤，但大都是中饱私囊、敷衍塞责，以致在民国初年及以后的20年内，该堤不断出现险情，堤内低地尽成泽国，数百万人民屡遭劫难。为了根除威胁七邑人民生命安全的隐患，皖中区党委和皖中行署决定重新修建新江堤。熟悉水利建设、毕业于北京农业大学的皖中行署主任吕惠生和行署水利委员们亲自勘察黄丝滩。1943年10月7日，于临江县汤沟镇召开了由无、巢、庐、桐、和、含、铜、繁等县水利代表参加的会议，吕惠生做了“目前的形势与黄丝滩退建工程”的报告，会议决定成立“黄丝滩退建工程委员会”(王绍宸任主任，齐丹九、倪朋斋任副主任)，另组建工程局(张君武任局长)，制订了工程计划。受益县承担修堤的主要任务，铜(陵)、繁(昌)、桐(城)为友谊区，负担支援任务。①

建设黄丝滩新堤工程开始后，各县数十万民工先后奔赴工地。新堤工地与被日军占领的芜湖隔江对峙，且周围还散布着零星日伪据点，日军不时派飞机在工地上空盘旋侦察。为保证民工安全，皖南支队抽出两个营的部队担任警戒，临江县还派出民兵日夜巡逻，以保障工程顺利进行。历经5个多月，先后出动民工

① 《吕惠生日记》(1943年10月7日，原件存于安徽省博物馆)

▲ 修建黄丝滩工程的民工在挑土

21万余人，用工100余万个，完成土方约40.4万方，一条长约15里的新堤终于修成。无为等7县人民生命财产安全获得了保障。1944年5月5日，皖中地区数百名党政军民代表在黄丝滩大堤举行江堤退建工程竣工典礼，吕惠生为新堤剪彩。皖中区党委书记曾希圣著文称颂“这是皖中人民在共产党领导下的惊人奇迹，更是敌后水利建设的一个新纪录”①。延安的《解放日报》还为此发表社论，指出“黄丝滩工程，不仅在皖中是史无前例的大工程，即在华中也是一件与人民生活切肤相关的大工程”。为表彰吕惠生为新堤工程所做的贡献，1944年9月，由皖中第二届参议会提议，经皖中区党委批准，决定将新堤命名为“惠生堤”。

① 《安徽文史资料全书》编委会：《安徽文史资料全书》(巢湖卷上)，合肥：安徽人民出版社，2007年，第731页。

▲ 修建黄丝滩工程的民工工余时合影

1945年春，无为5区区政府组织农民修建加固长江大堤堤埂崩塌的三坝工程，但在修建过程中，国民党桂顽第五二八团和无为县国民党县政府常备队却经常骚扰，使工程被迫中止。新华社曾以“皖中区无为等七县民众，控诉国民党罪行”为题进行了报道。

这些水利工程的兴修和完工，对于战胜水旱灾害，确保丰收，增加农民收入和支援抗日战争，都有着重要的意义。

1944年1月27日正值农历正月初三的新年之际，皖中参议会、皖中行政委员会召开联席会议，吕惠生主任向会议报告了关于1944年皖江根据地一年的生产计划。根据这一计划，无为县将植棉17000亩，临江县植棉6000亩，湖东县植棉3000亩；无为县养鱼200万尾，临江县养鱼500万尾，湖东县养鱼100万尾；无为县植树200万株，临江县植树100万株。为了使行署的生产计划得以实现，无为、临江、湖东等县县委和政府仍不断发动和组织农民开展大生产运动，区、乡、村都组织了生产委员会，各区设农建区员，专抓农业生产工作。

由于各级党委和政府的组织与安排，再加上贫苦农民因“减租减息”政策的实施而减轻了经济负担，政治上消除了压迫，所以根据地内呈现出人人忙生产、个个支援抗战的生动局面。1944年，仅湖东县一地，农民就开荒6000多亩。《大江报》于1944年4月报道了无为县蒋家冲村增产增收、人民生活大改变的情况：该村农产品，如稻谷、山芋、棉花、小麦、花生、菜籽、烟叶等产量均比前一年有较大幅度的增长，其中稻谷增产93%，山芋增产123%，棉花增产30%。过去该村33户有3户讨饭，6户春荒时讨饭，27户缺衣少食，仅两户可过。1943年日寇“扫荡”将全村烧光，衣物掳尽，全村一贫如洗。今年全村家家户户有吃有穿，讨饭的人一个没有了。①

农业互助合作组织是皖江抗日根据地发展经济的基础。无为、临江、湖东先后建立政权组织以后，为了发展农业，支援抗战和帮助贫困农民进行农业生产，在各区、乡农抗会的领导下，开始了按保、按村组织农业生产互助小组。根据1943年的调查，当时的无为县牌楼乡参加变工互助组的农户就达80%，延安新华社还播发了“皖中无为县响山互助组织积极帮助军烈属代耕、制订生

① 中共巢湖市委党史研究室：《中国共产党巢湖地方史》（第一卷），合肥：安徽人民出版社，2003年，第261—262页。

产计划、带领农民生产致富以及踊跃支前”的先进事迹。1943年冬季以后，农业互助合作组织得到进一步发展，在农村广泛开展发动互助、变换工种，以解决劳力和畜力不足的困难。如有的村组织换工，青壮年干重活，妇女车水，老年人看牲口，连小孩也被组织起来砍秧草、拾麦穗，使大家都有事干。根据地中心区蒋家冲村，33户人家，人口199人，劳力共32人，少牛。以前该村一贯不和气，不管农活多忙，都是各干各的，因而田大部分都被做荒了，一亩田只能收到二担多稻，不少人家缺吃少穿。区政府和农抗的干部到村上连开了三次会，把干部和群众之间、群众和群众之间不团结的事实摆出来，进行教育，又替村上断粮户借了粮食，发动大家筹款，合伙买了两头牛，议定成立变工组，实行人力、牛力、工具相互换工，解决了贫农无牛无工具的困难。[1] 换工队成立半个月后，村民的团结加强了，生产也有劲了，大家亲身体会到换工队的好处，一心一意地团结搞生产。开展互助劳动，充分而合理地发挥了农民的劳动积极性，提高了劳动效率，解决了季节、人力、牛力的矛盾，使劳动力有了剩余，这样也就促进了副业生产的发展。银屏区大岭乡大岭保根据自己的特点，组织了1个牛换工队、2个驴运输队和1个短工队，在外地进行换工，组织运输，增加了群众的收入。

① 《大江报》(1945年5月3日，原件存于安徽省档案馆)

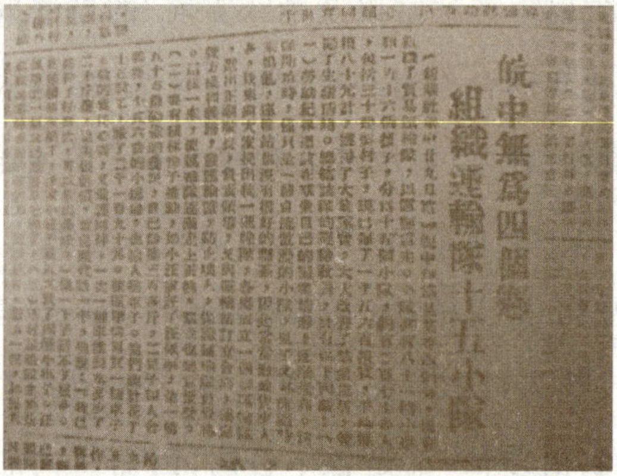
皖中無為四個鄉
組織運輸隊十五小隊

▲ 《大江报》报道：皖中无为县 4 个乡组织运输队支持抗日的消息

(二)发展工业生产

无为地区原为生产粮棉的平原，工业欠发达，主要为手工业生产。根据地创建以后，为适应第七师部队的战斗需要，无为县政府组织了手工业工艺社，主要为部队服务。据 1942 年 5 月统计，这一期间的工艺社每日可生产毛巾 10 打(每打 12 条)，袜子 20 打，土洋布 3 匹，草帽 100 打，军服 50 套。这虽然在当时对保障部队的需要起到了不小的作用，但根本无法满足部队和根据地发展的需要。

1942 年，无为县政府兴建了一个卷烟厂，每日可生产香烟 10 万支，销路很好，供不应求。下半年，卷烟厂迁址于陈家衖，进行扩建，设法购买了卷烟机械，并从芜湖聘请了制烟技师。[①] 烟叶由

---

① 《安徽文史资料全书》编委会：《安徽文史资料全书》(巢湖卷上)，合肥：安徽人民出版社，2007 年，第 712 页。

无为、湖东等地生产供给，不足部分到桐城、定远采购。生产的烟卷产品有甲、乙两种牌号，甲级烟叫“丰收牌”，乙级烟叫“禾苗牌”，相当于国民党统治区的中档香烟。烟厂生产的卷烟最先只能供给部队，地方上的党、政干部一个月还供应不了几十支。生产扩大以后，不仅能满足部队、机关的需要，还能向群众销售一部分，很受无为地区干部、群众的欢迎。后来还销售到国民党统治区，职工发展到100多人，同时也为地方财政提供了很大的收入。

1943年以后，原先的手工业工艺社发展成织布厂、被服厂、织袜厂、造纸厂、印刷厂、鞋厂、毛巾厂、雨衣斗笠厂、染织厂、肥皂厂等，生产规模扩大，职工人数增多，基本上能满足部队和地方党、政干部的需要。到抗战胜利前夕，各厂机械化程度提高，生产的产品就更多了，如全师2万多人过冬的袜子，只需一个半月的时间即可完成。这些厂主要集中在无为县境内，有的是地方政府办的，有的是军、地合办的。1945年初，根据地内的经济发展得欣欣向荣，不仅无为城的一般小商人、手工业者涌向根据地开店、办小作坊，外地商人、民族资本家亦纷纷到无为、临江投资开店、办厂，就连上海有名的煤业资本家潘以三及万利电器行经理郑有芝等人也到无为、临江、湖东来开办肥皂厂、开采煤矿和办电池厂、装配电台。

1943年以后，第七师部队也在修械所的基础上办起了兵工厂，有技术人员和工人300多人，后逐步发展到能制造大批手榴弹、枪榴弹、地雷、石雷、子弹,能维修各种兵器。[①] 这些厂的人员大部分都是地方上的能工巧匠,一部分技术骨干是从上海等地引进和上级机关派来的。这些兵工厂都归部队管辖。

▲ 第七师被服厂生产车间一角

地方政府办工厂和军、地联合办工厂,这不仅节约了开支,打破了日伪和国民党顽固派对根据地的封锁,同时也能生产部队所需的武器、弹药和服装,有利于对日作战。第七师部队和地方上的行政干部穿着由这些厂生产出来的鞋袜、服装时都备感荣耀。

(三)加强财经贸易

皖江抗日根据地建立之初,由于皖中区党委、第七师师部等领导机构都在无为,部队大部亦驻于无为地区,和含、皖南、沿江

① 中共安徽省委党史研究室:《中国共产党安徽地方史》(第一卷),合肥:安徽人民出版社,2000年,第422页。

等根据地尚处于开拓时期，因此，无为地区所承担的经济压力相当大，部队供给困难，财政枯竭，影响了部队和根据地的巩固与发展。同时，日伪和国民党顽固派对无为地区实行疯狂的进攻和经济封锁，又加重了根据地发展的困难。在这种既要对敌作战又要进行财经建设的双重压力下，为了生存和发展，皖中区党委确定建立自给自足的抗战经济发展方针。这项工作主要在无为地区开展。

1941年6月，无为县政府刚刚成立不久，就建立了皖中财经委员会，由唐晓光任主任，后奕斋任副主任，统一领导无巢中心区的财经工作。1943年1月，在皖中行署和无为县政府合署办公时，改财经委员会为财政经济处，由叶进明任处长，并成立了总金库，由皖中区党委副书记李步新任主任，负责督促财经处的各项财经工作。其后，由蔡辉任财经处副处长兼皖中货物管理总局局长，掌管货物进出口，开拓贸易渠道，开展封锁与反封锁的斗争。1943年4月，货管总局在临江的汤沟设立“集成号”商行，取“集天下人财物力，成抗日救国大业”之意，对外以民间商行名义出现，是经营百货、买进卖出的商行；对内则是行使发展财经职能，是疏通渠道、管理货物的“总局”，后“集成号”又兴办了“裕民号”“正大号”两个合作社性质的商号。[①] 从财经委员会到财经处，到“集成号”，这些财经和货物管理经营机构既属无为县政府和皖中行署

① 安徽省新四军历史研究会：《驰骋江淮——纪念新四军成立60周年》，合肥：安徽人民出版社，1998年，第444页。

管辖，又归皖中区党委和第七师领导，除1943年3月后建立了临江、无南财经分处外（属财经处管辖），无为地区没有建立别的财经机构。所以，它们既是根据地皖中行署财经工作的主管，同时亦是无为地区主抓财经建设的机关。一元化领导后，无为县政府、临江办事处、湖东办事处才分别设立了财粮科，无南办事处成立时亦设立财粮科。1943年9月，无为县政府设立了经济建设科，无为、临江、湖东三县的税务科原皆名为货管局，直属行署财经处领导，直到1944年春才改名为科，属地方政府领导。这些财经管理部门分别管辖本县的财政和税务。

▲ 皖江贸易总局在无为县汤沟开办"集成号"商行，给这个小镇带来空前的繁荣

行署财经处建立时，下属机构有：①粮食总局，负责粮征、田赋、地税、围垦和土地丈量；②货物管理总局，建立了6个税务局，下设税务分局和征税小组；③合作事业指导室，指导集体所有制的合作事业的组织工作。此外，还建立了垦荒局、经济建设科，负责沿江洲滩的丈量和垦殖工作，经济建设科主要是负责开发发展工业生产。[①]

为了开辟财源、改善人民生活、减少广大群众受私商的剥削和开展对日经济斗争、粉碎经济封锁，在根据地初创时期，无为地区的各级政府就发动群众投资入股办起了诸如供销合作社、生产合作社、运销合作社等各种形式的合作社。这些合作社在促进手工业生产、运销工农业产品、解决群众生活必需品等方面都起到了积极的作用，投资入股的群众也由此获得了一定的经济效益。

(四)发展文化教育

文化教育塑造民族灵魂，启迪民族智慧，振奋民族力量。发展文化教育，为坚持抗战和争取抗战胜利做出了重要贡献，留下了宝贵的抗战文化教育精神和意义深远的启示。

抗战时期，皖江抗日根据地制定了一套完整的文化教育工作的方针、政策。1942年5月，皖中区党委确定抗日民主根据地的文化教育工作的政策原则是：提高人民的自尊心和自信心，反对奴化思想；提高民众的教育文化水平，反对封建思想；培养干部人

① 《皖江抗日根据地》编审委员会：《皖江抗日根据地》，北京：中共党史资料出版社，1990年，第318页。

才，吸收一切资产阶级的提倡自由主义思想的知识分子，来共同进行文化工作。

无为县城沦陷以后，原城内的无为中学随国民党县政府迁往无为和庐江边境，许多青年无法进入中学读书。无为县抗日民主政府成立后，即把教育事业列为施政工作之一，大力开展成人教育和兴办小学。为了解决根据地内青年的失学之苦，无为县抗日民主政府兴办了一所新的无为中学。学校从1941年底筹办，1942年3月筹备就绪，开始招生上课。

新的无为中学设立于无为、巢县交界的山区蒋家冲，这里有一座由蒋家上代做官人员退休后所盖的公馆，几间大屋可做教室，容纳百人的大房间可做礼堂，花园可做校园，打稻场可做操场，菜园和山地可做农场。由于房屋十分宽敞，且非常隐蔽、安全，是办学校的理想场所。开学时由原无和含巢各区联合办事处主任后亦斋任校长，刘芳任教导主任，姜景任训育主任，1942年5月后奕斋调离，由刘芳任校长，各科教师配备齐全。初开学时只有50余人，半年不到发展到100多名学生，分设初一、初二两个班；暑期后又增设了师范班，并附设高小班。1943年，又增加了初三班，在校学生已有300余人。[①] 1942年7月，皖中参议会决定成立皖中行政公署，无为中学也相应改名为皖中各县联立中学，不仅招收无为、临江、湖东各县的学生，亦招收含、巢、和各县的学生。1943年3月，日军对无巢中心

① 《安徽文史资料全书》编委会：《安徽文史资料全书》（巢湖卷上），合肥：安徽人民出版社，2007年，第891页。

区大举“扫荡”,国民党顽军也经常来根据地制造摩擦,学校师生的安全难以保障,联立中学遂决定停办,学校里的干部和教师另行分配工作,中学生和师范班的学生就由区委、区政府分配工作,高小班的学生由家长领回去继续读书。

▲ 皖中(江)联立中学所在地——无为县怃城区牌楼村远眺

1944 年 4 月,因无巢中心区已基本巩固,皖中行署决定复办皖中各县联立中学。5 月 1 日,复办的联立中学在无为县怃城区下庄正式开学上课,金稚石、吕惠生先后兼任校长,董启翔代理校长,后由方向明任专职副校长主持日常事务。① 1944 年底国民党顽固派军队即将进犯根据地中心,联立中学东迁至临江县汤沟镇附近办学,易名为皖江联立中学,在从复校到北撤停办的一年多时间内,学校设普通班和师范班,先后培养了 500 余名学生,这些学生大都成为从事县、区、乡政权建设的干部。

① 政协巢湖市委员会:《永恒的记忆》,北京:当代中国出版社,2004 年,第 235 页。

各县的县委和政府对教育工作都十分重视和关心，县成立教育研究会，研究如何开展抗战时期的学校教育，提高教师们的教学质量。行署还成立教材编审会，统一编纂适合本地区的中小学教材。行署主任吕惠生曾任无为中学校长(1927年)，有着多年的教学经验。1944年夏，在皖江教育界成立的学校教育研究会上，他代表行署提出了文化教育工作的三大方针：即成人教育重于普通教育，私塾教育重于学校教育，干部教育重于普通教育。由于成人在社会上、抗战中的地位重要，必须先武装成人的头脑，以夺取抗日战争的胜利，故成人教育重于普通教育；根据地内私塾数量多，被群众信任，学生广，虽内容陈腐，但一时取消不可能，在思想上、经验上、政治上都有困难，而且私塾也是一种教育，是将来民办小学的基础，需供给课本、提供方法、帮助改良、推动组织，故私塾教育重于学校教育；由于干部已错过了普通教育的机会，而战争的环境又急需干部，所以干部教育又重于普通教育。①

抗战时期的教师节为每年的6月6日，各地亦十分重视这一节日。1944年5月30日，无为县政府专门召开会议研究本年度教师节的庆祝问题，还成立了“庆祝无为县教师节筹备会”。在战事频繁、财力尚不充裕的抗日战争环境中还这么重视教师节，确实是难能可贵！6月6日，无为县教师节庆祝大会在恍城区上庄院子召开，吕惠生和县委、县政府负责人均出席会议，吕惠生还发表了

---

① 《关于文化教育报告提纲》(《吕惠生日记》，1944年6月6日，原件存于安徽省博物馆)

“关于发展文化教育”的长篇讲话，他在论述文化教育的重要性及本地区文化教育时，要求教师把自己的工作与中国当前的抗日救国、建设事业联系起来。平时，行署主任吕惠生亦十分关注教育工作，在他抗日战争时期最后三年的日记中，就有多处关于到某学校视察讲话，以及中小学学校数、教师数、塾师数、学生数的记载。[①]

中国人民抗日军事政治大学第十分校(以下简称抗大第十分校)是在抗日斗争急剧发展的形势下建立的。牌楼是无巢中心区的一个村庄，住有上百户人家。村庄依山傍水，照明山蜿蜒起伏，牌楼水库清澈见底。牌楼祠堂建在村庄中央，作为宗祠，颇有些神秘的色彩。1945 年 6 月，抗大第十分校在牌楼祠堂正式成立，谭希林兼任校长，曾希圣任政委，阙中一任教务长，蔡园任军训股长，郑康任政治教育股长。

全校共有 5 个大队，包括 1 个干部队和 4 个学生队。学员主要是第七师所属部队的一批排、连、营军政干部，以及皖江地区各县、区的部分地方武装干部。

抗大第十分校遵照第七师师部指示，贯彻抗大总校的办学方针，密切结合实际，在战斗中学习、在学习中战斗，为迎接抗日战争的全面胜利，做出了积极贡献。[②]

---

① 政协无为县委员会:《百年沧桑话无为》，合肥:安徽大学出版社，2006 年，第 256 页。

② 中共无为县委党史研究室:《岁月留痕——无为县红色遗址寻踪》，北京:中共党史出版社，合肥:安徽美术出版社，2012 年，第 131—133 页。

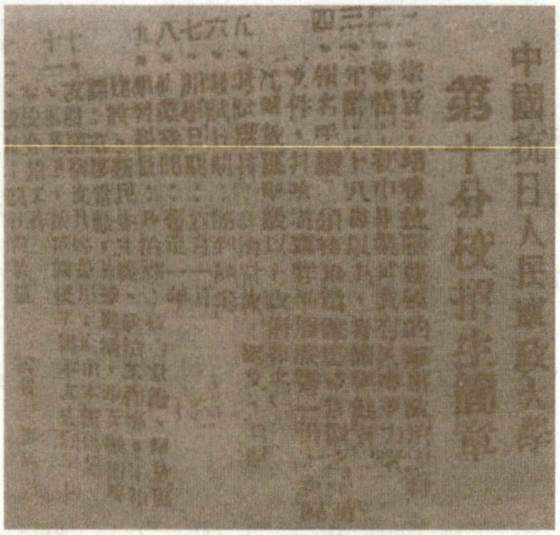
中國抗日人民軍政大學
第十分校招生簡章

▲ 《大江报》刊登的新四军第七师抗大第十分校招生简章

抗大第十分校办学以后，虽一直处在战斗频繁、高度流动的情况下，但仍坚持一面战斗、一面教学。校部根据中央军委《关于军队干部教育的决定》的文件精神，明确了学校教育必须服从当前敌后斗争的实际需要，制定了与之相适应的教学方针。

军事教育：以学习毛泽东同志的军事著作和战术课为重点，战略课主要是《论持久战》《中国革命战争的战略问题》《抗日游击战争的战略问题》；战术课以进攻战、游击战、夜战为主，辅以制式教练、战术训练以及游击战的战术理念。军事教育的野外演习时间多于课堂讲授时间，有很大一部分时间用于操练和演习。

政治教育：以社会发展史、中国革命基本问题、党的建设和基本政策以及形势任务教育为主课，树立科学的世界观和革命的人生观，启发学员认清中国革命的性质、任务和特点，识破国民党顽固派的反动本质，明确抗日战争应当依靠谁来领导。而党的基本政策是政治教育的重中之重，主要是使学员弄清党的抗日民族统一战线政策以及根据地建设的各项具体政策，着重解决对党的政策存在的一些模糊观点和错误认识的问题，以提高政策水平。

第七师首长还经常给全校同志做报告，进行形势教育，宣传国际反法西斯战争和国内抗日战争形势的胜利发展，以及皖江地区在迎接对日大反攻时的工作任务，使大家认清形势，认识到只有共产党才能救中国。教学以语文课为主，算术课次之，适当进行地理和自然常识教育。语文课主要是提高学员阅读、写作能力，能看通俗书报，并能写简单报告；算术课不仅要求懂得算法，并且要力求算得准确、熟练，多数为联系部队生活的应用题；中国地理课着重联系讲解当前全国抗日形势，世界地理课着重联系讲解世界反法西斯战争形势；自然常识教育主要是破除迷信，注意解释日常生活现象，增长学员的科学知识。

到 1945 年 9 月，抗大第十分校在只办学 3 个月之后，即改称"随营学校"，与第七师一道撤离皖江抗日根据地。

皖江抗日根据地文化工作的一个重要方面是发行自己的报纸。1942 年 3 月 26 日，经皖中军政委员会和第七师师部决定，成立《大江报》社，出版《大江报》，面向部队发行。同年 4 月，皖中区党委成立后，《大江报》即为区党委机关报，并由新四军代军长陈毅题写刊名。[①]

---

① 《安徽文史资料全书》编委会：《安徽文史资料全书》（巢湖卷上），合肥：安徽人民出版社，2007 年，第 814 页。

《大江报》社成立之初，由区党委宣传部部长周新武兼社长，舒文任总编，后由舒文任社长兼总编。编辑部分地方版和国际、国内新闻版两个编辑组，地方版由原《新无为报》负责人赵节负责，国际、国内新闻版及电讯由蒙谷负责，原《战鼓报》负责人朱士俊负责发行。《大江报》创办初期为油印，每期发行 3000 份，1944 年改为铅印后，每期发行 5000 — 6000 份，一般为四开版日报，如遇战斗，则改为几日内出版一次。《大江报》除部分报纸发行至和含、皖南、沿江地区及沦陷区外，大部分皆在无为、临江、湖东、无南境内发行，是无为境内党、政、军、民的主要精神食粮。同时，《大江报》社还印刷一些干部、战士和群众需要的单行本小册子及《大江报副刊》《大江月刊》《大江画报》，图文并茂，内容生动、丰富，活跃和充实了无为地区军民的文化生活。

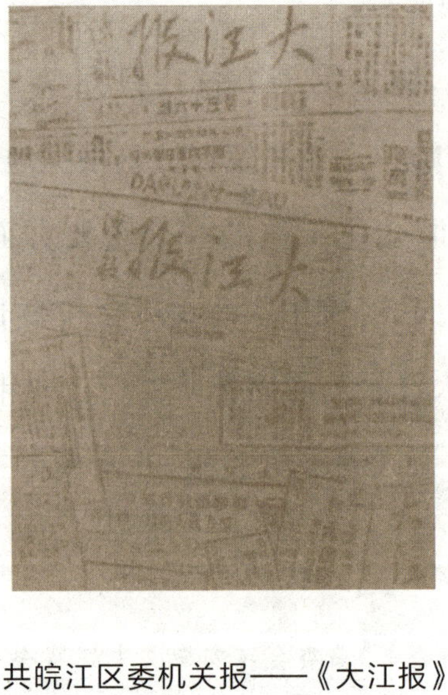

▲ 中共皖江区委机关报——《大江报》

《大江报》是皖中(江)区党委领导下的一个重要的宣传喉舌,它从1942年3月创刊,到1945年10月3日停刊,共出刊507期。它不仅能快速、准确地传达党中央的指示、法令和宣传党的方针、政策,让根据地的广大军民了解国际、国内形势,英勇地开展抗日斗争,而且通过报道各地振奋人心的胜利信息、英雄人物的事迹和战斗经验,以鼓舞干群的斗志和坚定抗战必胜的信念。同时,它还及时地介绍了根据地的生产、整风运动的方式、方法,反映人民群众的意见和要求,对加强和推进皖江抗日根据地的建设起到了积极的重要作用。[①]

1941年5月,无为县抗日民主政府建立后,为了以文艺的形式向人民群众宣传抗日和反顽斗争,活跃群众文化生活,县政府成立了以王克之为队长的"无为县宣传队"。宣传队人数虽不多,但像轻骑兵似的深入村庄、集镇,或演出一些反映当时现实的歌曲、小型活报剧,或宣讲一些抗日斗争的道理,颇受群众的欢迎。

1942年3月,第七师政治部以"无为县宣传队"为基础,吸收一些部队的文艺骨干和地方上有文艺才能的青年,组成由第七师政治部领导的"大江剧团",[②]撤销了"无为县宣传队"。由叶诚任团长,王克之任副团长。后陆续又从军部文工团和第二师文工团调来

① 中共巢湖市委党史研究室:《中国共产党巢湖地方史》(第一卷),合肥:安徽人民出版社,2003年,第229页。

② 《安徽文史资料全书》编委会:《安徽文史资料全书》(巢湖卷上),合肥:安徽人民出版社,2007年,第823页。

一些文艺骨干人员，又改名为“七师文工团”，或称“大江文工团”。

“七师文工团”成立初期人数亦不多，但人人都是多面手，后发展到80多人。全团分为话剧队、歌咏队、墙报队。剧团的主要任务是运用文艺的形式进行抗日宣传，号召人民与日伪进行斗争。其剧本、歌曲绝大部分均为自己编写，往往一个晚上就能集体编好一个剧本或一首歌曲，及时地反映了当时的斗争现实。演出、排练之余，剧团也分成若干小队，结合根据地中心任务去做群众工作，如发动群众参与减租减息运动、动员参军等。如遇上大的战斗，剧团人员也分散到前线部队中去参加作战或协助干部做宣传鼓动工作、组织担架队、抢救伤员。女团员大部分分散到卫生队，帮助卫生员收容伤员，给伤员包扎伤口。战斗结束后又集合到一起，进行排练和演出活动。[①]

“大江文工团”除偶尔到和含地区进行慰问演出外，主要是在无为、临江、湖东、无南各县和驻军部队进行宣传和演出。在文化生活极为贫乏的抗日战争环境中，军民对有着较高水准和拥有西洋乐器的演出，无不欢欣鼓舞，同时也深受教育和启迪。“大江文工团”从1941年5月的“无为县宣传队”起到1945年9月底北撤，一直是一支深受党、政、军、民欢迎的文艺部队，起到了鼓舞军民、打击敌人的特殊作用。

---

① 《安徽文史资料全书》编委会:《安徽文史资料全书》(巢湖卷上)，合肥：安徽人民出版社，2007年，第824页。

▲ 新四军第七师大江剧团战地演出

1943年3月，原第二师淮南文工团抽调十几名团员支援皖江地区开展文艺宣传活动。到达无为县后，无为县县长陆学斌决定由这些人组建文艺宣传队，并从因日军“扫荡”而停办的原无为中学选调十余名学生，共30余人，组建成立了“无为县文工团”。由王峰任队长，包勋任指导员，其中女队员占三分之一。“无为县文工团”演出的剧目都是短小精悍、群众喜闻乐见的秧歌剧、活报剧、小型话剧等，并用民间戏曲形式填词演唱，如“小放牛”“凤阳花鼓”等。歌咏除演唱当时根据地普遍流行的抗日歌曲外，亦以民间小调编词演唱，结合形势，通俗易懂，深受群众欢迎。除演出外，“无为县文工团”亦经常进行抗日、反顽斗争的宣传，或刷大幅标语，或演讲；同时亦常配合县里的中心任务分散至农村做群众工作。演出地点除在无为县的恍城、开城、石涧、新民、银屏各区外，还到无为东乡的临江县农村和无为地区部队中演出。[①]

在1943年底至1944年秋，还有一支文工队活跃在无为的东乡临江一带。这就是1943年底由皖南地委宣传部建立起来的“皖南支队文工队”。张蒙天任队长，余耘任指导员，全队仅十几人，大部分都是青年学生。张蒙天是来自上海的大学生，队里演出的节目基本上都由他编写、填词，文工队写新词的民歌等节目大都由他创作。特别是修建黄丝滩江堤时，全队开赴工地现场，白天边抓紧时间编写、排练节目，边参加劳动，晚上就搭起土台演出，内容多取材于修建江堤的实际生活，非常生动活泼，很受民工欢迎，自编自演的大合唱《黄丝滩大合唱》在民工中传唱很久。1944年秋，由于皖南抗日根据地已逐步巩固，“皖南支队文工队”便和部队一起开赴皖南，踏上了新的征程。[②]

毛泽东在1944年10月30日指出：“我们的工作首先是战争，其次是生产，其次是文化。没有文化的军队是愚蠢的军队，而愚蠢的军队是不可能战胜敌人的。”[③]皖江抗日根据地具有鲜明特色的文化教育事业蓬勃发展，在教育人民、组织人民、打击敌人、提高国民素质、建设根据地的伟大斗争中，发挥了极其重要的作用。

---

① 《安徽文史资料全书》编委会：《安徽文史资料全书》（巢湖卷上），合肥：安徽人民出版社，2007年，第825页。

② 《安徽文史资料全书》编委会：《安徽文史资料全书》（巢湖卷上），合肥：安徽人民出版社，2007年，第827页。

③ 毛泽东：《毛泽东选集》（第三卷），北京：人民出版社，1991年，第1011页。

（五）开展减租减息

1942年1月和2月，中共中央连续发布了《关于抗日根据地土地政策的决定》和《关于如何执行土地政策决定的指示》。同年5月，根据中央精神，皖中区党委发布了《抗日民主根据地政策讲授提纲》，对减租减息做了具体规定。减租政策为“二五”减租，即在原东家（地主和小土地出租者）与佃户约定的田租中，减去二点五成的稻租（如佃户每亩原交给东家400斤田租，则减租后只交300斤，故称为“二五”减租）。减息政策规定为：①老债付息超过原本一倍者，停息分期付本；②老债付息超过原本两倍者，本息停付；③高利贷剥削，包括印子钱、麦钱、菜籽钱，一律查禁。[①]

减租减息工作刚开始时，由于对这项工作认识不够深刻，发展很不平衡，有的地方流于形式。1943年下半年，中共中央要求“各根据地的领导机关，必须责成各级党政机关检查减租政策的实施情况，凡未认真进行减租的必须于今年一律减租，减而不彻底的，必须于今年彻底减租”，并着重指出：“减租是农民的群众斗争……而不是给群众的恩赐”。为了发动群众，推动减租减息工作的开展，1943年秋收时，无为、临江、湖东各县抽调大批干部和皖中区党委、第七师抽调的干部组成工作组，深入农村开展各种宣传活动，营造了强烈的减租减息氛围。

经过深入广泛的宣传，群众思想觉悟有了很大的提高。各县

① 中共巢湖市委党史研究室：《巢湖市中共党史资料选编》（第一卷），合肥：安徽人民出版社，1998年，第125页。

的区、乡以农抗会为中心，乡、村两级建立评租委员会，乡评租委员会由各村(保)农抗小组联席会选出5—7人组成，乡政府负责人任主任委员。村评租委员会以村农抗会代表为核心，由佃(户)方代表2人、地方参议会或公正人士1人、富有经验的老农代表1人、东(家)方代表2人组成，在总体上体现了农村基本群众的优势力量。[①]

减租减息是一场反封建的政治、经济斗争。通过减租减息，抑制和削弱了地主阶级的封建剥削，从而动摇了在广大农村封建统治的基础。因此，它必然受到封建顽固势力的抵抗，一些不法地主用各种方式对减租减息进行破坏，有的威胁农户，有的拉拢佃户，有的还以“起佃”(把租田收回)相威胁。据临江县不完全统计，在1943年的减租中，由地主违反减租法令而引起的纠纷达200多起。无为县石涧区乡参议员阎某，带头违反减租法令，不愿向佃户退租。石涧区农抗理事会组织了6000多名会员，对阎某进行了斗争，并呈请县参议会罢免了其参议员的资格。临江地区不法地主的违法行为激起农民的极大义愤，纷纷起来与之斗争，迫使地主退回租谷6000多担，追回地主以起佃名义退回的耕地300多亩。1943年12月21日，延安《解放日报》报道了临江县减租情况：“临江县减租运动一结束，据5个区统计，执行减租田共325738亩，减去租稻251100余担，受益佃户9903家，共379600

---

① 《安徽文史资料全书》编委会:《安徽文史资料全书》(巢湖卷上)，合肥:安徽人民出版社，2007年，第727—728页。

人，平均每人可增加收入近6斗7升。白茆区593家佃户在减租中每户受益稻子5担。在减租过程中，大部分业主能遵守法令减租，其中如参议员江祝堂、王试之，士绅叶策文诸先生，于自动减租之后，还积极劝导个别东家依法执行。”[①]临江县的虹桥区在减租中，农抗会员激增，妇抗、工抗、青抗会员也大量发展，各抗敌协会的会员数占该区总农户的60%以上。据同年在江心洲地区的调查，在减租3年中(1941—1943)有70%的农户生活水平有了提高，其中从雇农上升到贫农的有40%，从贫农上升到中农的有30%，广大农民开始走上了政治舞台。

▲ 无为县恍城区减租减息动员大会

在减租减息的同时，各级农抗组织依据政策动员佃户向债权人交一定的利息，向地主交租，对一些拥护减租减息的地主，政治

① 中共安徽省委党史研究室：《中国共产党安徽地方史》(第一卷)，合肥：安徽人民出版社，2000年，第417页。

上一视同仁，经济上保障他们的合法利益。无为县和临江县还培养了一批开明人士，如恍城区的陈伯文、石涧区的李祝三、陡沟区的王试之、运漕区的潘有琪等，让他们在大会小会上讲话，说明只要遵守政府法令，实行减租减息，就能取得人民的信任，这对团结地方有产阶级共同抗日，起到了积极的作用。

减租减息法令的实施，不仅获得了广大农民的拥护，同时也得到了各阶层人士的支持。由于政府大力组织农民发展生产、兴修水利，又实行了“二五”减租，减半利息，所以农民的生产积极性得到了极大的调动，农业获得了丰收。在收租时，地主、富农也能从丰收的成果中增加一些份额，所以也得到了大部分收租者的支持。但佃户给东家“送年节礼”“吃看租酒”“踢斛淋尖”“仓口交卸”等一些极不合理的旧规陋习，加重了佃农的经济负担，仍然还是压在佃农身上的石头。为了解开农民身上这些实际是剥削内容的束缚，各级政府组织农抗会向地主、富农等收租东家开展说理斗争，最后由政府宣布一切旧规陋习都取消。在新区内，区政府组织各阶层人士成立评租委员会，乡成立租事仲裁委员会，村(保)成立租事检查小组，以保证减租减息、废除旧规陋习的工作能正常地进行。[1]

---

① 中共巢湖市委党史研究室:《中国共产党巢湖地方史》(第一卷)，合肥:安徽人民出版社，2003 年，第 262—263 页。

第六章

★★★★★

夺取抗日战争的全面胜利

一、反击日军，收复失地

中国共产党第七次全国代表大会于 1945 年 4 月 23 日在延安召开，大会制定了“放手发动群众，壮大人民力量，在党的领导下，打败日本侵略者，解放全国人民，建立一个新民主主义的中国”的政治路线。皖江军民在七大精神的鼓舞下，按照皖江区党委和第七师以及皖江军区的部署，自 1945 年春，在各地开始进行反击日军、收复失地的战役。[①]

---

① 中共巢湖市委党史研究室:《中国共产党巢湖地方史》(第一卷)，合肥:安徽人民出版社，2003 年，第 290 页。

为了扩大解放区，缩小沦陷区，最后达到驱逐日军的目的，1945年夏季，巢无中心区、沿江地区、皖南地区开始了战略反击。1945年5月中旬，沿江支队独立团一部，配以炮兵，乘船由槐林嘴出发越巢湖袭桐荫镇，俘日伪军26人，缴长短枪10余支、弹药一部分。5月下旬，独立团团长王培臣率第一营、第三营和第二营第五连第三次乘船过巢湖，准备攻打桐荫镇的日伪军。黄昏时，在湖心遭遇日军的舰队，激战半小时，击沉日军船只1艘、击毙日军5人，俘伪军、日商百余人，缴获满载货物的船只7艘。王培臣当即派第五连将俘获的船只和人员押回巢湖南岸湖东地区。王培臣率第一、第三营两营继续渡湖，拂晓登岸，摧毁伪军碉堡一座，烧伤伪军分队长以下官兵29人。6月，独立团团长王培臣和第五十七团政委顾鸿，率领独立团第一营、第三营和第五十七团第三营，夜渡巢湖，攻打巢县西部、巢湖边的张家疃日伪据点和桐荫镇日伪据点，全歼张家疃伪军1个连、桐荫镇伪军1个排，俘伪军百余人，缴机枪2挺、步枪80余支。

在10余天内，第七师部队三渡巢湖出击日伪军，这是皖江抗日根据地从战略防御转向大反攻、从内线作战转向外线作战的转折点。

当抗日战争进入到战略反攻阶段的时候，皖江区党委、皖江军区、第七师对反击日军的计划做了研究和布置。皖江地区实施战略反攻的主要目标：首先拔除巢湖南岸的姥山怀、散兵、长岗井、盛家湾、望城岗和无为县城、襄安镇、汤沟以及繁昌县的中分村；裕溪河沿岸的运漕镇、雍家镇、裕溪口；淮南铁路（此时铁轨已拆，但据点仍存）沿线的桥头集、痐炀河、林头、东关、铜城闸等日伪据点，使巢无中心区与沿江、皖南、和含根据地连成一片，为解放巢县城创造条件。尔后解放含山、和县及江南沿江城镇，最后视情况东进或北上，协同兄弟部队解放芜湖或合肥。[1] 这是皖江地区军事实力许可、切实可行、令人鼓舞的收复国土、歼灭日军的计划。后来，因情况的变化，该计划未能全部实现。

战略反攻计划的第一步是摧毁巢湖南岸沿线的日伪据点，打通巢无中心区与巢北游击区的联系，夺回被日军侵占的姥山怀铁矿，巩固巢无中心区的安全。1945 年 7 月下旬，第七师第十九旅第五十六团和旅部特务营，担任了向巢湖南岸的盛家湾、长岗井、散兵等日伪据点发起进攻的任务。[2]

（一）袭击长岗井伪军据点

长岗井是位于盛家湾与散兵之间的小集镇，却是两处日伪据点的连接点，攻占此处，即切断了盛家湾与散兵的连接线。长岗井据点有双层炮楼 1 座，四周有小碉堡 4 座，并有围墙、壕沟等障碍物。守军为伪军自卫中队的一个排，其有 34 人和转盘机枪 1 挺、掷弹筒 2 具。担任攻坚任务的第五十六团第六连，虽装备较

① 北京新四军研究会七师皖江分会：《皖江雄师征程》，内部资料，2004 年，第 164 页。

② 安徽省新四军历史研究会：《安徽抗日战争史》，合肥：安徽人民出版社，2005 年，第 432 页。

差，仅步枪数十支、机枪 2 挺，却善于利用夜战、近战进行攻坚。25 日晚，第六连三分之一的战士手持大刀于午夜接近碉堡，以白刃战消灭了炮楼的伪军，仅半个小时即全歼伪军 34 人，缴机枪 1 挺、掷弹筒 2 具，第六连仅 2 名战士受伤。

（二）勇夺散兵镇

散兵镇是巢湖南岸的重要渡口，守军有 100 余人，有机枪 2 挺，附近的南湾渡口有巢县伪保安团一个中队的大部伪军，姥山怀铁矿驻有日军一个小队和伪军一个排守护矿山。26 日零时，第五十六团第一营向散兵镇的伪军据点发起猛攻，第十九旅特务营在散兵镇外围打援。经与伪军激战 3 个小时，于拂晓前攻下据点，守军除 40 余人从湖上逃跑外，余皆被歼，并缴获机枪 1 挺。[1]

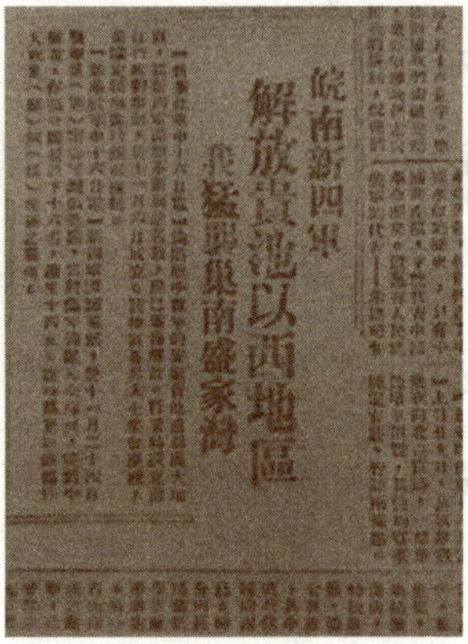
皖南新四軍
解放貴池以西地區
我猛襲巢南盛家橋

▲ 《新华日报》报道：皖南新四军解放贵池以西地区

---

① 北京新四军研究会七师皖江分会：《皖江雄师征程》，内部资料，2004 年，第 167—168 页。

（三）炮轰盛家湾日伪据点

盛家湾是巢湖南岸日伪军把守的重要据点。该据点位于盛家湾东北岗上，筑有3层炮楼1座，外有围墙、水壕、吊桥等障碍，驻有伪军第四师的1个连，共150余人，有机枪6挺、掷弹筒4具，是兵力足、装备好、战斗力强的一支伪军。26日1时，第五十六团第二营第五连和迫击炮连、重机枪排共300余人向盛家湾据点发起进攻。第二营采取先偷袭、后强攻的战术攻打，但伪军凭借工事，固守顽抗，双方激战4个小时，未能攻破据点。后采用8门迫击炮猛轰炮楼附属工事，第二营与重机枪排勇猛冲杀，与伪军近战格斗，终于在天亮前结束战斗，全歼伪军150余人，活捉伪军连长，缴获机枪6挺、掷弹筒4具。

（四）茶亭打援战斗

茶亭是位于盛家湾与巢县城之间的一个小村，为保障对盛家湾、长岗井、散兵等据点的攻击，防止驻在巢县城内日军1个大队和伪军第三军第四师的出援，第五十六团由第三营第四连在茶亭担任打援的任务。26日6时30分，日军1个小队和伪军1个排沿公路向茶亭方向前进出援，第三营第七连和第四连轻重机枪一并扫射，杀伤日伪军一部。后两个连战士全体出击，将日伪军分割包围，与之白刃格斗。第七连机枪班班长翟大保见日军小队长挥舞东洋刀砍掉本班副班长的一只手，指挥日伪突围时，他一个箭步冲上去，用长矛挑掉日军小队长的东洋刀，将日军小队长按倒在地，并活活掐死。当一个日军跳入水田逃跑时，第四连第六班班长翟守怀扑上去将日军拦腰抱住，即使日军砍伤了翟守怀的左臂，翟守怀也不撒手，直到另一名战士赶到将日军活捉。稍后，出援的左路伪军两个连亦被第三营第八连、第九连阻击，歼其大部。此次打援战共打垮伪军1个营，歼日军1个小队、伪军1个多连，俘日军2名、伪军30余人，缴平射炮1门、机枪2挺等武器弹药。①

1945年8月8日，苏联对日宣战。8月9日，毛泽东发表《对日寇的最后一战》一文，文中指出："对日战争已处在最后阶段，最后战胜日本侵略者及其走狗的时间已经到来了。"毛泽东号召"中国人民的一切抗日力量应举行全国规模的反攻，八路军、新四军及其他人民军队，应在一切可能的条件下，对于一切不愿投降的侵略者及其走狗实行广泛的进攻，歼灭这些敌人的力量，夺取其武器和资财，猛烈地扩大解放区，缩小沦陷区"。从此，抗日战争进行到了战略反攻阶段，全国敌后解放区奉毛泽东、朱德命令，对日伪举行大反攻的最后一战。

在这个具有历史意义的进军号角声中，皖江区党委、皖江军区、新四军第七师决定抽出第十九旅的第五十五团、第五十六团，和含支队的含和独立团及几个大队，皖南支队的临江团及几个大队，巢无独立团、第三师独立旅的2个团，第七师特务营，第十九

---

① 北京新四军研究会七师皖江分会：《皖江雄师征程》，内部资料，2004年，第170—172页。

旅特务营共7个正规团和几个大队、2个特务营的兵力投入抗日大反攻战役。

8月10日，朱德总司令向各解放区八路军、新四军发布进军令，命令各武装部队迅速前进，收缴敌伪武器、接受日军投降。如敌人拒绝投降，则坚决消灭之。新四军第二、第四、第七师奉命向淮南、淮北、皖江解放区交通沿线和驻地的日伪军积极展开攻势。11日，新四军命令华中日伪军立即投降。①

（五）望城岗攻坚打援战斗

第七师代师长谭希林率第十九旅第五十六团、第五十五团第三营、师部特务营、无巢独立团向望城岗日伪据点发起进攻。望城岗，位于巢县城西南4公里处，岗高60余米。岗内据点有3层炮楼1座，7米高围墙一道，围墙四角各有小碉堡1个，围墙外有深6米、宽5米的干沟。沟外有鹿砦等附属设施，构成较完整的独立防御体系。岗东是水网地带，岗北、岗西地形起伏，岗西有大路北达巢城，西南至大岭，东南通吕婆店。望城岗西北濒临巢湖，西南接银屏山，又扼巢湖口至裕溪河段，成为日军固守巢城的西南屏障、控制巢湖以南山区和守备巢县城的前哨据点。巢县城是日军在合肥、芜湖两大战略要地的中转站，常驻兵力达5000人之多，戒备森严。望城岗守敌系伪第三军第四师第十三团第九连，

---

① 中共巢湖市委党史研究室:《中国共产党巢湖地方史》(第一卷)，合肥:安徽人民出版社，2003年，第294—295页。

共 4 个排，配重机枪 1 挺、轻机枪 3 挺。

▲ 播发攻克散兵、长岗井、盛家湾等日伪据点的战斗快报

望城岗战斗由第七师第五十六团、第五十五团第三营、师部特务营担负主攻任务；无巢独立团位于吕婆店一带，对林头、东关方向警戒，以保障主攻兵力南侧的安全。作战前，确定采取“攻点打援”的方案。因为若攻望城岗，巢城日伪军必来增援。援则必经岗西大路，北段地形利于埋伏，先诱歼援敌，后全力攻点。

8 月 10 日 23 时，第七师部队以迫击炮、重机枪等火力向望城岗据点急射，守敌畏惧被歼而龟缩待援。果然，伪军以第四师第十二团为主的 3 个多营的兵力于次日早晨 5 时 30 分，由巢城顺大路前来增援，至司家巷即遭第七师部队截击，第七师部队在龙王庙附近歼伪军 1 个营。残敌溃成两股，一股约 2 个连窜至王家洼，被设伏在那里的无巢独立团截歼一半，余敌沿裕溪河岸窜回巢县城；另一股约 1 个多营，在伪军第十二团副团长带领下，进入望城岗据点。[1]

打援胜利后，第七师部队乘胜攻打望城岗据点。8月11日，伪军仗其工事坚固，负隅顽抗一天。12日，第七师以重大火力猛攻，仍未奏效。12日10时许，第七师神炮手徐胜道用3发迫击炮摧毁了据点内的储水器，继之又用平射炮猛轰炮楼，并以轻、重机枪封锁之，第五连机枪班封死伪军西边小碉堡；主攻部队以9门迫击炮集中平射，轰开西边围墙；第九连在东门点燃柴草火攻，同时齐声对伪军喊话“缴枪不杀，优待俘虏”。望城岗据点内伪军外无援兵，内断粮水，四面受围，伤亡惨重，惊恐万状。此时，第七师3个营同时冲上去。第一连机枪班班长、特等射手杨维仁用1挺俄式机枪封住伪军据点的东北角小碉堡，第二排副排长、战斗英雄李勇，跳越鹿砦向伪军投弹10余枚，打退伪军反扑，杀出一条通路后壮烈牺牲。在李勇英勇行为的鼓舞下，第一营各连一鼓作气，率先攻进据点。此刻，第五十五团第三营和师部特务营也相继突入据点，至12日12时全歼望城岗日伪据点守敌。当日14时巢城伪军两个营前来增援，又遭第七师部队伏击，增援伪军见势不妙，调头就逃，第七师第五十五团第二营奋起直追，截歼伪军尾部1个多连，余敌溃败窜回巢县城内。此次攻坚打援战斗胜利结束，共歼灭、俘虏伪军第三军第四师第十二团全部和巢县保安团一部1300余人，其中俘伪军副团长以下官兵1000余人，缴轻重

---

① 北京新四军研究会七师皖江分会:《皖江雄师征程》，内部资料，2004年，第173—176页。

机枪30余挺、步枪700余支。新四军第七师部队亦伤亡200余人。此战大量歼灭了日伪有生力量，改善了第七师部队的装备，为开展对日大反攻起到了重要作用。①

与望城岗战斗同时，第五十五团第一营、第二营及临江地方武装，对裕溪河北岸重镇——含山县运漕镇的日伪军发起进攻。在第七师第五十五团团长朱鹤云、政委邓庆和、参谋长郚兰亭的指挥下，经过3天的激烈战斗，全歼运漕镇守敌日军1个小队和伪军1个中队，俘日军1名、伪军百余人，缴轻机枪2挺、掷弹筒1具、步枪80余支及其他军用物资。

（六）攻占拒降日伪据点

1945年8月15日，日军无条件投降后，当晚，皖江区党委、新四军第七师、皖江行政公署将从电讯中得到的这一消息传达至各地，根据地党、政、军、民各界一片欢腾，无不为历尽艰难、浴血奋战得来的抗日胜利而欢欣鼓舞。然而16日，日军大本营在下达"停止战斗行为"的命令同时，又命令日军"在不得已的情况下，为了自卫可以采取战斗行为"。由于日军宣布投降而又不放下武器，中国共产党领导的军队的反攻作战不得不继续进行。而与此同时，蒋介石国民党政府却命令八路军与新四军"应就原地驻防待命"，并命令沦陷区的伪军"维持治安"，只准接受国民党军队的

① 北京新四军研究会七师皖江分会：《皖江雄师征程》，内部资料，2004年，第176—177页。

收编，而将长城内外、大江南北与日军奋战 14 年的八路军、新四军排斥在接受日军的受降区之外，实际是预谋下一步发动内战，消灭共产党所领导的解放区和人民军队。①

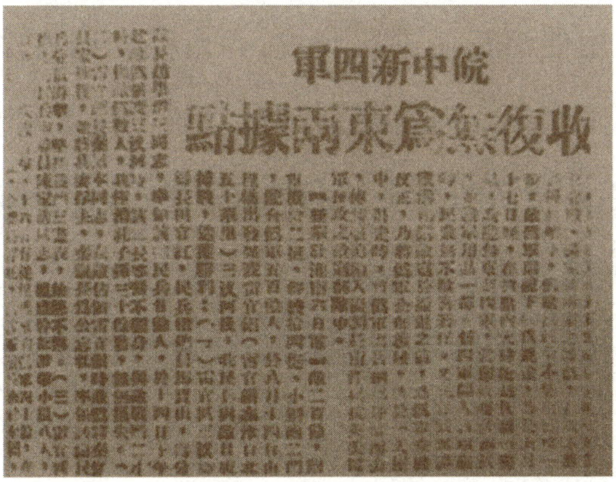
皖中新四軍
收復無爲東兩據點

▲ 《大江报》报道：皖中新四军收复无为东两据点

日军宣布无条件投降之后，皖江区党委、新四军第七师派中共无巢县委书记张世荣、新民区区委书记杨杰和师部作战参谋聂慕等人在无为县城西郊新民区檀树棵村，与驻无城的日军代表就日军投降事宜举行谈判。由于日方已事先接到国民党政府的密令，拒向共产党及人民军队缴械，致使谈判破裂。

8 月 16 日，第三师独立旅第三支队和第二支队奉第七师命令，同时向无为县城和襄安镇的日伪军队发起进攻，经激战，歼日

---

① 中共安徽省委党史研究室：《中国共产党安徽地方史》(第一卷)，合肥：安徽人民出版社，2000 年，第 466 页。

伪军200余人。17日，无为县城宣告解放。18日，攻克襄安镇，全歼日军1个小队和大部伪军。① 残余日伪军由小汪渡经神塘河撤退，途中竟杀害一名不愿领路的韩家庙农民。独立旅攻打襄安时，日军还使用催泪瓦斯进行顽抗，并由芜湖调海军陆战队从凤凰颈登陆，妄图增援。但在第三师独立旅的强大攻势下，驻襄安日伪军在海军陆战队的接应下由凤凰颈逃走，襄安镇被收复。

无为县城解放后，无为县抗日民主政府派员至无为县城开仓放粮，赈济贫民，并张贴安民告示，交代政策。为了安定沦陷了5年零1个月、饱受日伪军欺凌之苦的无城人民的情绪，第七师大江文工团赶赴无为县城做慰问演出，无为县抗日民主政府在西门体育场召开党、政、军、民和各界千人参加的庆祝大会，皖江行署主任吕惠生到会讲话，号召军民团结一致，为建设战后统一富强的新中国而奋斗。②

8月中旬，为进一步扩大抗日成果，第七师派第五十五团第一营、第二营在运漕战斗结束后到达皖南，配合皖南支队攻打拒降的日伪据点。随后，临江团又配合友邻部队攻克了裕溪口、鲁港等日伪据点。芜南总队在黄池一带与苏浙军区第九纵队胜利会师，使苏南、皖江连成一片。

---

① 《新四军战史》编辑室:《新四军战史》,北京:解放军出版社,2000年,第453页。

② 中共巢湖市委党史研究室:《中国共产党巢湖地方史》(第一卷),合肥:安徽人民出版社,2003年,第298页。

8月23日，在代师长谭希林、参谋长孙仲德、第十九旅政委黄火星的直接指挥下，第十九旅第五十五团（缺第三营）、第五十六团和由含和支队副支队长马长炎、副政委何志远带领的含和独立团，联合攻打拒不缴械投降的雍家镇日伪军。

雍家镇是裕溪河下游的一个重要集镇，驻有伪军警卫第二师第四营、伪军和县保安团曹良文部的1个营及伪军雍南自卫中队共千余人。伪军自恃防御阵地坚固完整，有地堡、暗堡、炮楼可控制全镇，并在雍家镇四周挖有堑壕，埋有地雷、障碍。8月中旬，含和支队含和独立团两次围攻，伪军均负隅顽抗，未攻克。

23日拂晓，第七师3个团在地方民兵的配合下，以第五十六团担任主攻，第五十五团、含和独立团配合打援，分3个方向向雍家镇伪军据点猛攻，但日伪军凭借防御工事而顽抗。下午1时，裕溪口方向出敌1营兵力增援，遭第七师第五十五团伏击，歼其大部。下午3时许，第五十五团炮兵连和第五十六团炮兵连集中数十门迫击炮、平射炮、步兵炮及各团轻、重机枪向日伪军防御工事猛烈轰击，全镇炮楼明、暗堡大部分被摧毁。伪军仓皇突围，逃跑中遭第七师3路兵力截击、尾追，守军全部被歼。

这次战斗是皖江抗日根据地和新四军第七师投入兵力最多的一次打击日伪据点的战斗，共歼伪军1200余人，其中毙伤伪军副团长以下官兵400余人，俘副营长以下官兵800余人，缴获炮2门，轻、重机枪 30 挺，步枪 800 余支，枪弹 2.2 万余发及其他军用物资。[①]

在江南，第七师皖南部队也迅速攻占了铜陵、繁昌、南陵县境内的日伪据点，并一度攻入芜湖市内，占领了部分市区，扫清了芜湖市周围的日伪据点。和含地区的地方武装曾一度袭击了长江中大、小黄洲及当涂、马鞍山等地的日伪据点，大江南北的地方武装也打通了联系。

進擊南陵蕪湖外圍據點
連克龍興山沈家橋等處

▲ 《新华日报》报道：新四军第七师皖南支队进击日伪南陵、芜湖外围据点

自 8 月 10 日夜，向皖西境内日伪军据点发起大反攻的 10 余天的激战中，第七师各部和地方武装共攻克解决了望城岗、无为县城、运漕镇、陶厂、白渡桥、裕溪口、铜城闸、沈家巷、东关、林头、

---

① 安徽省新四军历史研究会：《安徽抗日战争史》，合肥：安徽人民出版社，2005 年，第 432 页。

凤凰颈、鲁港、荻港、中分徐、黄池、水阳等主要据点40多处，收复了巢县城以南、长江以北全部地区以及皖南的铜、青、南、繁、芜等大部地区。在大反攻中，皖江军民共歼灭日军1个中队、2个小队，伪军2个团、6个营与13个中队，共毙伤日伪军近万人，缴获各种火炮、轻重机枪100余挺、步枪数千支及大量的弹药和军用物资，大大改善了新四军第七师的装备，壮大了第七师的军事实力。新四军第七师也由初建时不足2000人，发展到近3万人。对日反攻的伟大胜利，使皖江抗日根据地的全体军民欢欣鼓舞。①

9月2日，日本代表在投降书上签字。在华日军128万人向中国人民投降。至此，中国的抗日战争胜利结束。

9月3日，皖江区党委、皖江行政公署、新四军第七师、皖江参议会及中共无巢县委、无为县抗日民主政府等机关在无巢中心区无为县恍城区涧边村召开万人祝捷大会，晚间举行火炬游行，庆祝抗日战争胜利。中国人民经过艰苦卓绝的浴血奋战，付出了巨大的民族牺牲，终于打败了日本侵略者，取得了民族解放战争的最后胜利。②

---

① 安徽省新四军历史研究会：《安徽抗日战争史》，合肥：安徽人民出版社，2005年，第433页。

② 中共巢湖市委党史研究室：《中国共产党巢湖地方史》(第一卷)，合肥：安徽人民出版社，2003年，第301页。

二、新四军第七师奉命北撤

抗日战争胜利后，国民党为了独吞胜利果实，一方面极力阻挠共产党接收日伪投降，一方面积极部署内战，妄图"剿灭"共产党。但由于广大人民饱经战乱之苦，迫切希望和平；美、苏、英各国需要国际和平，也不赞成中国打内战；国民党军队从西南大后方调配到内战前线更需要一段时间，因此，蒋介石3次电请毛泽东到重庆谈判，苏、美两国也极力促成。为了争取和平，避免发生内战，为人民赢得休养生息的机会，同时也为了戳穿国民党假和谈、真内战的阴谋，1945年8月25日，中共中央政治局决定，派毛泽东、周恩来、王若飞为代表，立即赴重庆同国民党进行谈判。28日，毛泽东等乘专机抵达重庆。中共中央确定的和平谈判方针是：在不损害人民根本利益的前提下做出必要的让步，以便击破国民党的内战阴谋，取得政治上的主动地位，取得国际舆论和国内中间派的同情，换得中共的合法地位和和平局面。为此，在谈判中，中共代表主动提出可以把包括皖南、皖中在内的8个解放区的部队撤退到苏北、皖北及陇海路以北地区。[①] 随后，新四军第七师便奉命撤离了皖江抗日根据地。

① 中共安徽省委党史研究室：《中国共产党安徽地方史》(第一卷)，合肥：安徽人民出版社，2000年，第474页。

对皖江地区的发展方针，早在1945年5月18日，中共中央华中局和新四军军部就致电第七师称："你们目前对皖南发展方针，主要在敌后地区，不要主动深入顽区，过分刺激国顽。"[①]随着战略大反攻，皖江抗日根据地面临新的形势，既有国民党顽军进逼于西南，又有虽投降但仍未缴械等待国民党军队收编的伪军阻隔于东北，而且顽军第一七一师、第一七二师、第十纵队已在全椒、浦口、和县一带进袭含和支队，第一七六师从桐城进犯沿江根据地。为此，中共中央和新四军军部命令第七师主力不得南渡长江，而应集结江北对付桂顽。8月24日，新四军军部致电第七师：请考虑第十九旅及第三师独立旅主力部队在困难时向第二师靠拢，或乘桂系第一七六师分散接收各城市与张淦向皖东进犯，顽方空虚兵力单薄之时，"集结两旅主力突渡巢湖，绕道北上，与二师或四师会合之可能"。[②] 同时，在巢南地区留下一支独立坚持的部队。新四军领导这时已在考虑第七师北撤的问题。9月1日，谭震林、黄克诚又向军部建议第七师主力撤回淮南津浦路西。2日，新四军军部考虑到巢无地区与第二师的交通已经隔绝，处于桂顽的三面包围中，处境日趋危险，便向中央请示第七师的行动方略。4日，刘少奇复电同意："七师主力在目前立即向二、三师主力集中，以便组

① 中国人民解放军历史资料丛书编审委员会：《新四军·文献》(4)，北京：解放军出版社，1995年，第782页。

② 中国人民解放军历史资料丛书编审委员会：《新四军·文献》(5)，北京：解放军出版社，1995年，第131页。

成强大的突击力量”，这绝不是放弃皖中，应留一部主力坚持皖中，以待将来决战胜利后，主力仍回到皖中，打开皖中局面。[1]

第七师接到中央指示后，立即准备北撤。由于国民党第七军副军长漆道征正指挥2万余人在新四军第二师与第七师之间，抢占和含根据地，企图乘第七师主力北移时进行袭击，第七师师部便布置含和支队掩护第七师与皖江抗日根据地党政机关转移，并掩护皖南支队转移到江北。含和支队立即派4支突击队分别打回江(浦)全(椒)、含(山)巢(县)和和县南义、娘娘庙等和含顽控区。他们大张旗鼓地刷标语，散传单，断公路，阻运输，烧仓库，打据点，召开群众大会广泛宣传北撤的意义，还派两个连夜奔50公里，打掉含山重镇清溪顽据点，歼灭顽军200余名，以吸引顽军的注意力。漆道征立即指挥第一七一师2个团、二支队和保安团共5000余人，向淮南铁路沿线回防。含和支队趁势派部分主力向北插到香泉、石灰张一带，大造要渡滁河的假象。正当桂顽将大部分精锐部队布置在和(县)含(山)江(浦)全(椒)一线时，9月7日，在第七师代师长谭希林、政治部主任王集成的率领下，第七师第十九旅(欠第五十六团)、第三师独立旅与师直机关部分人员共万余人，离开无巢中心区，从槐树嘴等地乘船渡过巢湖，开赴淮南津浦路西，15日，到达定远城南严家河、商家河一带，同第二师部队会师。临时归第七师指挥的第三师独立旅，不久回苏北归属第二师建制。

---

① 中国人民解放军历史资料丛书编审委员会:《新四军·文献》(5)，北京:解放军出版社，1995年，第152页。

在第七师主力北移时，中共中央华中局和新四军军部指示重建皖江军区。新组建的皖江军区由林维先任司令员，曾希圣仍任区党委书记兼政委，张铚秀任参谋长。皖江军区下辖3个纵队，第一纵队由第十九旅第五十六团、沿江支队的沿江团、白湖团组成，司令员傅绍甫，政委黄先，副司令王培臣；第二纵队由皖南支队和皖南地区地方武装组建而成，司令员梁金华，政委黄耀南，参谋长周绍昆；第三纵队由含和支队和和含地区的地方武装合编而成，司令员马长炎，政委何志远，政治部主任杨汉林。皖江军区仍然坚持在皖江地区开展斗争。

中国共产党在重庆谈判中主动提出撤让8块抗日根据地。9月20日，中央同意华中局提出的“浙东、苏南、皖中、皖南部队北撤，越快越好”①。22日，华中局电示皖江军区：“皖中部队转移，原则上应尽量设法将全部武装和地方干部均能转移，但不能勉强”②，并要求有步骤分批向淮南津浦路东转移。为保持根据地的稳定，皖江区党委决定对北撤的指示逐层、分步传达，到9月28日前后，无巢中心区、沿江、皖南、和含等地区北撤指示均传到基层。

为保证北撤有条不紊地进行，在较短的时间内，皖江区党委、皖江行政公署、第七师做了大量的工作。为了不使根据地人民经

① 中国人民解放军历史资料丛书编审委员会：《新四军·文献》(5)，北京：解放军出版社，1995年，第291页。

② 中国人民解放军历史资料丛书编审委员会：《新四军·文献》(5)，北京：解放军出版社，1995年，第298页。

济上遭受损失，急令各部队机关、地方政府、贸易总局等单位将剩余的民用物资全部在市场上抛售，大量回收根据地货币“大江币”，然后集中销毁。他们还注意做好思想政治工作，既要教育留下来的基层干部和党员保持气节，也要鼓励留下来的民主人士继续为革命做有益的工作，同时，警告顽特分子不许伤害北撤的党政军人员家属和根据地积极分子。临行前，即 10 月 3 日，《大江报》发表终刊号，刊载了《新四军告别皖江民众书》，深情地告别皖江人民，感谢他们的帮助和支持，鼓励他们保卫胜利的果实，解释了北撤的原因，并向国民党当局提出“保证复员战士、伤病员和抗属的要求，保持各种民主设施，保持减租减息和废除苛杂的已得利益，保障中国共产党及各民主党派公开活动的合法地位”等 4 项严正要求。[①] 根据华中局和新四军军部的指示，皖江区党委对根据地的军政人员做了安排，决定：第七师部队全部北撤；地方武装编入第七师部队序列随军北撤；所有地方上的党政干部、区以上及少数乡以上的人员除部分编入部队外，大部分编为随营干部队，和武装部队一同北撤；乡以下干部原则上不撤，但可以暂时离开家乡到外地隐蔽。当时，有很多基层不脱产干部也要求随军北撤，经过说服、动员，大部分留在家乡或到外地暂避，但在国民党占据了皖江地区后，他们大都遭到残酷的迫害，不少人被杀害。

---

① 中共安徽省委党史研究室：《中国共产党安徽地方史》(第一卷)，合肥：安徽人民出版社，2000 年，第 476 页。

大江报

新四軍告别皖江民衆書

▲ 1945 年 10 月 3 日,《大江报》出版最后一期(507 期),刊登《新四军告别皖江民众书》,与皖江父老话别

北撤的准备工作。皖江根据地北撤的准备工作在保密的情况下从 9 月 28 日开始,分水、陆两路进行。从水路北撤的主要是军政人员家属、皖江行署和师直机关部分人员及少数重伤员、军工物资等。他们大部分由临江县汤沟附近上船,经芜湖、南京江面,到江苏六合县上岸进入苏北解放区。从陆路北撤的主要有两条线路:一是由和西区委书记石笋带领部分在和含地区坚持斗争的人员,由和县北部直接撤到津浦路西;二是皖江区党委宣传队以及部分党政干部的家属(妇女、小孩),经过化装,分批从无为县出发,到芜湖后乘车经南京,再过江到六合。10 月 1 日,编组为 11 个营的皖南部队也渡过长江,在无为地区同沿江部队会合,准备北渡巢湖。在皖江军区部队北撤时,原已撤到津浦路西的第七

师第十九旅第五十五团、第五十七团以及第二师第四旅，奉新四军军部命令，赶到全椒与肥东交界地域接应，以防桂顽袭击。

皖江军区的主力是从10月3日晚开始分3个梯队渡巢湖北撤的。第一梯队是曾希圣等率领的皖江地区党政军领导机关和师直属大队及第五十六团；第二梯队是含和支队和沿江团；第三梯队是皖南支队和无巢独立团。这3支部队均在肥东西山驿登陆，然后经过全椒抵达津浦路东根据地，于11日到达定远县东南藕塘地区。至此，这支主要由皖江子弟组成的近3万人的人民军队完成了战略转移的第一步。20世纪50年代，曾希圣回忆了北撤皖江根据地的情景："皖江人民对我军依依不舍，在北撤时走一程，送一程，许多大爷大娘哭得衣襟全湿，泣不成声，七师干部战士眼中含着泪花，压抑着内心激动，对他(她)们再三婉劝宽慰，他(她)们则一再要求我们早日回来，继续保护他们的生命财产与民主权利。"①

这次北撤，总体比较顺利。有少数人从陆路由芜湖到南京时，曾遭到伪军盘查、扣押，后经营救获释。但从水路撤退的人员中，皖江行署主任吕惠生被伪军扣留，并遭杀害。当时吕惠生与部分伤病员都扮成到江苏做生意、看病、帮工的乘船旅客，不料被伪军搜出了1支手枪和一些子弹。而这些伪军是伪无为县县长胡正纲在日军投降后逃跑时带到芜湖等待收编的，他们在审问中认出了吕惠生，便把这批北撤人员扣押。后经组织营救，伪军释

---

① 安徽省军区政治部：《新四军在安徽》，合肥：安徽人民出版社，1982年，第141—142页。

放了除吕惠生和第七师参谋王惠川外的其他人员。吕惠生在扣押过程中遭到严刑拷打,但他坚贞不屈。11 月 13 日,吕惠生和王惠川被伪军秘密杀害。就义前,吕惠生赋诗言志:“忍看山河碎,愿将赤血流。烟尘开敌后,扰攘展民猷。八载坚心志,忠贞为国酬。且喜天破晓,竟死我何求?”①

为适应新的形势,10 月中旬,新四军军部对北撤后的第七师进行了调整、改编。全师编为第十九旅、第二十旅、第二十一旅,共 3 个旅。第五十六团仍归建第十九旅,该旅另辖第五十五团、第五十七团,林维先任旅长,黄火星任政委。第二纵队编为第二十旅,下设第五十八团、第五十九团、第六十团,旅长梁金华,政委黄耀南,参谋长周绍昆,政治部主任高立忠。第三纵队同第一纵队沿江团合编为第二十一旅,下设第六十一团、第六十二团、第六十三团,旅长马长炎,政委黄先,副旅长傅绍甫,副政委兼政治部主任何志远,参谋长陈仁洪。师领导班子不变,即师长谭希林,政委曾希圣,参谋长孙仲德,政治部主任王集成。整编后,第七师开往津浦路东地区休整。

11 月初,第七师又奉命陆续北上,经宿迁、淮阴进至鲁南临城(今薛城)地区,参加了津浦路徐州至兖州段肃清日伪军的作战。随后,他们投身到解放战争中,为解放战争在全国取得胜利立下了新功。

根据中共中央和华中局的指示,皖江区党委和第七师在主力北撤后,还在皖江地区留下了一些地方游击队和少数精干武装。其主要有:中共湖东中心县委书记桂林栖、第七师沿江团第二营

---

① 安徽省新四军历史研究会:《安徽抗日战争史》,合肥:安徽人民出版社,2005 年,第 443 页。

教导员钟大湖等率领300余人进入大别山区，在桐城、潜山两县交界的西岭，同中共舒桐潜工委张伟群等领导的游击队会合，组成中共皖西工委和皖西大队，桂林栖任工委书记，钟大湖任大队长，在桐城、潜山北部和舒城西南部山区坚持游击战争；中共皖南山地中心县委书记胡明领导的300多人的游击队在泾（县）旌（德）太（平）地区坚持游击战争；皖南支队第三团政委杨明率两个连和地方干部10余人由无为重返皖南后，在沿江地区坚持斗争，并与在黄山地区坚持斗争的胡明取得联系；在巢无中心区，有以胡治平为首的一支由22人组成的“人民自卫队”；其他县也组织了小股游击队。这些部队后来有力地配合了渡江战役和解放皖南的战斗。①

▲ 新四军第七师巢合庐游击支队支队长唐晓光函告在周家店、皂角树一带坚持地下斗争的同志，并转告第七师留守处主任胡治平“关于开展武装斗争的具体意见”

---

① 中共安徽省委党史研究室：《中国共产党安徽地方史》（第一卷），合肥：安徽人民出版社，2000年，第477—478页。

三、新四军第七师的战绩与贡献

新四军第七师在皖江地区的抗日斗争，对全国的革命事业做出了巨大的贡献。这主要表现在以下几个方面：

第一，在华中杀伤与控制了大批敌伪军。在自1941年第七师成立到1945年撤离皖江地区约5年的时间中，第七师健儿与敌伪军进行了千百次的英勇战斗，杀伤了大批敌伪军的有生力量，取得了辉煌胜利。同时，又牵制了敌人大批军事力量。日军为了维持其傀儡统治中心南京的安全，为了防守长江、淮南路、津浦路这些交通要道，不得不在皖中、皖南布下重兵，其中有日军第一一六师团的第三十三联队、第十五师团的高田联队、仓桥联队、第十三混成旅团，伪军“护民救民独立师”刘子清部、“第一方面军第六师”、“皖中清乡司令”吴道南部、“和县反共自卫团”曹良文部，另有“安庆保安团”“含山反共自卫团”“巢北清乡队”等杂牌伪军，都经常处于新四军第七师打击之下。

第二，在皖中开辟了广大解放区。第七师刚成立时，只有巢无、铜陵等小块根据地和游击区。经过几年的艰苦斗争，到抗日战争胜利前夜，已逐步发展扩大为沿江两岸从东（江浦）到西（安庆附近）长500多里，由南（南陵、青阳）到北（合肥）宽300多里的广大游击区，包括无为、巢县、庐江、和县、含山、江浦、全椒、繁昌、铜陵、芜湖、宣城、当涂、南陵、贵池、青阳、东流、至德、绩溪、宁国、桐城、潜山、舒城、望江、怀宁、宿松、太湖等30多个县的地区。解放国土面积约15万平方公里，解放人口300万。其中无巢、和含、皖南（铜繁、无东、无南）、沿江（白湖乡东南、桐东）等处是较为完整和比较巩固的根据地。皖江解放区是全国19个解放区之一。皖江解放区军民英勇斗争的模范事迹，解放区民主、先进设施及其政治影响，向西扩大到整个大别山，远及鄂豫皖边区；向南扩大到整个黄山地区，远及浙赣线后方，周围敌占区人民都把希望与前途寄托在解放区身上。

第三，配合了全党全军打退了国民党第二次反共高潮，并与全国解放区军民一起，对日军进行了胜利大反攻。第七师首先配合全党全军打退了国民党第二次反共高潮，粉碎了亲日派一手挑起的分裂、内战、投降危机，稳定了全国团结抗战局面，大大地坚定和鼓舞了全国人民抗日斗争的信心；经过5年的斗争，积极打通了与兄弟师的联系，与军部和华中乃至华北广大解放军取得了密切的联系，使皖江地区成为华中新四军反攻日军的一块重要前进基地和跳板。5年来，新四军第七师发展、锻炼、积蓄了反攻力量，为配合全国各路大军对日军进行大反攻、大进军，为夺取抗日战争的完全胜利做出了贡献。

第四，创造了一支强大的抗日革命队伍。第七师建立时不足2000人，到抗战胜利前夜，已是一支近3万人（不包括独立旅）的强大人民武装。这支武装，后来成为解放战争中的一支重要军事力量。它保存与培养了大批干部，中华人民共和国成立后散布在全国各个地区、各个部门，他们大都成了各项工作中的骨干。

新四军第七师所取得的辉煌战绩来之不易。首先，应该归功于党中央和毛主席的英明领导，归功于华中局和军部的直接领导。依靠党中央和毛主席的指示，第七师广大指战员增强了信心，找到了办法，度过了像皖南事变后那样艰难的局面。依靠党中央和毛主席规定的“十大政策”，度过了最艰苦的相持阶段，巩固和发展了解放区，壮大了抗日力量。华中局和新四军军部同时做出了许多具体指示，调配了许多干部，调拨了一部分主力，使第七师变得更加坚强。

其次，应当归功于皖江解放区广大群众的支持。在艰苦的抗日斗争中，皖江人民在人力、物力、财力上给了第七师极大支援，使第七师获得了不断的胜利和发展。在反“扫荡”、反伪化、反顽自卫斗争中，皖江人民与第七师相依为命，与敌伪顽进行不屈不挠的斗争。第七师和皖江地区抗日斗争的胜利，与皖江人民的巨大帮助是完全分不开的。敌伪顽每次侵犯，都在根据地内大肆进行破坏。日军实行烧光、抢光、杀光的“三光政策”，而顽军的残暴比日军有过之无不及，奸淫掳掠，无所不为。顽军第一七六师团长周雄杀人不眨眼，比野兽还凶恶。敌伪顽的暴行，激起了根据地人民的极大仇恨，大大提高了人民的阶级觉悟并增强了其斗争决心。皖江人民懂得，只有依靠第七师，壮大第七师，他们的生命财产和幸福生活才有确切保障。解放战争时期，皖江人民痛恨国民党发动反共反人民的内战。在国民党反动统治区内，人民自动地组织起来，广泛开展游击战争，为人民解放军正面作战提供了有力的配合和支持。当解放大军南下时，在伟大的渡江战役中，皖江地区是百万雄师渡江作战的重要战线之一。皖江老解放区人民表现出无比的革命热情，帮助解放大军挖河、搜集船只、做船工、做侦察、做向导、运弹药、运粮食、送伤病员，从各方面给人民军队以极大支援，为解放大军顺利南渡做出了巨大贡献。

最后，应该归功于皖江地区党政军民全体干部和广大战士的英勇奋斗。皖江地区的广大干部、战士，在对敌伪顽斗争中无比英勇顽强，表现出大无畏的革命牺牲精神。在最艰苦、最紧张的情况下，他们决不畏缩退却。如在1944年反顽自卫斗争中，坚持在周家大山上的独立团第四连的一个排，在排长张柏率领下，与900余顽军激战一天，给顽军以重大的打击。终因寡不敌众，弹尽粮绝，全排23名勇士无一动摇，全部壮烈牺牲。又如在桐东斗争中，无为县委组织部部长叶明(女)不幸被桂顽俘虏，受尽鞭笞摧残。在审讯中，叶明义正词严地痛斥顽固派反共反人民的滔天罪恶，在血腥的刺刀下，威武不屈，从容就义，表现出视死如归的英雄气概。还有不少新四军第七师指战员在过江时与日军遭遇，战斗到子弹打完，宁投江殉难，也决不让敌生俘。

在5年艰苦的斗争中，皖江解放区的广大土地洒遍了革命烈士的鲜血，涌现了无数可歌可泣的英勇事迹，可以说，皖江解放区的每一寸土地，都是用革命先烈、革命战士的鲜血换来的。在抗战中，皖江地区仅县团级以上干部英勇牺牲的，就有桂逢洲、胡继亭、刘全、熊梦辉、萧辉锡、张学文、江河流、郑行福、兰祥、罗保濂、袁大鹏、吕惠生、郭义鸿、黄彬、顾士多、曾宪忠、胡金龙、鲁生、苏拓夫、叶明（女）、宏超等38名，其他营级以下干部和战士以及根据地内广大人民群众英勇牺牲的就更多了。在伟大的抗日斗争中壮烈牺牲的革命先烈永垂不朽！

第七章

★★★★★

无为人民反对国民党反动派白色恐怖的斗争

一、血雨腥风北撤后

抗战胜利后，为了国内和平和人民重建家园，党中央主席毛泽东亲自去重庆与蒋介石谈判。在谈判中，中国共产党为顾全大局，做出了一系列的让步。驻守无为地区的新四军第七师根据党中央的决定，于 1945 年 9 月主动撤至苏北和山东解放区。

历史不会忘记，1940 年 7 月，日军占据了无为县城，国民党无为县政府和“国军”躲到了鹤毛河山区偏安一隅，根本不敢与日军作战，是中国共产党领导全县人民，与敌人进行了多年浴血奋战，打败了日本侵略者，终于将失陷的无为县城收复。此后，新四军奉命北撤，国民党军政大员坐收渔翁之利。为实现独裁统治，他们卷土重来，实行了惨无人道的血腥镇压政策，其手段无所不用其极。①

国民党反动派一进无城，就恢复和重建了各级政权机构，除县政府、县党部和三青团分团部分外，还先后建立了许多特务组织，有搜集军事情报、监视人民群众进步活动的无为县军统直属组、国防部保密局情报组与国防部人民服务队、保安司令部服务队、保安司令部情报组、绥靖工作队；有专门杀害革命志士，强迫秘密中共党员自首的中统局调查室，且在各区、乡均设立了中心组；有由县长、县党部书记长、调查室专员及驻地军队头目共同组成的特设反动机构——特种会；有专门收罗特务、地痞、流氓镇压革命志士的"戡乱会"。仅仅一个县就建立了这么多的特务组织，可见反动派对革命群众的恐怖威胁及其手段的狠毒。后来，全县恢复了保甲制，设立了 8 个联防区（又称"还乡团"），这些都成为残害人民的工具。②

在恢复反动政权和建立各种特务组织后，各保甲与调查室、中心组就普遍进行调查摸底，然后分别强迫共产党员和革命群众

① 政协无为县委员会：《百年沧桑话无为》，合肥：安徽大学出版社，2006 年，第 98 页。

② 政协巢湖市委员会：《永恒的记忆》，北京：当代中国出版社，2004 年，第 216 页。

去县调查室和乡中心组办理自首登记手续。其他不脱产干部，基干民兵，农抗组织、妇抗组织、青抗组织成员，儿童团员以及参加过识字班的夜校学员，都要到乡中心组进行登记，连小孩也不放过；并且实行五家连坐，规定在5户当中有一户“不遵守规定”的，5户同罪。所以，在1945年10月以后，几乎人人都要甄别。当时提出的口号就是“宁可错杀一千，也不放掉一个”。在血雨腥风中，人们广泛传唱着“日本被打走，要我去自首；自首不变心，想念新四军”的歌谣。

去县调查室和乡中心组办理自首和登记手续的，都逃脱不了以下两种厄运：

一是毒打。凡是去办理手续的，走进去就要遭毒打和绑吊。无为县严桥镇中心组组长陈森为折磨自首和登记人员，竟先后打折800条扁担，致使严桥街上扁担一度缺货。人们未曾进门就能听到门里的哭喊声，特别是深更半夜，周围老百姓更无法入睡。有的人反复被打过七八次致肢体残疾。水圣乡秘密党员许树庭，腿被踩折断，3年不能干活；秘密党员潘道明、王本壮在水牢里关了1年，被折磨得精神失常，直到1949年才被解救回家。

二是敲诈勒索。人一旦进去，就要花一大笔钱，没钱就出不来。如陡沟乡魏埂村秘密党员陈声华，因无钱办自首，逃到很多地方躲避，后被抓住打得死去活来，差点丧了命，结果家里到处借钱，花去30担大米钱，人才被放回来。一般的要花5担米钱，多的要十几担或几十担米钱，有的甚至被折腾得倾家荡产。所以，群众说:“自首不花钱,少说关一年。”

有好多地方的群众千方百计外逃躲避自首。严桥附近有一个秘密党员躲在野外荒郊的棺材里,白天躲进去,夜晚偷着回家。有的人背井离乡,外出流浪,逃至上海、南京、马鞍山、芜湖等地,投亲靠友,易地谋生;有的人坚守信念,就地开展秘密活动。

对不愿自首的共产党人,他们不光是毒打和敲诈,好多同志均无辜惨遭杀害。[①] 如无南武工队指导员刘海清被俘后,国民党将其碎尸于石板洲;虹桥乡党支部书记钱秀如,被剜掉双眼后装进麻袋投入江中;秘密党员季再春,被活活钉在墙上折磨而死;秘密党员赵海昌,则被活活烧死;练溪乡民兵中队长曹怀芝,先被关进监狱,后遭挖心活埋;石涧区副区长方瑛,因父亲缘故未能北上,逃至泾县后,被国民党抓住,惨遭活埋;石涧区妇女干部李秀英,被反动军队剥尽衣服轮奸后杀死,还割掉双乳,暴尸于大路上。国民党仓头联防区主任高治平,驻仓头仅 102 天,被他杀掉的就达 140 多人。他自己说:“每天不杀一个人,就不能过瘾。”有一次,他夜里打麻将输了,便拖出 4 个被关押的农民,将其枪杀而消气。神嘴乡武工队员曹方清被俘后,被捅了 40 多刀,已经人事不省,而后才被枪杀。高治平领着“扫荡”队进村,找到已随军北撤的新四军干部张自然的家属李守真,高治平当即命令随行队员枪毙她,随行队员看到她手中还抱着个 3 岁的孩子,不忍心,高治

① 政协巢湖市委员会:《永恒的记忆》,北京:当代中国出版社,2004 年,第 218 页。

平伸手夺枪就将她枪杀了。仓头乡武工队员季昌年被俘后，高治平将他的头割下，悬在碉堡前示众。季昌年的父亲花了5担米钱，还托了人情，才将人头买回安葬。

据不完全统计，自1945年北撤后，无为县军政人员及革命群众惨遭杀害的达3700人。[①]

国民党为了巩固其反动政权，对广大人民群众除征收商业税、农业税外，还有部队进驻的开办费、慰劳费、壮丁费、保甲费、下乡“清剿”弹药费、枪兵下乡草鞋费、乡保长过年招待费、送礼费等，不计其数。加上贪官污吏横行霸道，人民不堪重负。农民外出逃荒要饭者日渐增多，刚刚从日军铁蹄下解放出来的劳苦大众，又重新陷入贫穷和饥饿的泥潭。[②]

二、党的秘密联络点及军事组织

北撤前，中共无巢、临江、湖东、无南县委均召开区以上干部会议，就北撤工作做出了具体部署，同时选派部分地方干部就地

---

① 方兆本：《安徽文史资料全书》(巢湖卷上)，合肥：安徽人民出版社，2007年，第310页。

② 无为县地方志编纂委员会：《无为县志》，北京：社会科学文献出版社，1993年，第19页。

坚持地下斗争，建立秘密联络点、站，作为党在国民党统治区的秘密联络工作机构。

1945年9月，无巢县委根据皖江区党委指示，于皖苏边区高淳、宣城交界的月亮湖设立党的地下组织，作为北撤后无巢地区转移到该地隐蔽的党员与江北联系的秘密交通站。[1] 该组织于同年10月1日建立，由万鹤龄、徐干先后负责。1947年春移至宣城、郎溪交界的沈村，受中共华东局国民党统治区域工作部领导，同年10月，中共芜当宣工委成立后，该站则归其领导，迁回月亮湖。

▲ 在无巢中心区坚持地下斗争的无巢“人民自卫队”，1946年11月15日在石涧朱龙村遭国民党军队“围剿”，突围失利，15名自卫队员被枪杀，陈尸“陈家闸”

北撤时无巢县委留下坚持革命斗争的“人民自卫队”自新四

① 中共无为县委组织部、中共无为县委党史办公室、无为县档案馆：《中国共产党安徽省无为县组织史资料》，合肥：安徽人民出版社，1993年，第63页。

军北撤后即划成3个小组分散活动。1946年11月15日,盛鸿轩、季道率领的两个小组队员至孙家陡门宿营时,由于行踪暴露,被国民党特务密报,遭国民党1个营的部队包围于朱龙村,后突围失利,19人中除4人外,全部被俘,后惨遭杀害。“人民自卫队”第1、2小组遂告解体,第3小组仍隐蔽开展活动。[①]

临江县北撤后成立了以沙德轩为特派员的党的秘密联络点,活动于白茆洲一带,进行地下斗争。汤沟、田桥、白茆、陡沟等区亦设有联络点,并配有特派员。至年底时,因白色恐怖加剧、斗争环境险恶、负责人去外地隐蔽,各联络点均自行解散。北撤前夕,原临江交通站与原第七师无东秘密情报站合并,成立由胡庆云为站长的临江交通站,负责交通联络及情报收集传递工作。同年年底该站撤销,恢复无东秘密情报分站,仍继续开展活动。

临江县在北撤前夕还成立了由谢咸灵任队长、吴培侬任政委的无东游击大队,北撤后坚持在汤沟后河沿岸一带活动。年底,由于副大队长王子坦裹众叛变,游击大队招致失败。大队长吴培侬在与叛徒战斗中负伤,后到芜湖进行秘密治疗,不幸被叛徒告密,遭芜湖的国民党特务杀害。

湖东县在北撤前夕,县境已为国民党桂系军队蚕食,五区被占,关河区自三尖山、周家大山以南,槐林区自沐家集以西皆被顽军占领。北撤时,建立了由夏正寅为特派员的秘密联络点,在关

---

① 中共无为县委组织部、中共无为县委党史办公室、无为县档案馆:《中国共产党安徽省无为县组织史资料》,合肥:安徽人民出版社,1993年,第62页。

河、尚临、槐林三区均设立了联络点，并建立了一支湖东游击队。但由于游击队活动范围狭小、力量较弱，不久即于年底自行消失。

无南县在北撤时，建立了由胡天任联络员的秘密联络点，并建立了无南游击队，以联络地下党员、扩大武装。但10月，因无南县委宣传部原副部长钱淡如叛变投敌，该游击队转移至皖南黄山地区活动，仍接受联络员胡天的领导，并易名为无南联络站，直至1947年底结束。[①]

中共江流工委于北撤前建立了无南水上游击队，以坚持在沿江一带开展活动，联络地下党员。但由于队长徐盾于11月叛变投敌，国民党反动派四处搜捕游击队员，该队不久即解散隐蔽。

三、敌后游击斗争的开展

无为县国民党反动派的血腥镇压，虽然使少数人成了可耻的叛徒，但是绝大多数共产党员、干部、民兵骨干并没有被反动派的屠杀政策所吓倒。有的虽然被逮捕后皮肉被打开、牙齿被敲掉、上干电、扎手指，遭受着各种酷刑的折磨，但他们仍在监狱里、刑场上坚持斗争，视死如归，誓不变节。为了摆脱反动派的追捕、保

① 中共无为县委组织部、中共无为县委党史办公室、无为县档案馆:《中国共产党安徽省无为县组织史资料》,合肥:安徽人民出版社,1993年,第63页。

存力量，从1945年10月至1946年春，一批共产党员和群众由无为县转移到皖南的万春湖、南湖、花津湖、月亮湖、季草洲一带，伺机返回无为。与此同时，一部分共产党员和群众因不堪忍受反动派的罪恶统治，则拿起刀枪在本地区与国民党的军、政当局开展武装斗争，并秘密地建立党的基层组织。

1946年3月，无为西北乡严桥一带共有50多名共产党员未暴露身份，他们秘密联络后，为反对国民党政府开展的强迫自首的恶行，决定成立地下党支部，领导党员与反动派进行反自首、反迫害的斗争，并且按党员所在区域，划为13个党小组，支部书记由汤先林担任。同时，地下党支部成立了由蒋海云任队长、沈斌任指导员的无巢游击队，以开展武装斗争。①

同年5月，国民党反动派成立无巢庐“清剿”指挥部，桂系第一三八旅旅长杨创奇兼任指挥长，亲率该旅配合无巢两县自卫队、保安队约4000余人，对无巢山区进行大规模的“清剿”。② 活动在无巢山区的无巢游击队采取分散隐蔽的斗争方式，声东击西，打击小股、零星之敌，巧于周旋。下半年，无为、巢县的国民党自卫队、保安队2000余人在无巢山区一带强迫群众并村，采用白天搜索、夜晚分进合击的办法，企图“清剿”无巢游击队。9月23

① 《安徽文史资料全书》编委会：《安徽文史资料全书》（巢湖卷上），合肥：安徽人民出版社，2007年，第544页。

② 无为县地方志编纂委员会：《无为县志》，北京：社会科学文献出版社，1993年，第18页。

日，从月亮湖携带两支短枪回严桥准备开展武装活动的万福民惨遭反动派杀害，情报站负责人沈昌木被捕入狱，坚持在西北乡进行革命斗争的党组织和游击队进入了极为艰苦的岁月。

1947年1月，华东局国统区工作部抽调部分人员组建中共无巢工作委员会（代号“王福兴”），担负返回无为发展地方武装、开辟第二战场斗争的任务。2月，主要成员、书记朱合喜等人奉命南下，4月即达无巢地区，整编原在此开展游击斗争的无巢游击队为无巢游击大队，并在游击大队中建立党支部，领导地方党员开展活动。同时，在芜湖大花园开设“同义兴”菜馆，由吴栋平负责，作为联系长江南北游击斗争的秘密联络点。朱合喜到达后及时地向坚持在无巢地区开展斗争的党员、干部传达了华东局提出的“坚持无巢阵地，隐蔽发展游击队，广泛开展游击斗争”的斗争方针，决定加强地区党的领导力量，建立武装部队统一指挥系统，以扭转部队“零星、独立”的局面。5月，工委在芜湖易太圩召开会议，改由杨杰任书记，具体负责无巢地区的恢复工作，会后即至严桥地区开展活动。8月23日，无巢游击大队长途奔袭无城东郊宋庙乡公所，在内线卫声国的密切配合下，突袭无为县县长李健文苦心经营的据点，缴获长短枪19支，并造成了桂系与中统特务之间的矛盾。李健文怀疑为中统特务所为，乘机逮捕了中统在无为的特务头目，使中统特务组织在无为土崩瓦解。[①] 8月，中共临江

① 中共无为县委党史研究室：《岁月留痕——无为县红色遗址寻踪》，北京：中共党史出版社，合肥：安徽美术出版社，2012年，第140页。

工委部分成员及临江游击大队在临江砀山战斗失利后，撤至无巢山区，协助无巢游击大队开展斗争，两支武装同属无巢工委领导。11月，工委与中共皖西区委取得联系并归属其领导。

1947年8月，刘邓大军进军大别山后，与上级组织失去联系的无巢工委于9月派遣联络员先后5次通过封锁线与坚持在大别山活动的中共皖西工委取得了联系。10月，刘邓大军派遣第二纵队直属教导队"大踏步前进"至无巢山区，沿途歼灭了槐林嘴、高林桥等处国民党部队。11月6日，在无巢、临江两支游击大队的配合下，一举攻克严桥镇，全歼国民党自卫中队80余人，缴获长短枪60余支。嗣后再拔国民党秀芙山、筲箕山等乡公所，消灭了驻巢南的郑旭初联防大队。严桥大捷，标志着无为县的游击战进入了新的转折点，结束了该地区的被动局面。[①] 12月，无巢游击大队改为无巢独立大队，下辖3个连，改变了流动游击状态。同时还建立了严桥、石涧区委和区政府。

临江县。北撤后，新河乡地下党员在方一清领导下，积极开展抵制国民党强迫自首的运动，并成立中共无东支委会，领导群众揭露乡长贪污勒索、鱼肉人民的罪行，进行合理合法的斗争。1946年1月，谭长发受华东局国统区工作部派遣返回临江，利用社会关系，打入敌人内部，开展对敌斗争。4月，由共产党员谢金陵、陈效东等人组建了临江游击队。由共产党员李文彬等人组建

① 《安徽文史资料全书》编委会：《安徽文史资料全书》（巢湖卷上）. 合肥：安徽人民出版社，2007年，第546页。

的东江大队,同时在无东地区开展小规模的武装活动。9月,南下人员在和县小王家洲成立以谭长发为书记的中共临江临时支部。[1]

北撤后,国民党白色恐怖加剧,部分留在临江境内坚持斗争的人员被迫自首,但仍有要求革命的愿望。为团结他们继续革命,临江临时支部于1946年9月,以群众团体形式,建立"人民解放联合会",组织这些人加入革命统一战线。1948年2月,中共临江工委成立后该组织撤销。

1947年2月,华东局国统区工作部决定恢复临江地区,陆续派遣党员、干部回乡,以充实临江地区的力量。5月,临江临时支部于南京季潮洲召开会议,决定将临时支部扩大为临时工委,对外称"苏皖工委"。6月,成立临江游击大队,由谢金陵兼任大队长,对外号称"苏皖支队",活动于无南、白茆、陡沟、河坝、蛟矶一带。8月30日,该部在流泗陡门的砀山遭反动派军队伏击,谢金陵牺牲,临时工委和游击大队损失严重,便转移至无巢山区。10月,临时工委和无巢工委组建了统一的中共无巢工作委员会,以集中力量,加强对无为全境武装斗争的领导。临江游击大队由张鹏代理大队长,米亚洲兼任指导员。1948年1月21日,临江游击大队突袭无南泥汊告捷,并组建无南游击队,开辟无南游击区,2月,临江游击大队返回无东临江。

---

① 中共无为县委组织部、中共无为县委党史办公室、无为县档案馆:《中国共产党安徽省无为县组织史资料》,合肥:安徽人民出版社,1993年,第65页。

湖东县。1947年1月，刘镕奉命率50余人由大别山进至无为南乡开展游击活动，先后打掉了昆山、新华、新胜、汪田等国民党乡政府，随即成立湖东县政府，县长由刘镕兼任，并以乡为单位发展民兵、组织农会，以村为单位成立分田小组，开展分田斗争。6月，刘镕率部队转移到桐城后，土桥、牛埠国民党联防区对上述地区频繁“扫荡”，湖东县政府不复存在。9月，华东局国统区工作部派出党政干部南下开辟湖东游击区，10月，成立以刘建新为书记的中共湖东区委员会和以陈汉桢为区长的区政府，隶属无巢工委领导，湖东县的工作由此逐步开展。

无南县。1946年2月，留在无南地区坚持斗争的尹德民等3人在高沟周步店会合，秘密组建成立中共无南小组和无南地下支队的武装，由尹德民任党小组组长，钱台任支队长，尹德民任政委。1947年7月，成立中共无南支部，隶属临江临时工委领导，改无南地下支队为无南武工队，亦归属临江游击大队建制，后改番号为临江游击大队无南分队，无南地区的党组织活动和武装斗争也从此逐步开展。①

此时无为全境的武装游击队，一般规模都不大，并在极端困难的条件下开展活动，进行着联系群众、分化敌对势力、打击坏分子、揭露反动派的阴谋和暴行等工作，在一定程度上起到震慑无为县国民党反动统治、鼓舞人心的作用。

---

① 中共巢湖市委党史研究室:《中国共产党巢湖地方史》(第一卷)，合肥:安徽人民出版社，2003年，第123页。

由于国民党反动派实行了反人民的内战，致使国民党统治区经济陷入空前危机，并很快影响到无为。1945 年 10 月到 1947 年底，无为人民生活的必需品，如大米、食盐、棉布等的价格均涨至 4 倍以上，无城工人开展罢工斗争，城乡民众普遍对国民党的反动统治不满。1946 年 9 月，无为县国民党军、政当局为防止无东、无南地区的游击队活动，先后在飞雁投河、小河坝、下三溪、虹桥等地开堤放水，企图淹没游击队的活动路线，致使安福圩一片汪洋，村舍倒塌，人民怨声载道。[①] 1947 年下半年，泥汊、严桥等地群众曾相继开展了反抽丁派款的斗争，青年人为了抗丁，或逃到外地，或养起长长的胡须。1947 年 10 月，无为中学进步师生在中国共产党的政治影响下，不满反动统治而发起了“笔战”。他们通过学校的墙报，撰文揭露国民党的暴政，反对国民党在学校进行的军事特务控制，呼吁学生团结起来，为争取自由、争取和平，反对内战、反对迫害而进行斗争。

四、无为全境解放

为支援无为人民的革命斗争，1948 年 1 月 11 日，皖西区党委

① 无为县地方志编纂委员会：《无为县志》，北京：社会科学文献出版社，1993 年，第 18 页。

副书记桂林栖率军区独立支队260余人由皖西大别山抵达无为西乡。2月6日至8日，由桂林栖主持，在严桥上庄院子召开无为、临江、湖东、无南、巢县、和县、含山等县、区(营)以上的负责干部会议。① 会议总结了前一阶段的地区恢复工作，指出今后的工作、斗争的主要任务是进一步发动群众、扩大武装力量，广泛开展游击战争。为充分调动群众的积极性，支援革命战争，决定在已经建立党组织和政权的地区进行土地改革。

同期，皖西区党委亦派张义成、宋尔廉率两个连到达无为严桥一带，与原在巢庐交界地区活动的吴万银部汇合，无为地区的武装力量大为加强。

在上庄院子的会议上，正式宣布成立中共皖西四地委、第四军分区、第四专员公署。② 唐晓光任地委书记、宋尔廉任副书记；吴万银任军分区司令员、唐晓光兼政委、张义成任副司令员；赵梦明任专员公署专员、陈力生任副专员。

会后，四地委决定无为地区仍按抗战时期的区划一分为四，即分为无为、临江、湖东、无南4县。在无巢工委的基础上，成立中共无为县委，杨杰任书记、朱合喜任副书记，下辖严桥区委、石涧区委、银屏区委、新民区委以及11月建立的无城区委。成立无

---

① 中共巢湖市委党史研究室：《中国共产党巢湖地方史》(第一卷)，合肥：安徽人民出版社，2003年，第336页。

② 中共无为县委党史研究室：《岁月留痕——无为县红色遗址寻踪》，北京：中共党史出版社，合肥：安徽美术出版社，2012年，第141页。

为县政府，王子轩、彭醒梦先后任县长，下辖严桥、石涧、银屏、新民及后期成立的无城等区政府、42个乡政权。无巢独立大队和皖西军区独立支队大部合编为无巢独立营，汤先林、师府祥先后任营长，11月，独立营和临江大队一部及无为县各区干队合编为无巢独立团，由张友道任团长、杨杰任政委。

同期，在临江临时工委基础上成立中共临江工作委员会，下辖无东、无南地区的白茆、陡沟、汤沟、田桥、无南区委。同年5月，临江地区的党、政、军组织逐步健全与稳定，改临江工委为中共临江县委，由郭光洲、雷文先后任书记。由于无南游击区已逐步扩大，无南区改区为县委，脱离临江。临江县委又先后增设雍镇、流泗区委和运漕直属镇党委。与临江工委成立的同时，成立临江行政办事处，由杨在选和陈汉桢先后任主任，下辖42个乡政权。临江工委、办事处成立后，临江大队随同一道返回临江地区开展武装斗争，同年11月，临江大队整编为临江一营、二营，乔锦田、黄家炯分任一、二营营长。[①]

1948年5月，华东野战军第六纵队第十七师第一部进入湖东地区，稳定了该区局势，皖西四地委决定建立中共湖东县委、湖东县政府，由王子轩任书记。县委始辖尚礼、关河、临泉、槐林4个区委，11月增辖5区区委。县政府辖区与县委相同，朱晞任县长。同年7月，在原湖东大队基础上扩编为湖东县大队，受皖西第四

① 中共无为县委组织部、中共无为县委党史办公室、无为县档案馆：《中国共产党安徽省无为县组织史资料》，合肥：安徽人民出版社，1993年，第70页。

军分区和湖东县委双重领导。由严甲桥、龚哲明先后任大队长，芙厚友兼政委。同年 11 月，湖东县大队编入无巢独立团。[①]

1948 年 5 月，华东野战军第六纵队第十七师第一部进入无南地区，逐步控制了该区局面，6 月，皖西四地委批准成立中共无南县委、无南办事处，脱离临江工委领导。张石平任县委书记，始辖泥汊、苏塘两区委，后将两区改为虹桥、姚沟、苏塘 3 区委和襄安直属镇党委。陈汉桢、钱光胜先后任办事处主任，所辖区（镇）政府与区委相同。地方武装为无南大队，受皖西第四军分区和县委双重领导。

由于四县的党、政、军机构的逐步建立、健全和地方武装部队的广泛出击，使国民党反动派在占领的集镇和乡镇坐卧不宁，担惊受怕，因而国民党军政当局不得不对有些小据点进行转移或合并，小股军队亦不敢再下乡骚扰。

随着军事斗争的胜利开展和形势的发展，从 1948 年 3 月开始，无为地区各县根据皖西区党委《关于创建皖西解放区的方针指示》，在比较巩固、稳定的地区内开展土地改革的斗争。坚决“废除封建剥削的土地制度，实行耕者有其田的土地制度”，以便更好地动员群众支援革命战争。土改的方法首先是党员和干部深入群众通过扎根串连，访贫问苦，然后在提高广大农民阶级觉悟的基础上，充分发动农民，着重依靠农村无地或少地的农民及

---

① 中共无为县委组织部、中共无为县委党史办公室、无为县档案馆：《中国共产党安徽省无为县组织史资料》，合肥：安徽人民出版社，1993 年，第 75 页。

手工业者，以行政村为单位，组织贫农团委员会，把权力交给群众，由贫农团委员会进行土地分配。[①] 经过两个月时间，无为的严桥、红庙、石涧、银屏，临江的陡沟、田桥、流泗，湖东的尚礼、槐林等地有近30万农民获得了土地。

土地改革工作的开展，打击了封建地主阶级的势力，摧垮了国民党反动统治的社会基础，动员了更多的人民群众参加轰轰烈烈的解放战争，坚定了人民群众“保田保家”的决心。

但是，在前所未有的土改斗争中，也出现了一些失误。如由于采取了“打乱平分，出榜公布”的分田方法，以致侵犯了部分中农的利益，违反了四分区党委关于“中间不动二头平”的指示。[②] 同时，由于对地主采取了“扫地出门、分浮财”的没收政策，部分地破坏了属于地主的工商业，因而分散了社会财富，使军需负担全部落到农民头上。这主要是由于没有全面、深刻了解中央关于土地改革的政策，缺乏正确地进行阶级分析，缺乏工作经验所致。同年9月，四分区党委在上庄院子召开了贯彻《新解放区农村工作策略问题决议》的干部大会，无为、临江、湖东、无南4县的区以上干部共200余人参加大会。会议传达了中央关于“争取分化中小地主及中间势力、孤立瓦解少数反动地主”的指示，在较为巩固

---

① 中共安徽省委党史研究室:《中国共产党安徽地方史》(第一卷)，合肥:安徽人民出版社，2000年，第515页。

② 中共巢湖市委党史研究室:《中国共产党巢湖地方史》(第一卷)，合肥:安徽人民出版社，2003年，第340页。

的根据地内推行改造旧区、乡、保政权，发动群众开展土地改革，在游击区则推行“二五”减租，废除高利贷政策。[①] 凡没有实行土改的地区，一律实行“二五”减租的基本政策和“分半减息”的政策。对已经实行土改的地区，在土改中被侵犯利益的中农的损失，规定给予补偿，对守法的地主分子适当给予一部分土地和房屋，使他们自食其力，在劳动中改造自己，从而使阶级矛盾有了缓和。

土地改革工作的顺利开展和武装斗争的胜利，使得国民党安徽省军政当局惊恐万状。他们已被刘邓大军在大别山区东西出击，扰得惶恐不安，更不希望在皖中地区再闹得难以收拾。于是，1948 年 3 月急令第一三八旅及省保安部队 3 个团开进无为地区，纠合巢、无、庐三县自卫队共万余人，再次组成无巢庐“清剿”指挥部，由第一三八旅旅长杨创奇任指挥官，妄图扑灭无巢地区的革命烈火。不久，“清剿”指挥部即分兵 10 路，从福路口、无城、石涧、黄雒、巢县城、司家巷、槐林嘴、盛家桥、黄姑等地以万余兵力进行为期 4 个月的大规模轮番“围剿”以严桥地区为中心的游击根据地，欲以最快的速度结束无巢地区的战斗，再回兵大别山与刘邓大军作战。为拖住第一三八旅，皖西四地委、四分区紧急动员无为四县军民投入战斗，以减轻大别山区主力部队的军事压力。在军事上采取“避广（桂系部队）打土（保安队、自卫队）、化整

① 中共无为县委党史研究室：《岁月留痕——无为县红色遗址寻踪》，北京：中共党史出版社，合肥：安徽美术出版社，2012 年，第 142 页。

为零、避实就虚”的战略展开方针；在地方工作上，根据“县不离县，区不离区”的原则，就地坚持，以维护群众利益。无为地区的部队在反动派军队重兵“围剿”、四面尾随的作战中，从山区到圩区，辗转全县各地，跳出包围圈，积极开展外围游击活动，打击小股敌人，既保住了自己，也拖住了“围剿”的反动部队。同时，广大群众实行坚壁清野，粮食和衣服藏进草堆、菜园，村庄之间的交通要道设立瞭望哨、竖起“肉望子”，加强情报工作，使“进剿”的国民党军队每至一处，很少有收获。青壮年自动组织起担架队、运输队，不避风险护送伤员和作战物资，积极支援地方部队作战。

▲ 1948 年 3 月，国民党无巢庐“清剿”指挥部分兵 10 路，大规模轮番“围剿”以无为县严桥区为中心的游击根据地

在广大军民同心协力的反“清剿”中，无为、临江、湖东、无南的地方部队在二埠、黄雒、黄龙岗、岱山、黄姑、泉塘、凤凰桥、蔡旭、沙坝胡、神塘河、六洲等地袭击小股国民党军队，攻打据点，使

“进剿”军队首尾难顾，腹背挨打。仅临江县的地方部队在 4 个月的时间里即进行了大小战斗达 22 次，毙伤、俘国民党部队 200 余人。

由于群众性土地改革斗争的开展和反“清剿”斗争的胜利，至 1948 年 7 月，除无城、襄安、汤沟、开城等较大集镇尚被国民党反动派所盘踞外，广大农村已大部分获得解放，就连国民党无为县政府向省政府虚报的《关于政治部门询查要点》中也不得不承认“本县计有 38 个乡镇……除各集镇尚为我固守外，其广大农村悉为新四军地方部队经常流窜之区域”。至此，以无巢山区为中心的巢县、无为、和县、含山的广大农村已连成一片，实现了华东局和皖西区党委关于恢复无、巢、和、含地区以配合全国战略反攻的要求。

在一片大好形势之下，无为地区 4 个县的党、政、军各部门仍继续发动群众，加强自身建设，开展对国民党军、政人员的政治工作，打击继续作恶的反动军队，扩大战果，为争取全县早日解放而斗争。

1948 年 5 月，原国民党抗日将领戴安澜之弟戴汝南在任国民党牛埠联防区主任时，目睹国民党腐败、祸害人民的逆行，秘密和湖东县委接触，要求参加革命工作。湖东县委经过充分考虑，指示他继续担任牛埠联防区主任，以便有效地掩护地下党的活动。[①] 牛埠区统战关系的建立，给该地区军民坚持敌后斗争带来了极大的方便。9 月，第四军分区指令戴汝南所属部队 400 余人枪，开赴

① 无为县地方志编纂委员会：《无为县志》，北京：社会科学文献出版社，1993 年，第 207 页。

恍城地域整编，从而加强了人民武装的力量。反动军队见国民党大势已去，向当地军、政部门投诚、起义者日益增加。湖东县从1948年5月到11月，接受起义、投诚的国民党军队即有300余人。1949年1月，无南县的国民党开城自卫大队一次投诚就有两个中队，400余人。

1948年8月，国民党第一三八旅残部由杨创奇率领对临江县进行骚扰，临江大队与赶赴支援的南下先遣侦察部队联手给予其迎头痛击，杨创奇立即率部逃向裕溪口坐上轮船沿长江向武汉方向窜逃。[①] 临江大队在该年度先后共进行大小战斗137次，缴获高射炮1门、机枪4挺、步枪138支，消灭和俘虏反动军队292名。[②]

同时，各地向国民党军、政人员发动了强大的政治攻势，通过写信、发传单、召集国民党军、政人员家属训话等方式宣传党的"顽抗者打，交枪者不杀"的政策和"蒋军必败、我军必胜"的形势。此时在无为地区的国民党反动军队已处于人人喊打、四面楚歌的境地。

在军事、政治不断发展的形势下，1948年11月，无为、临江、湖东、无南各县县委为适应急剧发展的新形势，决定加强自身建设，整顿党的组织，提高党员的思想觉悟，健全党内各种制度，加

① 中共无为县委党史研究室：《岁月留痕——无为县红色遗址寻踪》，北京：中共党史出版社，合肥：安徽美术出版社，2012年，第147页。

② 中共巢湖市委党史研究室：《中国共产党巢湖地方史》（第一卷），合肥：安徽人民出版社，2003年，第349页。

强革命纪律教育。临江县委采取的具体做法:1. 召开党政军负责人座谈会,充分了解党员的基本情况;2. 对党员干部进行系统的思想教育,认真开展批评和自我批评;3. 开设党员干部训练班,训练时间为 2—3 个月,并于 12 月初开学。各县通过思想整顿,大大加强了党组织的战斗堡垒作用,增强了党员的战斗力和凝聚力,为新的胜利提供了思想基础。

由于淮海战役的胜利,一批南逃的国民党军队如丧家之犬,经过无为时抢劫群众财物,无为地区的反动军政人员及反动分子也收拾细软准备逃命。1949 年 1 月,第四军分区派遣小股部队四面逼近无为县城,城内的反动派惶惶不可终日。1 月 21 日,县常备队撤离无城,企图渡江南逃,在途经泥汊时,被无南大队拦截,全部就范。至此,无城宣告解放。[①] 23 日,胡治平、陈仲平、汪子云等作为无为县人民政府的代表接管无城,并于当日召开了无城各界人士座谈会。[②] 皖西四地委组织部部长张世荣、无为县委书记杨杰、副书记朱合喜与会并做了讲话。他们着重分析了中国人民解放事业的大好形势,动员人员支援大军过江,打倒蒋介石、解放全中国。此时,无为地区除沿江尚有部分国民党军队的据点外,全境绝大部分获得解放。

---

① 中共无为县委党史研究室:《岁月留痕——无为县红色遗址寻踪》,北京:中共党史出版社,合肥:安徽美术出版社,2012 年,第 174 页。

② 无为县地方志编纂委员会:《无为县志》,北京:社会科学文献出版社,1993 年,第 207 页。

第八章

★★★★★

无为人民支援渡江战役

一、廓清国民党江北据点

1948年春，桂顽主力第一七六旅按照李品仙的所谓“剿匪机宜”，在杨创奇的率领下，集中兵力重点“围剿”银屏山区，妄图一举消灭皖西四地委和第四军分区部队，阻止解放大军从无为、巢县、庐江等地渡江南下。皖西四地委和第四军分区针对敌强我弱的情况，决定避开敌之主力，分路转移。第四军分区司令员吴万银当即率领部队转移到湖东。杨创奇旅气势汹汹“围剿”银屏山区扑了空，又扑向湖东。第四军分区部队突然遭遇包围，与敌展开激烈战斗，大部分同志突出包围圈，但部队伤亡较重，吴万银司令员在指挥突围时牺牲。[1]

游击区广大军民悲愤交加，立即发动反“围剿”斗争。杨创奇得意忘形，以加倍的疯狂，连续“围剿”游击区，形势十分危急！就在这严重危难之际，华东野战军派出的马长炎、高立忠同志率领的南下先遣大队来到了无为。

提起马长炎、高立忠，无、巢、和、含一带的广大人民群众是非常熟悉和敬佩的。他们早在抗战时期就活动在这一带，马长炎曾任第七师第五十七团政委及含和支队副支队长，高立忠曾任第七师巢湖支队政治部主任。

1948年春节期间，华东野战军抽出一支干部队，又从警卫团调出一个营，共约800人，组成一个南下先遣大队，由马长炎、高立忠率领，顶寒风、冒冰雪，经豫皖边区和立煌、霍山的崇山峻岭，穿过敌人的重重封锁来到无为。南下先遣大队的任务是从皖北渡江到皖南，坚持敌后，为大军渡江做准备。

马长炎、高立忠途经庐江汤池时，遇见皖西四地委副书记宋尔廉，得知无、巢地区严重危急的形势，便马不停蹄地率部东进，于5月1日到达无为团山李村，正在“跑反”转移的群众，见到马、高率领的部队，顿时精神振奋，山村里一片欢腾，人们奔走相告：“老七师回来了！”当地群众纷纷为部队送米送柴，安排住宿，同时向他们诉说新四军北撤后国民党反动派迫害人民的滔天罪行。

---

① 中共安徽省委党史研究室：《中国共产党安徽地方史》（第一卷），合肥：安徽人民出版社，2000年，第513—514页。

马长炎、高立忠认为，无为是解放大军渡江的前哨阵地，敌人却如此猖狂，要保证顺利渡江必须首先打垮敌人，巩固这块游击区。虽然南下先遣大队的任务是插入敌后，迎接渡江，但既要避免打仗，又要准备打仗，于是决定配合地方部队痛击顽敌。[①]

5月2日，南下先遣大队从团山李村来到牌楼村。据侦察员报告，杨创奇旅一个团当日进驻石涧埠镇。马长炎当机立断，迅速做出战斗部署，决定诱敌进入牌楼东北募旗场和牛岭之间的山区进行伏击。这里背靠银屏山，面对石涧埠，能攻易守，南下先遣大队从隐蔽处可以观察敌情，敌军则不能发现南下先遣大队的埋伏。大队刘营长率部埋伏于募旗场，从正面迎击；大队干部队陈木寿队长率一个连埋伏于募旗场北部，从侧翼出击，防止敌军迂回；分区和无为县的地方武装埋伏于牛岭口，从南面侧翼进攻，堵击敌军从牛岭口败逃。

5月3日早晨，南下先遣大队派出侦察兵前往石涧埠侦察诱敌，敌人发现后立即追击，侦察兵转身朝募旗场方向边退边还击。骄横的杨创奇以为抓住了攻击目标，出动部队近千人紧追不舍，一直追到募旗场边。当敌军完全进入伏击圈时，南下先遣大队的轻重机枪一齐开火，打得敌人横尸遍野，抱头逃窜。杨创奇知道中了埋伏，但倚仗自己是桂顽主力，装备优良，战斗力较强，仍轮番向南下先遣大队的阵地猛攻。双方轻重机枪、冲锋枪和迫击炮不停地对射，战场上硝烟一片，土石翻飞。敌军兵力虽超过南下

---

① 政协无为县委员会：《百年沧桑话无为》，合肥：安徽大学出版社，2006年，第146页。

先遣大队1倍多，但南下先遣大队占据有利地形，仍处于绝对优势。战斗从上午10时进行到傍晚，敌军伤亡惨重。这时天降小雨，地湿路滑，杨创奇不敢再战，被迫狼狈撤逃。[①] 南下先遣大队正面部队发起追击，可惜担任南翼堵击的分区和县地方部队离牛岭口较远，敌军趁暮色掩护，弃下重武器逃出牛岭口，回到石涧埠镇，继而全部撤至无为县城。南下先遣大队首战告捷，震慑了敌人，振奋了游击区的军心民心，开始扭转无、巢、庐地区的形势。

杨创奇第一次吃了大败仗，岂肯甘休，仍寻机与南下先遣大队做较量。马长炎对敌人做了充分的估计，派出一个连在石涧埠和新民区一带活动，以观察敌军动向，随时准备歼敌。5天后，南下先遣大队西进笑泉口，当夜驻守笑泉口西南一带村庄。次日上午10时左右，杨创奇旅占领山头，分两路向南下先遣大队驻地进攻。马长炎早已布置好，待敌军进入阵地前沿时，南下先遣大队火力迅速覆盖下去。这次敌人兵力更多，火力更猛，虽受较大杀伤，但未丧失进攻能力，继续向南下先遣大队阵地猛冲，战斗进行得非常激烈，南下先遣大队也有10余名战士牺牲。

在这紧要关头，华东野战军先遣纵队孙仲德司令员，率第三十三团到达笑泉口附近。战士们听到这一消息，更加鼓舞了战斗勇气，决心以战斗的胜利来迎接兄弟部队。于是，一鼓作气连续打垮了敌军多次进攻。天近傍晚，杨创奇得知解放军增援部队到

---

① 安徽省新四军历史研究会：《马长炎传》，合肥：安徽人民出版社，2000年，第657页。

达，带领败军仓皇撤退，在严桥据点喘息片刻便撤回无城。[①] 这是杨创奇吃的第二次败仗，所谓桂系主力、“国军劲旅”已被打得溃不成军、威风扫地了。

▲ 1948年5月8日，人民解放军南下先遣大队与国民党桂顽主力第一七六旅激战于笑泉口

黄雒镇，坐落在无为和含山两县交界处，是无为和巢县、芜湖水上交通的必经之地。敌人在这里设有据点，同仓头、石涧敌据点互为犄角，切断了无为游击区同临江、和含等地区的联系。南下先遣大队在笑泉口打败杨创奇后，决定乘胜拿下黄雒据点。初夏的一个夜晚，满天繁星，丝风不动。南下先遣大队派出部队在无为独立营和临江大队的配合下，从石涧埠东边的一个村庄出发，向黄雒推进，经过一阵急行军，兵分两路包围了黄雒镇。南下

① 安徽省新四军历史研究会：《马长炎传》，合肥：安徽人民出版社，2000年，第65页。

先遣大队的部队封锁了镇东镇西，这是据点与外面唯一的通道；地方部队封锁了河面；区、乡游击队则在河对岸封锁敌人水上退路。镇南是下七塘，无路可通。临江大队还在仓头方向布防，准备拦击敌人援军。黄雒敌据点已完全陷入南下先遣大队的天罗地网中。晚 21 时左右，南下先遣大队潜近敌据点，突然发起进攻，据点里的敌人惊慌失措，无法招架，南下先遣大队的同志在机枪掩护下迅速攻破敌人防御工事，用炸药炸开了敌人的碉堡。敌军 30 余人全部束手就擒。南下先遣大队缴获长短枪 20 余支、花筒手提冲锋枪 1 支、弹药及其他物资 1 批。黄雒镇被拿下后，区、乡干部立即进入镇中宣传中国共产党政策，安定了民心。

攻克了黄雒镇敌据点后，无为游击区的活动、联系方便了，形势又有了新的发展。根据敌情分析，孙(仲德)、马(长炎)、高(立忠)率部活动于无为和湖东之间，捕捉战机，随时准备打击敌人。一天，在笑泉口的西边，杨创奇旅突然进攻湖东。于是，第三十三团从正面迎击，南下先遣大队从侧面进攻，又一次重创了杨创奇旅，迫使他败退到无城。但是杨创奇仍不甘失败，经过一番整顿后，会同保安团倾巢出动，企图孤注一掷，以最大规模向游击区进攻，与南下先遣大队最后一决胜负，于是发生了龙骨山战斗。

8 月，杨创奇旅再次进占石涧镇，但不敢贸然进攻游击区。这天，四地委和专署正在银屏山附近大沈村召开会议，要求各区汇报政权建设和执行新区政策的情况，会议刚开始，主持人就宣布休会，通报敌军已向这里进犯，要求大家随地委迅速转移。时至晌午 11 点，正是烈日当空，骄阳似火，交战双方在龙骨山相遇。举目远眺，山上硝烟滚滚，炮声隆隆，震得山鸣谷应。龙骨山为南北走向，一座高大的山峰横拦在敌军面前。南下先遣大队在孙仲德司令员的统一指挥下，由第三十三团顾鸿团长率部守南部山头，南下先遣大队守北部山头，分区及县里的武装埋伏在北部山旁打侧翼，阻击敌军迂回。敌军在一阵阵炮击后向龙骨山发起冲锋。南下先遣大队居高临下，待敌军冲入阵地前沿时，轻重机枪和冲锋枪一齐开火，一颗颗手榴弹在敌群中开花，打得敌人嗷嗷乱叫，纷纷倒下和滚向山脚。山下敌军发现南下先遣大队火力点后开炮轰击，在炮弹掩护下再次组织冲锋，但一次次都被南下先遣大队密集的子弹压了下去，敌军从正面攻不上来。果然不出所料，敌军另组织一支军队从北部山旁向南下先遣大队背后迂回。埋伏在北部山旁的地方部队配合不力，没向山头部队报告，便提前撤离阵地，以致敌军迂回得逞。马长炎正在山头指挥作战，突然发现了背后敌军，腹背受敌，形势紧张，战斗形势出现了逆转。营长刘仁生不幸中弹牺牲，还有一些战士倒在阵地上。马长炎面对突然出现的敌情，果敢地指挥部队收缩范围，集中兵力，形成拳头，打击两面敌军。孙仲德司令员命第三十三团派出部队从迂回的敌军背后出击，形成反包围，支援马长炎所率部队。一阵激战，打垮了敌军。战斗延续到下午 5 点左右，南下先遣大队给敌人以大量杀伤后，撤出了龙骨山。[1]

龙骨山战斗是南下先遣大队获得胜利的战斗，如果不是地方部队配合失误，不仅可以控制敌军迂回，避免南下先遣大队损失，而且可以更多地消灭敌军，取得更大胜利。马长炎这位身经百战的红军指挥员，看到自己的战士牺牲，悲痛得落泪了。然而龙骨山战斗打出了南下先遣大队的雄威，使狂妄不可一世的敌人元气大伤，节节败退，杨创奇旅当即龟缩严桥镇，再也无力进犯游击区了。

南下先遣大队还取得另一重大胜利，就是渡江南下。马长炎抓住杨创奇集中兵力进攻无、巢、庐山区，无力顾及临江地区之际，派出熟悉皖南情况的陈洪、陈木寿率领一个先遣连到临江待机渡江。为了便于在临江地区行动，陡沟区游击队派邓本胜、杨金保参加了这个连。8月15日深夜，先遣连在白茆区沿江乘船潜渡长江，进入了皖南山区。

李品仙的“剿匪机宜”和杨创奇旅的军事“围剿”，到此算是枉费心机。无、巢、庐游击区日益巩固，长江沿岸的游击政权蓬勃发展巩固起来，广大人民群众也积极支援游击战争，这就为1949年大军渡江创造了有利的条件。

---

① 安徽省新四军历史研究会：《马长炎传》，合肥：安徽人民出版社，2000年，第66页。

二、春水方生濡须口[①]

1948年，解放战争进入了夺取全国胜利的决定性阶段。国民党军队自淮海战役惨败，精锐主力悉数被歼以后，相继从淮河沿线奔逃，溃退江南，以滞阻人民解放军渡江并配合其在与中国共产党的和谈中讨价还价，妄图保留京、沪、杭及江南各省反动基地。[②]

中央军委为求全歼国民党反动军队，以争取全国范围内之人民解放战争完全彻底胜利，决定乘敌战线溃乱，江防尚未完成前，于1949年三四月集中人民解放军野战军之主力先后从沪、宁、汉段发起渡江攻势，进军江南，首求割歼沿江之敌，解放沿江各大城市，尔后乘胜向东南各省扩张战果。

1949年1月，中国人民解放军第三野战军第二十四军、第二十五军、第二十七军约20余万人，陆续集合在江北无为，分驻蜀山、襄安、开城、泥汊、汤沟各地，积极待命渡江作战。[③]

---

① 濡须：无为县的历史代称。

② 《中国人民解放军第二十四军渡江总结》（无为县委党史研究室原件存档）

③ 政协无为县委员会：《百年沧桑话无为》，合肥：安徽大学出版社，2006年，第155页。

无为县(当时无为一县分为无为、临江、无南、湖东4个县)位于长江下游北岸,大部分地区系水乡,具备人民解放军屯军备战的十分有利的地理条件,也是横渡大江天堑的最前哨。第二十四军(军长王必成、政委廖海光)驻守区域为:北起开城,沿永安河西侧,伸向襄安至沿江;第二十七军(军长聂凤智、政委刘浩天),驻守区域为:自石涧经无城至沿江;第二十五军(军长成钧、政委黄火星)则由黄雒、田桥至三汊河雍家镇(南),向沿江一线驻守。[①]

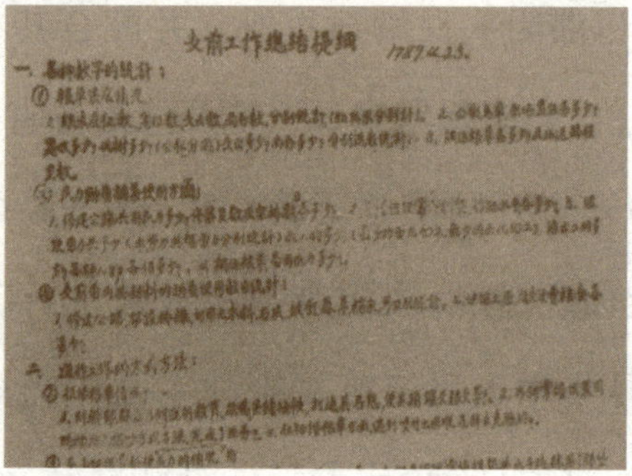
支前工作总结提纲

▲ 无为县渡江支前指挥部编报的支前工作总结提纲

当时,无为县党组织的一切工作是以支前为中心,县委要求全县人民动员起来,组织一切力量,雷厉风行,完成符合战争需要的光荣艰巨任务。其总任务:2月初至3月底是一切服从战争,大力动员,组织财力、物力、人力,支援解放军顺利完成战略任务,为争取全国节节胜利而奋斗,并提出支前工作的中心口号:“支援解

① 无为县地方志编纂委员会:《无为县志》,北京:社会科学文献出版社,1993年,第429页。

放军，打过长江去，解放全中国。”动员全民的战斗口号是：“有钱出钱、有力出力，拥护解放军，南北一家人，节衣缩食，供应大军，支前立功，百世光荣。”

自1949年1月起，各级党组织动员广大干部、群众支援大军渡江，皖西四地委（当时无为县4个县都是四地委的下属县）、第四军分区先行成立渡江指挥部，统一指挥无为地区的支前工作。夏戎任指挥长，陆学斌任政委，赵孟明、彭兴福任副指挥长。下设船舶部（部长由陆学斌兼任，胡亦平任副部长）、行政科（科长由胡亦平兼任）、组训科（科长吴耘）、工程科（科长彭石峰）。各个单位的职责：船舶部负责征集船只和水手（驻无为县新河口）；行政科分管行政管理及经费器材的使用；组训科担任训练水手的工作；工程科负责架设桥梁、开凿公路、疏通内河。

根据第四军分区指示，无为地区从县至基层单位都成立了支前组织。全县境内各县都组织了支前委员会，专设指挥部，进行支前各项工作，县委书记、县长兼任政委或指挥长。无为、临江、无南、湖东各县组织成立了“支前指挥部”。彭醒梦任无为县支前指挥部指挥长，胡治平、张海亭任副指挥长，杨杰、朱合喜任政委；陈汉桢任临江县支前指挥部指挥长，李文彬任政委，李万春任副指挥长；陈锦华任无南县支前指挥部指挥长，张石平任政委；王子轩任湖东县支前指挥部指挥长，朱晞任副指挥长。[①]

---

① 政协无为县委员会：《百年沧桑话无为》，合肥：安徽大学出版社，2006年，第155—156页。

无为地区在抗日战争时期是皖江抗日根据地的中心区。经过减租减息和各种社会变革，群众对中国共产党有较好的认识。新四军第七师 1945 年北撤后，群众深受国民党反动政府的剥削压迫。淮海战役以后，蒋介石军队为防止人民解放军渡江，强行把群众的船只拖至长江南岸，封锁各内河之出江口，到处修筑工事，破坏江堤，造成沿江各县水灾，群众对此非常痛恨。因此，人民群众对人民解放军渡江作战非常拥护，希望人民解放军早日渡江，这样江北则成大后方，可以安居乐业。所以渡江任务刚一下达，广大群众就积极捐粮献船，主动报名担任水手。

收集船只，动员船工，是实现顺利渡江的先决条件。在国民党军队溃逃江南时，渔民船工为了躲避国民党军队的拉夫抢船，都将渔船和木帆船隐蔽起来，有些将木帆船沉下了河底、湖底。人民解放军追击逃敌进入皖北沿江据点以后，到 4 月初，船工们自动将船驶到指定地点待命。地方政府已收集到各种类型的木船几千只，还制造了大批竹排和木筏，作为运送大炮、骡马之用。为了使战士们迅速熟悉航渡器材的性能，按照战斗的需要，提前将这些航渡器材运送到各渡江分队，并将船工、选调的水手一起配备到每条木船上。

渡江的关键就在于航渡的顺利，并一举突破敌人的滩点阵地，这对于习惯于陆地作战的人民解放军广大指战员来说，确实是一个新课题。因此，1949 年 2 月，无为、无南、湖东、临江各县对水手进行集中训练，展开了热火朝天的练兵运动。各县船工、渔民，特别是长年生活在长江上的渔民和船工熟悉长江的水情，他们踊跃担当起教员，帮助指挥员进行游泳、划船、潜水和使用各种自制救生器材的训练，有经验的老渔民、老船工主动介绍长江水情、汛情的特点。全军有步骤地进行了战术训练，并按照渡江登陆作战的要求，以船为战斗组织单位，练习上船、划船、抢占滩点等实战动作。部队在突击训练中，贯彻了“船船突击，一举登陆，先到先上，先上先打，盯住钉子，机动灵活，互相配合，英勇顽强，积极前进”的作战思想。在技术训练中着重突击训练撑船划桨、上船下船、船上列队、水上观察、水上射击、编队登陆等动作。江滨3月，春寒料峭，当地老百姓还没脱掉棉衣，可渡江的战士们仅穿一条短裤，跳进水中凫水，练划船，千方百计地练，日日夜夜地练。江边的老百姓看在眼里，疼在心里，许多老百姓主动端来热乎乎的姜汤给战士们喝，生怕渡江的战士们受凉。

发动群众，大力支前。大军未到，粮草先行，这是兵家的普通常识，也是战胜敌人的重要保证。遵照党中央、华东局的规定，成立了各级筹粮委员会和筹粮工作队。当时在无为地区执行渡江任务的中国人民解放军第二十四军、第二十五军、第二十七军和后继的第三十军及支前民工，每天需要供应成品粮120万斤、柴草50万斤。群众为了支援子弟兵，便把家中的门板、稻草、麦秸和晒干的牛粪都送了来，为了解决部队缺乏柴草的问题，群众还自发砍伐一部分树木供给部队做燃料。广大群众热爱人民军队，支援渡江的动人情景，确实是难以形容，令人难以忘怀。[1]

按时修成简易公路。为了保证支前物资运输畅通无阻，各县采用发动群众、献砖献石和开山取石相结合的方法，突击抢建战时简易公路。这既争抢了时间，又保证了质量，使新建公路能够通过骡马、辎重和重型炮车。无为县修通了无城至巢县的公路，无南县修通了开城至襄安、襄安至无南段公路，湖东县开凿了襄安至庐江江段公路。所有路段的路面都拓宽到4米。[2] 无城至巢县的90里公路，第四军分区党委要求3日内完成，结果支前民工硬是肩挑手搬，苦战两个昼夜就提前完工了，这确实是无为人民对支前工作的巨大贡献。

架设内河交通要道上的浮桥。无为内河水网纵横，上起开城、襄安的永安河，下至西河、王福渡、小河口、樊家渡、黄雒河等，需架设10余道浮桥。有的用船只连接，有的用木排铺设，民工既要砍伐，又要铺设桥头路基，如此浩繁的工程，支前民工仅用10余天就完成了。

疏通内河和内圩港。无为天河与内圩港、沟本不相连，为保证大军渡江，必须使内河与内圩港疏通，便于船只集中、停泊，支前民工开坝、断埂，力争水面相平，工程土方量大，施工困难多，但

① 政协无为县委员会：《百年沧桑话无为》，合肥：安徽大学出版社，2006年，第156页。

② 中共安徽省委党史研究室：《中国共产党安徽地方史》（第一卷），合肥：安徽人民出版社，2000年，第597页。

仅 20 余天,就完成了上级交给的任务。

▲ 为支援大军渡江,抢修巢县到无为县战时公路,图为支前民工架桥铺路

帮助部队运送粮草。支前的公粮、公草均分散在群众家里保存,由各户负责运输,沿线路建立粮草集中点和转运站,再运往指定地点。每天则需要动用民工 5000 多人,持续了 40 天左右。

总之,无为人民支援大军渡江的情景真是令人难忘。以第二十七军聂凤智驻守的区域为例,工程于 3 月 12 日开始动工,当时春雨连绵,民工的衣服整日不干,做饭是当时的最大困难,天雨柴湿,好不容易连吹加扇地把火生着了,敌机又飞临上空。为避免暴露目标,不得不分散隐蔽防空。为抢时间赶进度,白天改夜间施工,夜间禁点灯,民工们摸黑挖土,高一步、低一步,水溅泥滑,跌倒了再起来,站起来又跌倒,个个都成了泥人。江边有一种“香灰泥”,其破坏性很大,今天挖开了,明天淌回,只好把泥挑走,送得远远的，男女老少齐上阵，日夜挥锹不停工。经过 27 天的艰苦奋战，共挖河疏渠 100 多公里，在开坝堵坝处拆桥、架桥 20 余座，修公路 100 多里，终于完成小江坝、姚王庙、神塘河、泥汉河 4 条渡船出江口。[①]

▲ 渡江前夕，无为县船工举手宣誓："一定要把大军送过长江去！"

无为广大人民群众对于党的支前号召是积极响应的。当时凡 18—35 岁的青壮年均参加了担架队、筑路队；36—45 岁的担任递步哨、盘查哨；船工、船只皆全力以赴。支前民工均实行军事编制，以乡为单位成立大队，乡长任大队长，副乡长任副大队长；以行政村为单位成立中队，中队下设分队，每个分队下设 3 个班。[②]据统计，全县有 100 多万人（包括外地支援的）参加了抬担架、运

① 中共安徽省委党史研究室：《中国共产党安徽地方史》（第一卷），合肥：安徽人民出版社，2000 年，第 598 页。

② 无为县地方志编纂委员会：《无为县志》，北京：社会科学文献出版社，1993 年，第 21 页。

输物资、修筑公路；有 3400 多名优秀水手参加了渡江作战。修筑了巢县至无为、无为至二坝、无为至庐江等共 680 里简易公路及无数座桥梁，支援了粮食 2000 万斤、电话杆子万余枝、柴草数百万斤、大小船只约 5000 只。

▲ 无为县支前民工昼夜不停地疏通内河与内圩港

地方武装在军事上配合主力部队进行武装斗争，如：在临江，临江大队（大队长乔锦田）积极配合主力部队进行武装斗争。1948 年这一年，先后共计进行大小战斗 137 次，缴获敌高射炮 1 门、机枪 4 挺、步枪 18 支、各种子弹 7582 发，消灭和俘虏敌人 292 名，打击了敌人的有生力量。在无南，无南游击大队（大队长陈化群）1948 年 4 月至 5 月先后配合马长炎率领的南下侦察部队护送陈洪过江，配合顾鸿的南下先遣支队进行了反对敌人对高石乡的“清剿”，以及收复泥汊乡公所。7 月以后，无南游击大队为策应主力部队，主动出击敌人多次，歼敌 113 名，缴获长短枪 87 支、机枪

4挺、八五炮10门。在无为,地方武装积极进行斗争,1948年4月3日拔除敌黄雒乡公所,又于6月歼灭石涧马殿南的联防队。

渡江前夕,人民解放军第二十四军第七师在地方武装配合下,先于4月1日解放了长江北岸的刘渡、土桥,接着又于12日、13日、14日陆续攻占了姚沟、五洲、太阳洲、泥汊的码头口、蛟矶庙等敌人江北沿江全部据点,为解放大军横渡长江廓清了一切障碍。①

1949年4月20日晚,渡江命令下达,船工们上船时,出现父子、兄弟、姐妹和夫妻争相上船并送亲人过江的动人场面。船工上船后,将自己的棉被和棉衣弄湿,装在麻袋里,放在船头上,当作机枪掩护。在一条船上,舵手是关键人物,因此,不少指战员上船后,用自己的身体挡住舵手,掩护舵手安全,舵手拉着掩护他们的指战员要他们坐后面学会掌舵,说万一我被打死了,你们就会自己掌舵。这种互争互让,双方都感动得流下热泪。

4月20日20时40分,无为沿江一线出现了惊天动地的场面。那成排的木船,如林的桅杆,无数指战员和民工,汇成了连天的洪流,一声令下,便在硝烟激浪中涌向江南,人民解放军江北岸边的大炮开始向江南敌碉堡轰击。21时,人民解放军第二十四军、第二十五军、第二十七军的渡江突击团,先后上船完毕,在人民群众的支持下,统一向江南发起攻击。在不到半个小时的时间

① 无为县地方志编纂委员会:《无为县志》,北京:社会科学文献出版社,1993年,第21页。

内，第一批突击队即在繁昌地段胜利登陆。第二十四军自无为县土桥至桐城县的老洲头突破长江；第二十五军自姚王庙（汤沟以南）至大套沟地段突破长江；第二十七军自大套沟至泥汊地段突破长江。[1]

在渡江战役中，涌现了许许多多的英雄人物。特等渡江英雄车胜科，在父亲参加渡江战斗牺牲后，忍着极大的悲痛，子顶父职，于4月20日，同其弟一道，继续完成了渡江任务。特等渡江英雄、青年水手胡业奎，当奋力将船划至江岸准备靠岸时，船被敌碉堡火力封锁，受阻不能前进，胡业奎毅然跳下水，拼尽全身力气，把船拖上南岸，自己不幸被敌人子弹击中而光荣牺牲。特等渡江功臣王德金，摇船至江心，进入敌照明弹光圈，敌机枪连续向渡江船扫射，掀起层层水柱，王德金身负重伤，仍坚持把船上的16个战士送上对岸。一等渡江功臣马毛姐，年仅14岁，她主动要求参加渡江先遣队，冒着敌人密集的炮火，把第一批渡江勇士送上南岸，返回途中，又抢救了翻在江面上的我军两条沉船上的16名战士。[2] 在渡江战役中，船工、水手中涌现一等功臣296人，二等功臣429人，三等功臣937人，四等功臣499人。

---

① 政协巢湖市委员会：《永恒的记忆》，北京：当代中国出版社，2004年，第232页。

② 政协巢湖市委员会：《永恒的记忆》，北京：当代中国出版社，2004年，第233—234页。

“春水方生濡须口，大军从此过江东。”①

无为人民在这场惊心动魄的渡江战役中做出了自己的伟大贡献，将永远载入史册。

▲ 中国人民解放军第九兵团颁发的“参战渡江光荣证”（无为县立功水手凌文强）

三、四县合一话无为

解放战争时期，无为地区四县经历了坚持地下斗争和恢复发展四县合一的两个阶段。

抗战胜利后，为制止国民党反动派发动内战、争取和平，根据

① 中共安徽省委党史研究室：《中国共产党安徽地方史》（第一卷），合肥：安徽人民出版社，2000 年，第 598 页。

中共中央和中央军委指示，无为地区（无为、临江、湖东、无南）四县的部分党政、军政干部随同新四军第七师主力撤离皖江抗日根据地中心区，同时选派部分地方干部就地坚持地下斗争，建立秘密联络点、站，作为无为地区四县党组织在国民党统治区的秘密联络工作机构。此期无为地区四县共设立7个基层组织，并通过不同方式，与新四军第七师联络部保持着各种形式的联系。

1945年10月，国民党第一三八旅第五二八团由桐（城）庐（江）进入无为四县境内，配合国民党无为县军政当局，建立各种特务组织，强迫皖江抗日根据地的基层干部、共产党员、抗联会员、民兵办理自首登记手续，并对他们疯狂迫害，大肆屠杀，实行白色恐怖。在此形势下，无为地区四县党的秘密联络点的主要负责人于同年年底被迫迁徙外地隐蔽，组织因此而自行解体，但无为境内党的活动、武装斗争仍时有发生。

无为地区四县党政组织在严酷的战争环境下，度过了极为困难的1946年，保存了自己，积蓄了力量，为在无为地区四县的国民党统治区恢复大规模的革命斗争，做出了组织准备。

1947年1月至1949年6月，是无为全县由逐步恢复到全面发展壮大的阶段。1947年春，中共华东局国民党统治区域工作部为开辟第二条战线，准备配合中国人民解放军的战略反攻，决定分批派遣党政干部进入无为地区四县，恢复党的组织和老解放区的对敌斗争，首批进入无为的人员先后于无为、临江分别成立“中共无巢工作委员会”“临江工作委员会”。7月，两地党政组织及其所属武装会合于巢南山区，并于10月组建了统一的新的“中共无巢工作委员会”，以集中力量加强对无为全境武装斗争的领导，为四县合一奠定了组织基础。

1948年1月，中共皖西区委副书记桂林栖率领皖西军区独立支队抵达无为地区，向无为地区县、区以上干部传达贯彻了中共皖西区委提出的“保存基本地区，保存主力”的方针，同时决定无为全县仍按照抗日战争时期的区划一分为四，并且批准条件已经成熟的无为、临江地区先行成立中共无为县委、临江工委及无为县政府、临江行政办事处。

1948年3月，华东野战军第六纵队一部奉命抵达无为地区，给无为境内的国民党主力第一三八旅以重创，稳定了无为全境的局势。此后，经中共皖西四地委批准，中共湖东县委、无南县委先后成立。至此，无为地区四县党、政、军组织网络基本形成，并持续巩固与发展，为四县合一积蓄了力量，做出了组织准备。至1949年6月，无为全境共计有县委4个、区委27个、乡村支部44个。1949年初，中国人民解放军第七兵团、第九兵团在无为沿江地区实施渡江任务，为适应渡江战役需要，无为地区四县协同一致，于同年2月均成立相应的渡江支前指挥机构，担负起支援大军渡江的历史重任。

渡江战役胜利后，无为地区的四县县委、县政府立即组织广大干群投入医治战争创伤，发展农业、手工业和工业生产的工作。但在6月，四县均发生了自1931年以来的最大的水灾，130余万亩的田亩中，37 万余亩颗粒无收，349 个圩（洲）溃口，439 个圩（洲）严重内涝，严酷的自然灾害给无为四县人民带来了极大的损失。① 为了克服水灾造成的困难和帮助灾区群众渡过灾荒，各县政府立即制定了五条补救措施：1. 组织群众开荒、种菜、编席、织布，下河挖藕、捕鱼；2. 抽调干部深入重灾区了解情况，发放救济粮；3. 实行以工代赈、兴修水利，发放 80 万元农业贷款；4. 干部自己动手开荒种菜，以减轻群众负担；5. 互助互济，种子调换。由于措施得力，方法得当，在四县干部和群众的努力下，灾区民心稳定，群众积极参加生产救灾活动，灾后的家园和生活逐步得到了恢复。

1949 年 7 月初，为统一领导党、政工作和其他各项工作，根据皖北区党委和巢湖地委（四地委改称）指示，原为战争环境而设立近 9 年的无为 4 个县级党政领导机关先后迁至无城合署办公，16 日，正式成立统一的中共无为县委员会和无为县人民政府，张石平、朱合喜分别担任县委书记、副书记，王子轩、周骏分别担任县长、副县长。全县共辖无城、河坝、汤沟、石涧、姚沟、严桥、开城、蜀山、牛埠等 9 个区委、区政府和 1 个襄安直属镇党委、镇政府，全县共 41 个党支部、党员 2103 人，109 个乡，乡以下辖行政村、自然村，废除了保甲制度，全县人口 860173 人。②

---

① 无为县地方志编纂委员会：《无为县志》，北京：社会科学文献出版社，1993 年，第 103 页。

② 中共无为县委组织部、中共无为县委党史办公室、无为县档案馆：《中国共产党无为县组织史资料》，合肥：安徽人民出版社，1993 年，第 83 页。

无为县委、县政府成立后，由于四县合一，干部数量较为富裕，在上级的关心下，除调出一批干部支援外地新区外，本县亦开展了干部精简整编工作，以提高效率。同时，无为县人民政府发布《渡江支南训令》，大力发展农业生产，以迅速恢复各项经济，改善群众生活。

▲ 1949年10月12日，四县（无为、临江、无南、湖东）合一的无为县人民政府举行挂牌典礼，图为典礼现场

1949年10月1日，中华人民共和国成立，无为全县一片欢腾。无为各界人民共1万余人在县人民体育场举行了隆重集会，庆祝中国人民的盛大节日，会后举行了庆祝游行。[①] 至此，无为人民在党的领导下，开始进入了轰轰烈烈的社会主义改造和全面建设社会主义时期。

---

① 无为地方志编纂委员会：《无为县志》，北京：社会科学文献出版社，1993年，第21页。

结　语

文化是一个民族的生存发展之道和价值体系，红色是中国革命的象征和积淀。

无为县具有光荣的革命传统，早在第一次国内革命战争时期，红色的种子就在无为大地上萌育。五四运动以来，无为县一批又一批仁人志士，为推翻压在中国人民头上的三座大山，不断运用多种形式唤起民众、组织民众投身于新文化运动，与反动阶级进行了不屈不挠的斗争。

1927年“四·一二”反革命政变后，中国共产党无为县特别支部成立。从此，无为人民有了主心骨，开始有组织有计划地开展革命活动，并汇入了全国汹涌澎湃的革命洪流，由经济斗争、政治斗争发展到武装斗争。

抗日战争爆发后，无为人民在中国共产党的领导下，高举抗日民族统一战线的大旗，投身于挽救民族危亡的抗日斗争浪潮之中。从中共皖中工委的建立，到江北游击纵队的诞生；从血泊中建立的新四军第七师，到皖江抗日根据地的创立、发展、壮大，无为县已成为全国19块抗日根据地之一的皖江抗日根据地中心区，对皖江抗日根据地的军事、政治、经济、文化、教育等各方面建设做出了卓越贡献。

抗日战争胜利以后，国民党反动派背信弃义，发动了反共、反人民内战。无为人民坚定不移地跟着中国共产党，与国民党反动派进行着艰苦卓绝的斗争。渡江战役中，无为人民发挥革命老区的光荣传统，全力奋勇支前，调集船舶，争当水手，冒着枪林弹雨帮助20余万大军在无为地段胜利横渡长江，突破了国民党反动派苦心经营的江南防线，为解放全中国立下了不朽的功勋。

从五四运动到中华人民共和国的成立，无为人民在中国共产党的领导下，写下了一部可歌可泣的红色革命斗争史卷，数千革命烈士的鲜血，染红了这片革命老区的土地，这种红色是革命者的信仰，是无数的前辈用生命去检验去践行的革命道路，并在一代代的不懈奋斗中，成为我们世代传承的意志。红色是我们的基因，是我们的灵魂，我们绝不能放弃，要永远地传承下去。

一、在中国特色社会主义新时代，我们要传承共产党人心中有信仰、视死如归的理想信念，内化“红色无为”举旗定向的引领力

习近平同志说：“中国共产党一经成立，就把实现共产主义作为党的最高理想和最终目标，义无反顾肩负起实现中华民族伟大复兴的历史使命，团结带领人民进行了艰苦卓绝的斗争，谱写了气吞山河的壮丽史诗。"[1]坚定的理想信念，是中国共产党人坚守的精神追求，始终是共产党人安身立命的根本。在无为这块红色的土地上，一代又一代的共产党人不惜流血牺牲，靠的就是对共产主义的坚定信仰，为的是实现国家富强、民族振兴、人民幸福的伟大理想。

1927年8月，在白色恐怖笼罩下，一群共产党人在无城米市街刘魁记衣店，正式成立中国共产党无为县特别支部，这是中国共产党在无为县建立的第一个组织。[2] 从此，无为人民在中国共产党的领导下，前仆后继，不屈不挠，汇入全国人民谋求民族独立、人民解放的伟大斗争中。

1933年10月，中共无为县委前负责人张恺帆，由于叛徒出卖被捕，关押在上海龙华监狱。敌人对他严刑拷打，整整15个小时的折磨，打得他遍体鳞伤，死去活来。张恺帆宁死不屈，决不妥协，表现出共产党员坚强的革命信念、理想与信仰高于生命的高风亮节，他因此被称为"活着的龙华烈士"。

习近平同志强调："坚定理想信念，坚守共产党人精神追求，始终是共产党人安身立命的根本。"无数的共产党人不惜流血牺牲，靠的就是对共产主义的坚定信仰，这些共产党人、仁人志士之

---

① 《决胜全面建成小康社会　夺取新时代中国特色社会主义伟大胜利》(习近平，2017年10月18日)

② 政协无为县委员会：《百年沧桑话无为》，合肥：安徽大学出版社，2006年，第15页。

所以在敌人严刑拷打面前决不屈服，在高官厚禄引诱下永不变节，也就是因为在他们心中始终闪耀着实现共产主义崇高理想的信仰之光，使他们义无反顾地为信仰而流血，为信仰而献身。

在中国特色社会主义进入新时代的进程中，我们要自觉地传承红色基因，与前辈们血脉相连。要坚定共产主义远大理想不动摇，在任何情况下都要做到政治信仰不变，政治立场不移，政治方向不偏，守住自己的政治生命线，守住自己的政治灵魂。深信人民有信仰，民族有希望，国家有力量。要高扬主旋律，唱响正气歌，让理想信念的明灯永远在我们心中闪亮。无为地区数千位共产党人、革命志士和优秀儿女为了理想和信念，为了人民的解放，为了中华民族的独立和复兴，把鲜血抛洒在无为这片热土上，染红了这片肥沃的土地，烈士们的血脉已深深地扎根在皖江这片英雄辈出的山川和平原，川流在大江和湖泊之中。他们的血脉代代相传，他们的精神代代传递，鼓舞着后人在新时代奋发前行，永远走在红色基因传承的革命道路上。

二、在中国特色社会主义新时代，我们要传承共产党人始终以人民为中心的发展理念，增强“红色无为”凝聚民心的战斗力

1929 年夏季，无为县出现粮荒。面对无粮度日的农民群众，中共无为县委领导农民协会，开展“借粮和禁粮外运斗争”，[①]把拦下的粮食迅速运到四乡八镇，分发给断粮群众，帮助他们度过了

① 中共巢湖市委党史研究室：《中国共产党巢湖地方史》(第一卷)，合肥：安徽人民出版社，2003 年，第 47 页。

1928年春至1929年夏季的粮荒。

1930年4月，无城长和质当铺突然燃起大火，当铺毁于一旦。这是当铺老板为鲸吞贵重当物而制造的阴谋，广大当户叫苦连天，叫天不应，叫地不灵。中共无为县委运用合法斗争，取得“赔当”斗争的胜利，使共产党在人民群众中扩大了政治影响。无为的“赔当”斗争至今仍在人民群众中流传，成为红色的历史佳话。

1937年底，日军控制了长江和淮南铁路的货运交通，无为地区人民生活必需品，尤其是食盐紧缺。无为西北山区严家桥集镇的商家每天限量高价出售，利用夜晚偷偷将盐运往外地牟利。中共无为县四区区委通过农民抗敌协会，发动群众2000多人到县政府请愿，控诉反动区长和不法商人的劣行。在党的领导下，严家桥闹盐荒斗争取得了胜利，维护了人民群众的利益，解决了人民群众急需的民生问题。党的号召力、亲和力、凝聚力像种子一样，在人民群众心里扎下了根。严家桥地区自此逐步成为皖江抗日根据地的中心区，成为皖江区党委和新四军第七师发展壮大的摇篮。

皖江抗日民主政府为了保障根据地粮食增产和丰收，改善人民生活，掀起了大规模的水利建设高潮。除修建了“一线单堤、七邑生命”的黄丝滩江堤外，还重建了无为境内的三闸工程（季家闸、黄树闸、陈家闸）和位于和县的牛屯河新闸工程，以及湖东县大新河水利工程。这些水利工程的修建，根除了多年的水患，有利于各个大圩的农田灌溉与防汛，合理利用水资源，保障区域内农业的稳产丰产。[①]

我们党能在抗战时期如此恶劣的战争环境下，动员21万（人次）根据地人民兴修水利，办前人无法办到的大事，这是中国共产党在人民群众中享有崇高的威望和强大的号召力、感召力的体现。今天，我们仰望惠生堤纪念碑，它是人民群众对共产党人的褒奖，是我们党一心为民、心系群众、惠及民生的一座永恒的红色历史丰碑。

在中国特色社会主义新时代，我们必须传承革命先辈与共产党人的红色基因，把党的为人民服务的根本宗旨永远地接力和践行下去。一切事业的发展，坚持以人民为中心，坚持人民的主体地位，坚持立党为公，执政为民。在发展中保障和改善民生，多谋民生之利，多解民生之忧，打赢脱贫攻坚战，保证人民群众在共建共享发展中有更多的获得感、幸福感、安全感。

三、在中国特色社会主义新时代，我们要传承共产党人在逆境中求生存、在战争中抓经济的工作本领，彰显“红色无为”军民融合的生产力

皖江地区物产丰饶，尤其无为县是著名的鱼米之乡，在宋代就是中国的四大名城之一。芜湖的米市大半靠无为地区的产粮来支撑。这块宝地虽然富裕，但在抗战期间这种严酷的战争环境下，敌伪的疯狂掠夺和对抗日根据地的封锁，使贸易流通受到遏

---

① 中共巢湖市委党史研究室：《中国共产党巢湖地方史》（第一卷），合肥：安徽人民出版社，2003年，第218页。

制，商家生意难做。农民生产资料缺乏，农业生产萎缩。人民手中无钱，农民家中少粮。1943 年初，皖江根据地财政经济陷入困境，根据地党政军民的生计发生困难。但是，中国共产党岂能被困难吓倒？皖中区党委立即动员全区军民开展生产自救，采取一切有效措施，把根据地的经济建设搞上去。

行署成立专门抓财政经济的机构——皖江贸易局（“集成号”商行），贯彻减租减息政策，发展农业生产。开展生产自救，发展合作经济，壮大公营经济，建立汤沟自由贸易区，以我为主，与敌、伪地区开展大规模的三边特种贸易，以“以出养进”，大力增加根据地的财力和大批量进口所需的军用物资和民用工业品，满足根据地军民的需求。“集成号”商行通过经贸运作，彻底粉碎了敌伪的经济封锁。①

商贸创新，开展易货贸易，以商养军富民。根据地贸易渠道通畅，贸易方式灵活多样，使抗日民主政府的财政收入日益增加，不仅保证了根据地内军政人员的供给，还支援了兄弟部队和上级机关。新四军第七师部队编制扩大，兵力增至 2 万余人（1945 年），地方武装近万人。

皖中区党委、行署财政收入宽裕了，便集中财力办大事。在民生方面，最为显著的是重建长江黄丝滩大堤水利工程。据无为

① 中国中共党史学会、中共北京市委党史研究室、北京新四军暨华中抗日根据地研究会：《新四军抗战与铁军精神传承》，北京：中共党史出版社，2016 年，第 266 页。

水利部门估算，今天若建设同等规模的水利工程至少需 5 亿元。另外，根据地政府还修建了“三闸”等多处大大小小的水利工程，投入了大量的财力，如果不是根据地党和政府大抓经济建设，积累资金，修建如此大型水利工程是无法想象的事。①

1943 年至 1945 年，皖江区党委、新四军第七师暨皖江根据地，坚持执行党中央“发展经济，保障供给”的战略方针，从皖江地区的实际出发，开辟了皖江根据地与上海、芜湖等沦陷区城市之间的城乡商品航运大通道，创造了根据地工农业产品大规模输出输入和流通性财政收入高速增长两大战时经济奇迹；同时，建立起中国共产党领导下广泛的经济统一战线和敌后情报交通网络，组建起一支打不烂、压不垮的对敌经济贸易和敌工情报先锋队，创造了第二次世界大战史上罕见的经济奇迹。

我们应该看到，皖江抗日根据地在经济建设方面的经验，具有十分重大的历史意义。它雄辩地证明了中国共产党人有智慧、有能力、有魄力，在极端艰难困苦的战争环境下，科学地运用市场规律，实现经济上的自力更生，所以才能在对敌斗争中永远立于不败之地。②

---

① 中国中共党史学会、中共北京市委党史研究室、北京新四军暨华中抗日根据地研究会：《新四军抗战与铁军精神传承》，北京：中共党史出版社，2016 年，第 268 页。

② 中国中共党史学会、中共北京市委党史研究室、北京新四军暨华中抗日根据地研究会：《新四军抗战与铁军精神传承》，北京：中共党史出版社，2016 年，第 270—271 页。

在新时代，传承共产党人在战争中抓经济建设的智慧和魄力，千方百计抓财力，利用一切有利资源和优势为我所用，自力更生走出困境，打造强军富民的一片新天地。这些是我们党宝贵的精神财富，是富国强军为民谋利的历史经验，是我们世世代代必须汲取的马列主义、毛泽东思想经济建设理论与实践的精华。当前，我们在新时代的进程中，传承与发展革命先辈们在战时经济建设中的实践与创新，是我们义不容辞的责任，也是时代赋予我们的重任。

四、在中国特色社会主义新时代，我们要传承共产党人舍身为民、舍己为人的博大情怀，提升“红色无为”无私奉献的感召力

皖江地区抗日军民在区党委和行署的领导下，自力更生，艰苦奋斗，在战斗中发展经济，使第七师成为钱多粮多，供给充足的“富七师”。地区财政不仅自给有余，人民安居乐业，还可以支援党中央和新四军军部及兄弟部队。

第七师供给处为了把大批钱财和物资安全及时地送到军部，便想办法缝制了一批装钞票银圆的马夹（也称背心），人穿马驮，组成运输队，由游击队武装护送。从第七师师部出发，先送到淮南第二师，再由第二师护送到苏北盐城军部，及时解决了军部和兄弟部队的供给困难。

抗战期间，皖江抗日根据地暨新四军第七师对新四军的财政、物资贡献最大。据新四军赖传珠参谋长在日记中的不完全记载，1942 年至 1945 年春仅两年多的时间里，第七师支持军部及通过军部转交新四军第五师的现款约5300万元法币(按当时价,折黄金26.5万两)。其中1944年一年,上交现款高达4400万元。按当时国民党军队的供给标准,可供20个甲等师一年的供给。[①]

据推算,自1942年至1945年北撤,皖江抗日根据地贡献给新四军军部、兄弟部队、地方政府、党中央的资金财物约1.5亿元以上。

皖江抗日根据地是全国共产党领导下的19块抗日根据地中区域面积较小的,新四军第七师是党领导的八路军、新四军中的一个师级单位,是全军中的"小老弟"。就是这位"小老弟"在艰苦的抗战岁月里,以大无畏的英雄气概,敢于担当的创新精神,自己动手,丰衣足食,一边战斗,一边抓经济,换来强军富民。在自己经济状况好转以后,又节衣缩食,以大量的财力物力支援上级机关和兄弟部队,这是什么精神?这是大公无私的共产主义精神,是顾全大局、乐于助人的集体主义精神。

在无为这块热土上的抗日军民,始终把自己置于中国共产党领导下的抗日阵营中,听党话,跟党走。为了党的事业,为了中华民族的救亡大业,他们甘愿奉献自己的生命和热血,甘愿为了抗日战争的胜利献出自己的一切。这种乐于奉献的大局观,已经深深地植根于我们共产党人的血脉之中。

---

① 新四军第七师历史画册编审委员会:《皖江烽火·新四军第七师历史画册》,合肥:安徽美术出版社,2001年,第123页。

五、在中国特色社会主义新时代，我们要传承共产党人清正廉洁、一心为公的道德情操，彰显“红色无为”廉政文化的净化力

皖江抗日根据地的军民在战斗的间隙中艰苦创业，发展生产，开辟财源，生财有道，地区财政自给有余，并拿出大量的财力和物资支援军部和兄弟部队。运送钱款和物资的同志组成运输队，通过敌人的封锁线，都是冒着枪林弹雨拼命通过。许多同志负了伤，拼了命也要保住携带的钱款和物资不受损失。这些腰缠万贯的指战员们在行军饥饿之时，也舍不得花一分钱向老乡买东西吃，只是用水泡泡自己随身带的干粮米花团（膨化食品）充饥。这种米花团水泡一大碗，吃起来不顶饿。可大家宁愿挨饿，也不会动用公家的钱款。

当时，皖江贸易局（“集成号”商行）的领导和工作人员，都是手不离钱的大老板和伙计，但他们挣来的钱都一分不少地交到国库，自己仍过着和根据地指战员们一样的供给制生活。“富七师”风清气正，从区党委书记曾希圣、行署主任吕惠生到每一名指战员，都严格执行财经纪律。清正廉洁，在皖江抗日根据地蔚然成风。

1947 年冬天，10 万刘邓大军千里挺进大别山。部队御寒无衣，数日难饱一餐，处境十分困难。中央电令中共华东局国统区工作部设法支援，11 月中旬，驻芜湖的无巢工委立即筹款支援刘邓大军。仅数日便筹得可购 500 担大米的钱款，兑换成黄金和银圆,命警卫战士孙海波送往皖西。[1]

孙海波,一位普通的共产党员、警卫战士,只身一人携带价值500担大米的黄金白银,化装成乞丐,跋涉数百里,冲过敌我双方交战的阵地,冒着生命危险,把钱款送到刘邓大军手中。这位无为人民的子弟兵,凭着对党的忠诚,对人民解放事业的执着,用生命保护人民财产,即便流血牺牲也要把公款一分不少地送到目的地。在皖江根据地像孙海波这样的共产党员、革命战士何止千万!

他们视党的嘱托、人民的财产比自己的生命都重要,做到身携万金,一文不取。在新时代,这种廉洁奉公、两袖清风的优秀品质是我们每一个共产党员都要继承和发扬的,这是我们党的事业永远立于不败之地的根本保证。

六、在中国特色社会主义新时代,我们要传承共产党人勇于为理想而献身的英雄气概,焕发"红色无为"超越时空的生命力

"坚持在安徽境内大江南北进行抗日斗争的新四军第七师,是在皖南事变的血泊中诞生的。"[2]与此同时,皖江区党委、皖江根据地抗日民主政府也随之成立。组成第七师和区党委的骨干,一是近千名从皖南事变的血战中突围出来的指战员,二是在大革命

① 《安徽文史资料全书》编委会:《安徽文史资料全书》(巢湖卷上).合肥:安徽人民出版社,2007年,第751—753页。

② 安徽省军区政治部:《新四军在安徽》,合肥:安徽人民出版社,1982年,第123页。

的腥风血雨中坚持斗争幸存的当地共产党员和武装力量。他们都是在革命烽火中久经考验和锻炼的火种，是皖江地区抗战和革命斗争的精英，是新四军铁军精神的鲜活代表。

新四军第七师是无为人民的子弟兵，无为籍的指战员占全师人员的三分之二，在皖江这块红色的土地上，在中国共产党的领导下，第七师从小到大，由弱变强。他们从实际出发，正确理解和创造性地贯彻执行党中央的指示，面对强敌，始终保持清醒的头脑，注意掌握敌情、我情、民情和地情，扬己之长，攻敌之短，机动灵活地打击敌人，书写了一个又一个以弱胜强的战争传奇。无论在对敌作战中，还是在根据地政治、经济、文化建设上，都有很多令人瞩目的创新，至今仍给予我们深思与启迪。他们开创性的思维和高超的革命智慧，敢为人先的开拓精神，是我们宝贵的精神财富，仍然是指导我们工作的经验和借鉴，这些是永不过时的宝贵遗产。

红色无为孕育了丰厚的无为红色文化。无为红色文化是广大人民群众在中国共产党领导下，在实现中华民族的解放与自由的历史进程中，吸收、优化古今中外的先进文化成果基础上，以马克思列宁主义、毛泽东思想的科学理论为指导而生成的革命文化。

红色文化见证了“没有共产党就没有新中国”的历史。放眼近代中国，国家积贫积弱，人民饱受磨难。为拯救国家和民族，无数革命者进行了长期的探索和斗争，并为之流血牺牲，仅无为就有近3000名革命烈士英勇捐躯，为人民的解放事业流尽了最后一滴血。

被称为“活着的龙华烈士”张恺帆在国民党龙华监狱中，目睹“左联”五烈士和共产党人被敌人杀害时，吟诗悲愤：

肃杀秋声不忍闻，思潮血海泪波横。

纵教啧尽仇谁肉，莫补创痕一丰深。

在狱中，张恺帆与敌人英勇斗争，坚贞不屈，随时准备牺牲。他在狱中的墙壁上写下一首著名的佚名诗：

龙华千古仰高风，壮士身亡志未穷。

墙外桃花墙里血，一般鲜艳一般红。

吕惠生任无为县建设科长时，一笔贿赂款无法退回，他用此款建“洗心亭”一座，并作诗一首，以表心志：

孽孽货利已根生，哪得人人肯洗心？

只需铲除私有制，人心才可不迷金。

1945年9月，吕惠生遭敌人逮捕，11月，被国民党反动派杀害。临刑前，吕惠生作遗诗明志：

忍看山河碎，愿将赤血流。

烟尘开敌后，扰攘展民猷。

八载坚心志，忠贞为国酬。

且喜天破晓，竟死我何求？

无为的革命前辈和先烈们，以他们的红色诗篇，给无为的红色文化留下灿烂的篇章。

1939 年 3 月，中共无为县委建立战时文化服务社，出版刊物《铁流》，铅印毛泽东的《论持久战》等著作、讲话，供新四军干部战士和地委、县委干部学习，对无为县抗日救亡运动起到重大的宣传作用。

1942 年，皖江区党委成立，其创办的《大江报》成为根据地党的喉舌。《大江报》图文并茂，把党的信息传到千家万户，受到根据地军民的欢迎。

第七师还创办了《武装报》，1944 年又出版了《大江杂志》。新闻和出版的发展，丰富了无为红色文化的内涵。

1941 年新四军第七师成立后，组建了政治部文工团，文工团员们自编自演根据地军民喜闻乐见的剧目。如歌剧《农村曲》《银屏山下》，话剧《自卫队》《前线》等。文工团创作的《黄丝滩大合唱》随着修堤民工传唱，唱响了整个皖江抗日根据地。

在根据地发行的大江币上，美术家吴耘在 1 元币的票面上设计并雕印了陈家闸的图案。陈家闸是皖江根据地政府带领抗日军民修建的一处著名的水利工程，是党领导的抗日民主政府心系人民群众的一项民生工程。它随着大江币的流通，把根据地的红色文化传递到了千家万户。

皖江抗日根据地的文化教育事业蓬勃发展。根据地中心区创办了抗日军政大学第十分校、皖江联立中学，还致力于发展规模宏大的基础教育，先后兴办了小学 12 所。学校着力进行抗日民主教育，提高青少年的民族觉悟和科学文化水平，培养他们成为各类人才。这些学生后来都成了无为红色文化的积极传播者。

红色文化激励了一代又一代的无为人为理想和信仰拼搏奋斗。坐落在红庙镇三水涧新四军第七师纪念馆、烈士陵园中的无为县革命史迹展览馆、无为县革命烈士事迹陈列馆等承载记录了无为革命者感天动地的丰功伟绩,革命文物所展现的震撼心魄的场景,永远都是感动和教育后来人的最佳题材。《皖江抗日斗争》《吕惠生日记》《张恺帆回忆录》等作品,是先辈们用如椽之笔,书写和记录当年战斗在无为这块热土上血与火的斗争经历。

这些红色作品塑造和展现了在一个特殊的国度和社会时期里,民族和个人如何为生存和理想苦苦寻找解放道路的斗争精神,提示了一个时代、一个民族对幸福的向往和为理想而献身的英雄气概,其鲜明的爱国主义、集体主义、舍生忘死的革命英雄主义在人民脑海里烙下了深深的印记。这些原汁原味的文字,更增添了一份无法复制的本色魅力,使不同时期、不同年龄的人们在品味这些作品的时候都会有不同的收获和感悟,这就是红色文化经典超越时空的生命力所在,也是激励后来者追求理想和信仰的动力与源泉。

无为革命老区保留下来的遗址和可歌可泣的革命传奇,既是宝贵的精神财富,也是发展红色文化产业的重要资源。皖江革命根据地中心区地处山区,风景优美、生态宜人,把红色文化、生态文化和古迹文化结合起来,寓革命传统教育于文化娱乐和观光游览中,既有利于传播无为的红色文化,又有利于把红色资源转变为经济资源，从而推动无为革命老区的经济发展，帮助老区人民脱贫致富。这也是红色文化书写者、缔造者们的期望。

今天，我们回顾红色无为的革命历史，旨在激励后人，同时也在回顾新四军和新四军第七师、皖江抗日根据地的光辉历程。近百年来，是以毛泽东为代表的中国共产党人承担起民族救亡的重任，高举中华民族复兴的大旗，带领中国人民走上独立与解放的道路。如今，我们在以习近平同志为核心的党中央领导下，进入建设中国特色社会主义新时代，在实现中国梦的道路上砥砺前行，那段红色记忆并没有过时，而是以鲜活的生命力存在于我们的血脉之中，已经成了后辈共产党人获得力量的宝贵精神财富。

习近平同志要求我们："要让红色基因代代相传。"[①]因为红色基因是我们的根，是我们的灵魂，是我们的信仰，是我们的忠诚。红色基因传承的精髓是爱党爱国爱人民，是勇于拼搏，自强不息；是无私奉献，无怨无悔。在追求远大理想的道路上一代又一代人奋斗不止，矢志不渝。在这个伟大的新时代，那些和血与火相伴随，与你我他血脉相连的红色基因，是我们情感的依附，精神的归宿，前行的动力。传承红色基因，使我们的旗帜永不变色，是我们义不容辞的责任和使命。

---

① 《在庆祝中国共产党成立95周年大会上的讲话》(习近平，2016年7月1日)

★★★★★

大事记

1919年

反帝反封建的五四爱国学生运动在北京爆发后，无为旅居外地求学的学生卢前超、朱子帆等回到家乡，他们在知识界中宣传五四运动的伟大意义。

1923年

就读于北京交通大学的无为籍学生卢光楼（卢迪生）在北京加入中国共产党，是无为县最早加入中国共产党的党员。

1924年

夏　暑假回乡学生卢光楼、季庶仁等人组织成立了"暑假青年读书会"，启发群众觉悟，这是无为县最早的有组织的群众性思想启蒙活动。

1927年

2月　为了迎接国民革命军北伐，吕惠生、高莫适等人发动工人群众，成立了"无为县总工会"。

8月中旬　根据中共安徽省临委指示，任惠群、刘方鼎、商恩甫、张泰康、倪受健等人在无城米市街刘魁记衣店内召开会议，正式成立“中国共产党无为县特别支部”，“特支”直属中共安徽省临委领导，这是中国共产党在无为县建立的第一个组织。

9月　成立中共无为县特区委。

1928年

春　在特区委的组织和领导下，无为县东乡一带农民运动蓬勃开展，并建立了小江坝、李家潭、宋家庙3个农民协会，这是无为县最早建立的3个农民协会。

1929年

8月　中共无为县委为了保护群众利益，在无为东乡发动和组织农协会员开展禁粮外运斗争。

11月　刘方鼎等人在无为城内米市街创办濡江书店，聘请吕惠生为书店董事长。该店经营各种进步书籍与刊物，扩大了马列主义思想在无为的传播。

1930年

12月7日　六洲暴动

刘静波根据上级指令，集合队伍，宣布成立“中国工农红军皖南第三游击纵队”，由刘静波任司令、任惠群任政委、张恺帆任政治部主任。暴动计划是先攻打六洲镇东头的国民党无为县六洲自卫队据点，然后打下汤沟、三官殿的自卫队据点，继则夺取无为县城，建立苏维埃政权，并与大别山红军会师。

因敌我力量悬殊，装备落后，据点久攻不下。为了保存实力，暴动部队都安全地撤退到预定的集结地——新板桥、骆家跳一带。

1931年

8月上旬　中共无为县委举行会议，决定由邓逸渔代理县委书记，随中国工农红军皖南第三游击纵队在东乡开展武装斗争。

1937年

11月　八路军驻南京办事处派李世农到达无为东乡白茆洲，组建中共皖中工作委员会，负责恢复桐城、舒城、庐江、无为、巢县等县党的组织并开展抗日救亡工作。

12月　白茆洲、真武殿、宋家庙等地相继恢复了党的组织，建立了党的支部。

1938年

春　成立中共无为县委，中共三区区委会成立。

9月　在中共安徽省工委和各界民主人士的支持下，国民党安徽省政府迫于社会压力，委派胡竺冰任无为县县长。

11月　新四军参谋长张云逸奉命率部抵达无为。决定将新四军第四支队游击第二纵队改名为新四军江北游击纵队，直属军部领导。

1939年

5月9日　中共中原局书记刘少奇电令江北游击纵队“应在和、含积极行动，打击反动派，相机建立政权，并坚持无为游击区，以便在适当时机恢复无为县”。

7月17日　日军第十五混成旅五十八联队和由皖南铜陵大通过江的日军从南、北两个方向进犯无为县城。无城被日、伪军占领。

7月下旬　落实中共中央关于“恢复无为县”的指示精神，新四军第三支队参谋长林维先奉军部之命，率第三支队第五团第三营到达三公山一带，为新四军军部北移创造了有利的条件。

8月初　美国进步作家、记者史沫特莱偕翻译在新四军军部人员的护送下到达襄安镇，介绍了自己在各解放区、游击区采访时的见闻与感受。

10月初　中央军委原第二局局长曾希圣奉命调至新四军江北指挥部工作。

1941年

2月1日　毛泽东在为中央军委、中央书记处起草的给刘少奇、陈毅并告彭德怀的电报中指出：“去年10月你们复电谓巢湖、瓦埠湖间不过百里，通过甚难，但现时我在无为、桐城已有根据地，虽只一、二县，其战略意义却胜过敌后大块根据地，应极端重视之……”

2月　中共中央军委将在华中的八路军、新四军改编为7个师，并决定将散布在皖中、皖南地区的新四军部队改编为新四军第七师。19日，中共中央军委任命张鼎丞为新四军第七师师长（未到职），曾希圣为政委。

5月1日　新四军第七师在白茆洲胡家瓦屋（胡竺冰故居）正

式组成。师长张鼎丞(未到职)、政委曾希圣、政治部主任何伟、参谋长李志高。首先成立第十九旅。第十九旅下辖第五十五团、第五十六团。

5月　无为县抗日民主政府成立后,颁发了《新四军无为县保障人权暂行条例》,公布了《二五减租试行办法》。

1942年

5月　根据中共中央华中局指示,中共皖中区党委开始在县(团)以上干部中进行整顿"三风"(即整顿党风、整顿学风、整顿文风)的学习。

为了响应中共中央提出的精兵简政的号召,第七师进行人员精简。

1943年

1月初　皖中行政公署财政经济处在无为县恍城区成立。

3月　根据中共中央关于"强调党的一元化领导"指示精神,中共皖江区委的人事做了调整。曾希圣任区党委书记,原书记何伟改任宣传部部长,李步新任副书记兼组织部部长。皖江区党委下辖3个地委,2个县委。

3月17日　日军抽调8000余人的兵力,分8路向皖中抗日根据地的中心区——恍城区奔袭。第七师主力及各支队与日军作战两周,粉碎了日军对皖中抗日根据地的第一次大"扫荡"。

4月30日　日军再次集中兵力2000余人对恍城区进行"扫荡"。根据地军民经一周激战,粉碎了日军的第二次大"扫荡",共杀、伤敌伪500余人。

10月7日　皖中各县水利代表会议在无为东乡汤沟镇召开，会议决定成立“黄丝滩退建工程委员会”，组建工程局；制订了黄丝滩退建工程计划，预计全部工程用4个月的时间完成。

1944年

1月5日　皖中区党委做出《关于开展拥政爱民与拥军优属的决定》。

3月3日　皖中黄丝滩退建工程局发布《黄丝滩退建工程施工指示》，号召根据地军民开始进行这一伟大的水利建设工程。

7月1日　新四军第七师沿江支队首届党代会在湖东县尖山姥开幕。

10月中旬　第七师皖南支队暨皖南军分区第一次党员代表大会在临江县白茆洲召开。

10月　在原临江船舶管理处的基础上建立江流船政办事处，受皖江行政公署直接领导。

1945年

1月　新四军第七师开始对日、伪实行局部反攻。解放了国土18000平方公里，同胞60万人。

4月　新四军第三师独立旅在旅长覃健率领下由苏北抗日根据地开赴无为并归建第七师，支援皖江地区的抗日斗争。

夏　皖江区党委决定设立中共皖中地委和皖中专员公署，下辖无为、临江、湖东、无南县委，江流工委以及无为县政府，临江、湖东、无南行政办事处，江流船政办事处。

7月25日　第七师第十九旅第五十六团对巢（县）盛（家桥）公路沿线日伪据点发起进攻，揭开了皖江根据地抗日反攻的序幕。

8月17日　第三师独立旅向无城和襄安镇的日、伪军队发起进攻，无城、襄安宣告解放。

9月20日　中共中央致电华中局："苏南及皖南、皖中、七师师部和党政原则上亦须全部撤退，但可分为几个步骤撤。"皖江区党委、行署机关、第七师开始北撤。

10月3日　《大江报》出版最后一期（507期），刊登《新四军告别皖江民众书》，与皖江父老话别。

1946年

5月　国民党反动派成立无巢庐"清剿"指挥部，对无巢山区进行大规模"清剿"。

1947年

10月—11月　刘邓大军派遣第二纵队直属教导队协同皖西军区武装部队采取"大踏步前进"的战术向无巢地区进发。

1949年

1月21日　皖西第四军分区派遣小股部队四面逼近无城，国民党无为县常备队闻讯仓皇撤离，无城宣告解放。

中国人民解放军第三野战军第二十四军、第二十五军、第二十七军全部在无为四县集结完毕，积极待命，渡江作战。

4月20日　渡江战役开始，20时40分，人民解放军第二十四军、第二十五军、第二十七军的渡江突击团准备完毕。21时，向江南发起进攻。半小时内，第一批突击队即在繁昌地段胜利登陆。

7月　根据上级指示，原无为4个县级党政领导机关先后迁至无城合署办公。16日正式成立统一的中共无为县委员会和无为县人民政府。

10月1日　中华人民共和国成立，无为全县一片欢腾。无为各界人民1万余人在县人民体育场举行了隆重集会，庆祝中国人民的盛大节日，会后举行了庆祝游行。

★★★★★

参考文献

[1] 安徽省军区政治部.新四军在安徽[M]. 合肥:安徽人民出版社,1982.

[2] 应兆麟.皖江抗日根据地财经史稿[M]. 合肥:安徽人民出版社,1985.

[3]《皖江抗日根据地》编审委员会.皖江抗日根据地[M]. 北京:中共党史资料出版社,1990.

[4] 无为县地方志编纂委员会.无为县志[M].北京:社会科学文献出版社,1993.

[5] 中共无为县委组织部,中共无为县委党史办公室,无为县档案馆. 中国共产党安徽省无为县组织史资料[M]. 合肥:安徽人民出版社,1993.

[6] 中国人民解放军历史资料丛书编审委员会.新四军·文献 2[M].北京:解放军出版社,1994.

[7] 中共安徽省委党史工作委员会.安徽现代革命史资料长编:第三卷[M]. 合肥:安徽人民出版社,1995.

[8] 中共铜陵市委党史工作委员会办公室.抗日战争时期资料:下卷[M]. 合肥:安徽人民出版社,1995.

[9] 中国人民解放军历史资料丛书编审委员会.新四军·文献5[M].北京:解放军出版社,1995.

[10] 安徽省新四军历史研究会.驰骋江淮——纪念新四军成立60周年[M]. 合肥:安徽人民出版社,1998.

[11] 中共安徽省委党史研究室.中国共产党安徽地方史:第一卷[M].合肥:安徽人民出版社,2000.

[12]《新四军战史》编辑室.新四军战史[M].北京:解放军出版社,2000.

[13] 安徽省新四军历史研究会.马长炎传[M].合肥:安徽人民出版社,2000.

[14] 北京新四军研究会七师分会.皖江风云[M].济南:黄河出版社,2001.

[15] 中共巢湖市委党史研究室.中国共产党巢湖地方史:第一卷[M]. 合肥:安徽人民出版社,2003.

[16] 本书编纂委员会.曾希圣传[M].北京:中共党史出版社,2004.

[17] 政协巢湖市委员会.永恒的记忆[M].北京:当代中国出版社,2004.

[18] 北京新四军研究会七师皖江分会.皖江雄师征程(内部资料),2004.

[19] 安徽省新四军历史研究会. 安徽抗日战争史[M]. 合肥:安徽人民出版社,2005.

[20] 政协无为县委员会. 百年沧桑话无为[M]. 合肥:安徽大学出版社,2006.

[21]《安徽文史资料全书》编委会. 安徽文史资料全书:巢湖卷上[M]. 合肥:安徽人民出版社,2007.

[22] 中共无为县委党史研究室. 岁月留痕——无为县红色遗址寻踪[M]. 北京:中共党史出版社,合肥:安徽美术出版社,2012.

[23] 中国中共党史学会,中共北京市委党史研究室,北京新四军暨华中抗日根据地研究会. 新四军抗战与铁军精神传承[M]. 北京:中共党史出版社,2016.

[24] 吕惠生日记(1943—1945 年). 原件存于安徽省档案馆. 抄件存于无为县委党史研究室.

[25] 中共无为县委党史研究室. 无为县革命斗争大事记(内部资料),1999.

后 记

安徽省无为县党史和革命史之红色资源丰厚，挖掘和利用这些宝贵资源为现实服务，充分发挥其“资政育人”的功能，是我们党史研究工作者肩负的重要职责。

历史是一面镜子，在映射时代风采中为我们总结经验、提供教训，给人以启迪与借鉴。《红色无为》一书，通过对突出重大历史事件的收集、整理，系统地记述了中国共产党无为地方组织领导无为人民进行艰苦卓绝的革命斗争的光辉历程。

本书在既往无为革命历史研究成果的基础上，充分利用近现代历史文献、档案资料，力求准确、精当、客观、真实。在编撰过程中，坚持“实事求是、以事系人、论从史出”的原则，采取专题叙述方式，突出无为县重大主题的红色革命历史，注重所列专题之间的逻辑关系，以时为经，以事为纬，按照时间和事件的顺序，分章叙事论述。

本书对民主革命时期无为或与无为有关的重要历史人物、事件的叙述不求面面俱到，而是撷取其精华，图文并茂，集通俗性、故事性、教育性于一体，力求具有鲜明的地方特色。本书的编写得到无为县委、县政府的高度重视和县委党史研究室、县新四军历史研究会的鼎力支持。县委办公室组织审读小组审核了本书的初稿，认为“本书系地方革命历史读本，有一定的学术理论价值和教育意义”。县委办公室主任张从寿同志从弘扬红色文化角度，对本书的结语进行全面修订。“安徽红色历史记忆丛书”主编陆发春教授对本书的编写提出十分精辟的宝贵意见，我们亦按照他的建议，对本书逐一进行修改和完善。

编撰这样一部政治性、学术性兼容的著作，必须要有很强的事业心和责任心。虽然我们竭尽全力，但由于学术水平和理论功底以及所掌握的史料有限，因此疏漏和偏颇之处依然难免，恳请广大读者不吝赐教，予以批评指正！

王敏林